Alain PIERRARD

Faire des mathématiques à l'école maternelle

CRDP DE L'ACADÉMIE DE GRENOBLE

Collection PROJETS POUR L'ÉCOLE
Directrice de collection : Hélène GONDRAND

CRDP de l'Académie de Grenoble, 2002
ISSN 1624-2319 - ISBN 2-86622-637-2

Sommaire

Introduction

Pourquoi « Faire des mathématiques à l'école maternelle » ? Chaque mot de ce titre peut être commenté.

« École maternelle », d'abord, rend compte de l'unité pédagogique de cette école et souligne la cohérence des apprentissages qu'il faut mettre en place de la petite section (cycle 1) à la grande section (cycle 2), selon d'ailleurs les prescriptions des programmes d'enseignement 2002 de l'école primaire.

« Mathématiques », ensuite, évoque des apprentissages qui, par une découverte active du monde, contribuent au développement logique de l'enfant et lui permettent de construire des connaissances spatiales, géométriques, numériques... que l'enseignant de CP est enjoint de ne pas négliger.

« Faire », enfin, renvoie à la réalisation d'un « objet », à la production d'un effet. Ainsi, si «faire» traduit la nécessaire mise en activité de l'enfant à l'école maternelle, il rend surtout compte de la place attribuée à l'élève : c'est lui qui est le sujet de l'activité, le responsable de la transformation obtenue. Ainsi, l'élève ne fait pas pour faire, il fait pour obtenir un résultat qu'il peut anticiper. « Faire » implique donc une mise en projet de l'élève.

Le projet de l'élève est premier puisqu'il lui permet de donner du sens à la tâche qui lui est dévolue, de mobiliser ses savoirs et ses compétences pour résoudre des problèmes qu'il s'approprie, de porter un regard critique sur le produit de son activité et de symboliser ses démarches et ses acquis. D'une certaine façon « faire des mathématiques » se refère à l'activité du mathématicien qui recherche la solution à des problèmes toujours nouveaux pour lui et qui, dans ce but, essaie, tâtonne, élabore progressivement une solution qu'il formalise pour la communiquer.

La logique de cet oauvrage est ainsi présentée : elle postule que, dès la petite section de l'école maternelle, l'élève doit être, le plus souvent possible, confronté à des situations qui, à son niveau et en fonction des caractéristiques de son âge, lui posent problème. Il serait cependant caricatural de ne considérer les activités à dominante mathématique que comme des situations d'apprentissage par résolution de problème tant le rôle de l'imprégnation et de la maturation est important. Cette dynamique d'enseignement articulant apprentissage et développement ne peut évidemment se mettre en place que grâce à l'action d'un enseignant conscient des enjeux des activités qu'il programme. C'est pour accompagner le travail exigeant de conception, d'évaluation, de médiation, d'animation que toute approche pédagogique et didactique nécessite que nous proposons cet ouvrage.

Mettre en place des activités mathématiques en école maternelle, p. 11.

Dans une première partie, nous proposons une réflexion pédagogique et didactique sur les démarches et les méthodes propres à favoriser la définition de situations d'enseignement/apprentissage à dominante mathématique à l'école maternelle.

Construction de compétences mathématiques à l'école maternelle, p. 35.

Dans une deuxième partie, nous présentons les différents domaines dans lesquels se construisent des compétences mathématiques, en les référant à des connaissances psychologiques et didactiques et en illustrant leur approche dans les trois années de l'école maternelle.

Situations d'apprentissage mathématique à l'école maternelle, p. 93.

Dans une troisième partie, nous présentons de nombreuses activités à dominante mathématique - rituels, jeux, projets pour apprendre - référées aux différents temps de l'approche des mathématique à l'école maternelle.

De renvois en marge entre les différentes parties facilitent des parcours diversifiés de lecture.

I

Mettre en place des activités mathématiques en école maternelle

Des mathématiques à l'école maternelle ?

Les programmes de l'école maternelle (2002) rendent caduque la polémique née de la présentation des programmes de 1995 qui, pour certains, séparaient la petite section (PS) et la moyenne section (MS), rattachées au cycle 1, et la grande section (GS) rattachée au cycle 2. En effet, si le décret du 6 septembre 1990 qui définit l'organisation des cycles à l'école primaire n'est absolument pas remis en cause, le nouveau texte insiste sur la spécificité des démarches mises en œuvre à l'école maternelle, en se référant aux spécificités de l'enfant de 3 à 6 ans. C'est dans cette logique que nous nous inscrivons, en proposant une réflexion d'ensemble sur les approches à dominante mathématique à l'école maternelle, et en présentant des activités pour ses trois niveaux même si une place particulière est accordée à la grande section.

Avant d'aller plus avant dans cet ouvrage et en raison même de la présentation des programmes officiels qui ne donnent aucune place explicite aux mathématiques, il est nécessaire de s'interroger sur le bien-fondé de notre projet, en posant la question suivante : enseigne-t-on les mathématiques à l'école maternelle ?

L'enseignement des mathématiques à l'école maternelle : un peu d'histoire

Dans les salles d'asile puis, à partir de 1881, dans les écoles maternelles, les mathématiques ont toujours été présentes dans les enseignements dispensés sous la dénomination de calcul – la connaissance des formes géométriques était alors rattachée au dessin –.

En effet, quelles que soient les raisons, variables selon les époques, qui ont justifié le développement de la prise en charge de la petite enfance – assistance et éducation, encadrement moral et hygiénisme, socialisation ou préparation à l'école élémentaire...[1] –, une place importante a toujours été donnée par les textes officiels à l'acquisition d'une instruction « de base ».

(1) On pourra trouver une étude très complète de la genèse de l'école maternelle dans LUC (J.N.), *L'invention du jeune enfant au XIXe siècle. De la salle d'asile à l'école maternelle*, Belin, 1997.

Les instructions de 1855 indiquent que *l'enseignement du calcul comprend la connaissance des nombres simples, leur représentation par les chiffres arabes, l'addition et la soustraction enseignées à l'aide du boulier-compteur, la table de multiplication apprise de mémoire à l'aide de chants, l'explication des poids et mesures donnée à l'aide de solides ou de tableaux*. De 1881 à 1977, aucun changement notable n'est perceptible. Des objectifs ambitieux sont fixés : exercer les élèves à compter et à pratiquer le calcul mental jusqu'à dix pour les plus petits, à comprendre la formation de la dizaine, à connaître la numération écrite jusqu'à cent (limitée à 50 à partir de 1952), à effectuer les quatre opérations avec des nombres de deux chiffres et à utiliser le système métrique. L'enseignement du calcul et les contenus proposés sont tels que, compte tenu de l'âge des enfants, ils ne peuvent être acquis que par mémorisation systématique et automatisation. Les élèves ne peuvent réellement leur donner du sens, ce que Pauline Kergomard dénonçait déjà à la fin du XIXe siècle.

La circulaire de 1977 propose de nouvelles orientations.[2] Il ne s'agit plus d'établir une liste de connaissance à enseigner mais de proposer des objectifs en termes de savoir-faire. Ce texte qui est le résultat d'influences plus contradictoires que complémentaires – la pédagogie par objectifs, la pédagogie de l'éveil, l'apport des « mathématiques modernes », les travaux d'épistémologie génétique de Jean Piaget, les apports des mouvements pédagogiques... – met en évidence l'importance de l'activité du sujet dans l'assimilation des connaissances et valorise la construction des structures logiques au détriment de l'étude du nombre qui n'est plus évoquée que sous la forme d'activités pré-numériques.[3] Les mathématiques n'apparaissent d'ailleurs plus en tant que telles mais sont intégrées au chapitre portant sur le développement cognitif.

(2) MEN, *L'école Maternelle*. Collection horaires, objectifs, programmes, instructions, 1977. Ce texte sera suivi par les textes présentant les contenus de formation au cycle préparatoire (1978), au cycle élémentaire (1979) et au cycle moyen (1980).

(3) Ce point sera repris dans le chapitre spécifique consacré à l'apprentissage du nombre à l'école maternelle.

La mise en application de ces nouvelles orientations est fortement influencée par l'évolution de l'école maternelle qui est devenue, au moins pour les plus grands, l'école de tous. Elle est également marquée par l'importance accordée au respect du développement de l'enfant et par la généralisation d'une démarche d'apprentissage allant de la manipulation à la symbolisation. On peut retrouver dans cette dernière orientation l'influence du psychologue Z.P. Diénès parfois caricaturé à partir de la systématisation de l'utilisation des « blocs logiques ».

La circulaire de 1986[4] intègre les mathématiques dans *les activités scientifiques et techniques* et affirme que leur but *est toujours de poser et de résoudre des problèmes*. Elle pose ainsi pour principe que tout apprentissage mathématique est un apprentissage par résolution de problème, selon des modalités propres à l'âge des élèves. Le texte propose que l'enfant *déploie, découvre et organise des relations logiques et mathématiques qui fondent la construction des objets, le repérage de leurs propriétés et l'établissement de classifications*. Il indique qu'il faut permettre à l'élève de construire progressivement le nombre et les relations spatiales.

(4) MEN, *L'école maternelle : son rôle, ses missions*, CNDP, 1986.

Le texte de 1991[5], beaucoup plus explicite, le complète en présentant les compétences à acquérir dans les différents cycles de l'école primaire

(5) MEN, *Les cycles à l'école primaire*, Hachette, 1991.

La présentation du cycle 1 dans les programmes de 1995[6] propose une autre approche des mathématiques à l'école maternelle. Il ne s'agit plus d'apprendre par répétition des connaissances comme à l'origine, ni de s'approprier des savoir-faire comme précédemment, mais de permettre à l'élève de construire des compétences, grâce à la résolution de problèmes ou de classes de problèmes.

(6) MEN, *Programmes de l'école primaire*, CNDP, 1995.

Quelles mathématiques aujourd'hui à l'école maternelle ?

Ce rapide survol historique permet de constater que les activités mathématiques ont toujours été présentes à l'école maternelle ; toutefois, il ne répond pas clairement à la question posée en préambule : les élèves font-ils des mathématiques à l'école maternelle ?

Sur ce point, la réponse apportée par le texte de 1995 peut paraître ambiguë. En effet, dans les programmes de l'école maternelle, ne figure aucune rubrique « mathématique ». Les textes ne sont pas structurés en champs disciplinaires, ceux-ci n'apparaissant que progressivement au cycle 2 et au cycle 3. Cependant, au chapitre « Des instruments pour apprendre », sont évoqués des *instruments de l'activité intellectuelle* qui *supposent des apprentissages construits que, souvent, seule l'école permet* et une référence est faite *aux techniques de dénombrement, de mesure, de mise en ordre de description géométrique du monde qui nous entoure, parfaitement accessibles à l'enfant avant même qu'il entre dans l'abstraction du langage et du raisonnement mathématique*.

Les programmes de 2001 ne font pas plus référence à la discipline « mathématique ». Dans le chapitre « Découvrir le monde », est évoqué le fait que l'élève, en interaction avec le monde qui l'entoure, *distingue les qualités des objets ou des collections d'objets qu'il compare, classe, range, dénombre*, qu'il commence ainsi *à se confronter aux contraintes de la pensée logique, apprend à utiliser des repères spatiaux et temporels* (...).

Peut-on dès lors considérer que l'école maternelle ne propose pas réellement des enseignements relevant des mathématiques mais qu'elle permet simplement d'acquérir des techniques et de mettre en place des outils logiques, nécessaires à un apprentissage ultérieur de cette discipline ?

Si les programmes de 1995 se réfèrent aux « instruments pour apprendre », les compétences associées sont mises en parallèle avec les domaines mathématiques du cycle 2 et du cycle 3. Dans les nouveaux programmes, l'organisation un peu différente du texte présente le développement de la pensée logique comme un élément transversal du domaine d'activités « Découvrir le monde » et fait référence aux *compétences dans le domaine de la structuration de l'espace*, aux *compétences dans le domaine de la structuration du temps*, aux *compétences relatives aux formes et aux grandeurs* et aux *compétences relatives aux quantités et aux nombres*. Sont ainsi proposés, à côté des compétences logiques habituelles à l'école maternelle, des contenus traditionnellement référés aux mathématiques.

Qu'en conclure ?

Dès 1995, certains ont vu dans ce décalage un danger pour l'école maternelle. Jeanne Bolon[7] par exemple, rappelant que le système éducatif français a toujours été influencé par « le haut », dénonce le risque d'un alignement de l'école maternelle sur l'école élémentaire. Pour elle, la centration sur la maîtrise de compétences institutionnellement énoncées peut transformer la conception même des apprentissages au cycle 1. Des critiques du même type ont également été formulées sur le rattachement de la grande section au cycle 2, et sur sa définition comme lieu d'articulation entre le cycle des apprentissages premiers et le cycle des apprentissages fondamentaux. En effet, le risque existe de considérer l'école maternelle comme une simple préparation à l'école élémentaire, et d'oublier alors la spécificité et la variabilité du développement des jeunes enfants, ce qui ne pourrait que conduire à des étiquetages préjudiciables à l'avenir scolaire de certains.

(7) BOLON J. (1999). « Mathématiques à l'école maternelle. Des conceptions qui ont varié » in *Grand N Spécial maternelle, tome 1*. IREM de Grenoble.

Les programmes d'enseignement de 2002 répondent à ces critiques puisque, si l'appartenance de la grande section au cycle 2 est maintenue, la nécessaire unité - identité - de l'école maternelle et la spécificité de sa pédagogie y sont fortement réaffirmées.

A l'école maternelle, il ne s'agit pas de construire un savoir mathématique formel, selon une progression linéaire rigide. Ainsi, il ne s'agit évidemment pas de prévoir une approche plus ou moins axiomatisée de la discipline mais plutôt de proposer aux élèves de multiples situations d'action référées à des contextes - jeux, défis, énigmes, projets, questionnements sur un objet complexe... - qui leur permettent de construire, à leur rythme, des connaissances logiques et mathématiques. Cela ne signifie pas que l'école maternelle se contente d'accompagner le développement de l'enfant, en le plongeant dans un milieu riche d'expériences potentielles. Cette interprétation, largement dominante dans les années soixante-dix, ne prend pas en compte les acquis de la psychologie cognitive qui nous apprend que, pour reprendre une formule de Vygotsky, *le seul bon enseignement est celui qui guide le développement.* C'est donc dans l'articulation entre développement et apprentissage que se joue l'action du maître. Il est alors le concepteur, l'animateur, le médiateur de situations didactiques d'enseignement/apprentissage qui permettent à l'élève de construire ses connaissances.[8]

A travers ces situations qui leur posent des problèmes cognitifs, les élèves vont apprendre à résoudre des problèmes d'ordre mathématique, c'est-à-dire qu'ils vont progressivement pouvoir mobiliser des connaissances logiques ou plus spécifiquement mathématiques dans l'action. Les compétences énumérées par le texte réglementaire apparaissent ainsi comme un référentiel, à l'usage du maître, de ce que l'élève peut s'approprier sur le plan intellectuel **à son rythme**, durant toute sa scolarité à l'école maternelle

(8) Nous distinguerons les savoirs qui sont institués par la communauté scientifique ou éducative et qui, en tant que tels, sont déclaratifs et les connaissances que chacun s'approprie de façon personnelle en fonction de ses expériences et de ses conceptions préexistantes.

On le voit, les termes employés ne sont pas neutres : parler de calcul, comme jusqu'en 1977, c'est privilégier des techniques ; ne plus parler de mathématiques, depuis cette date, mais intégrer leur apprentissage aux rubriques plus générales évoquées précédemment, c'est mettre en évidence qu'à l'école maternelle, les apprentissages mathématiques, loin de tout conditionnement et de tout enseignement scolastique, favorisent, au même titre que d'autres approches, la structuration par l'enfant du monde qui l'entoure.

Alors, fait-on aujourd'hui des mathématiques à l'école maternelle ?

Non, si l'on fait référence à la discipline elle-même, qui nécessite postulats, axiomes, théorèmes, déductions.

Non, si l'on pense aux « cours de mathématiques » qui supposent que soit défini explicitement l'objet de l'apprentissage et que soit mise en place une progression démonstrative.

Non, si l'on considère que faire des mathématiques, c'est essentiellement faire des calculs.

Oui, si l'on évoque la construction progressive de compétences permettant à l'élève d'agir sur le monde en mobilisant les nombres, en articulant des formes, en organisant des collections...

C'est dans cette perspective qu'il paraît souhaitable à l'école maternelle de parler plutôt « d'activités mathématiques » que de « mathématiques ».

Concevoir, gérer, évaluer les activités mathématiques à l'école maternelle

Nous avons indiqué précédemment que les activités mathématiques n'ont plus pour ambition de conditionner l'enfant à utiliser des techniques élémentaires de calcul, comme il y a encore 50 ans, ni comme seule finalité d'accompagner la mise en place des structures logiques, comme dans les années soixante-dix. Comme les programmes de 1995 le préconisent, comme les programmes actuels le suggèrent, il s'agit aujourd'hui de favoriser l'appropriation d'instruments de l'activité intellectuelle, ce qui peut se traduire sous la forme de la découverte progressive de relations logiques qui lient des objets, de l'accès aux représentations et symbolisations à travers l'élaboration et l'usage de codes, de la construction de connaissances et de compétences outils. *Il apprend à conduire ses actions, à en prévoir les résultats, à anticiper les événements et à les expliquer. Il expérimente les instruments du travail intellectuel qui permettent de décrire la réalité, de la quantifier, de la classer ou de la mettre en ordre, en un mot de la comprendre* (p 18). L'enfant et ses processus mentaux sont ainsi placés au centre de l'action didactique et pédagogique de l'enseignant. L'élève est le seul à donner du sens aux activités proposées et à construire ses savoirs. Il est donc indispensable de lui proposer simultanément des temps où les connaissances logiques et mathématiques seront considérées comme des objets d'apprentissage et des temps où il pourra les utiliser comme des outils.

Nous mettrons tout d'abord en lumière l'importance du langage dans la construction des savoirs et savoir-faire relevant des mathématiques, puis nous distinguerons successivement les apprentissages par imprégnation et répétition. Enfin, nous nous évoquerons la progression des apprentissages et l'évaluation des compétences des élèves à l'école maternelle.

(3) « Les langages, priorité à l'école maternelle », Circulaire du 8 octobre 1999.

Apprendre grâce aux langages (3)

« Faire des activités mathématiques à l'école maternelle » nécessite, au-delà de l'action une prise de conscience de l'action, une conceptualisation que seul un langage peut apporter. Ainsi, comme le soulignent les programmes d'enseignement de l'école primaire 2002 (p. 19), *le langage est au cœur des apprentissages.*

• Le langage mathématique : un objet à acquérir très progressivement

Les mathématiques sont un langage symbolique dont la spécificité réside dans l'unicité de sa signification, tout au moins quand on précise le cadre dans lequel on s'inscrit (un carré, en géométrie, n'est pas de même nature que le carré d'un nombre). Ce langage utilise une syntaxe qui lui est propre : a+b=c induit que a, b, c sont des nombres et que l'expression renvoie à une logique binaire, puisqu'il est toujours possible de décider si l'expression est juste ou si elle est fausse. Il emploie un vocabulaire spécifique qui peut revêtir un autre sens, dans des situations de communication courantes : si la longueur n'est associée qu'à un segment en mathématiques, elle peut évoquer la durée dans le langage courant ; de même, on dit communément que la taille d'un enfant est proportionnelle à son âge, ce qui n'a aucun sens du point de vue mathématique...

Acquérir le langage mathématique, c'est donc comprendre qu'il renvoie de manière unique à des concepts et que la relation entre signifiant et signifié est universelle. Toutefois, faire des mathématiques ne se réduit pas à mémoriser un lexique. La connaissance du mot (le signifié) n'est pas suffisante pour connaître l'objet (le signifiant). En maternelle par exemple, c'est seulement quand l'élève est capable de différencier et classer des objets selon leur forme, qu'il est nécessaire d'introduire le vocabulaire géométrique. De même, c'est après avoir travaillé sur des situations additives que l'élève prend conscience de l'utilité d'une écriture de type « a+b =c ». Ainsi, le langage mathématique est un aboutissement des activités et non un préalable. Cependant, l'enseignant veillera à utiliser toujours un vocabulaire exact dont l'appropriation peut ainsi s'effectuer par imprégnation.

• La langue, outil de construction des connaissances mathématiques

En parlant, l'élève anticipe, prévoit, accompagne, ajuste, régule son action. A l'école maternelle, il donne la primauté au plaisir de l'action, au point d'en oublier parfois ce qui la justifie. On perçoit alors combien l'action, qui est un moteur de ses apprentissages, peut aussi se révéler un frein. Demander aux enfants de parler de ce qu'ils vont faire, de ce qu'ils font ou de ce qu'ils ont fait, les oblige à prendre de la distance par rapport à leurs actes, à prendre conscience de la relation entre leur action et le but de la tâche, à porter un regard critique sur leurs productions en termes de conformité à ce qui était attendu, en termes de respect des contraintes. C'est, par la parole, que l'enfant va pouvoir se détacher de son action, se décentrer et organiser sa pensée.

• La langue, outil de communication en mathématiques

On ne fait pas des mathématiques en classe sans parler. Il s'agit toujours de s'approprier des consignes, qu'elles soient orales ou écrites ; de comprendre le contexte de la situation ; de communiquer ses conclusions par écrit ou à l'oral. Il s'agit, souvent, d'expliquer ce qu'on a fait, puisque les procédures mises en œuvre rendent compte du raisonnement suivi (le processus cognitif) et sont plus porteuses d'informations que les résultats eux-mêmes (le produit).

C'est dire que, comme pour toutes les approches disciplinaires, on ne peut faire des mathématiques sans utiliser la langue et qu'ainsi tout apprentissage correspond à des situations vraies de communication. Dans la mesure où les situations d'enseignement s'inscrivent dans un cadre social, les activités mathématiques concourent, comme les autres activités, à apprendre à échanger (on présente aux autres ce qu'on a fait, on parle pour faire avec les autres) et donc à comprendre et à utiliser les diverses fonctions du langage (désigner, décrire, évoquer...).

• La langue, outil de coopération dans le groupe social

Dans la classe, l'élève n'est pas seul, il est membre d'un groupe, confronté très souvent aux mêmes tâches que lui. Au-delà des enjeux essentiels de la socialisation et de la formation de l'identité, cette appartenance à un groupe de pairs, impliqués dans la même tâche, est un élément essentiel de la construction de compétences cognitives. Même si elles ne sont pas organisées, les interactions entre enfants sont, dans la quasi-totalité des cas, présentes : nous avons tous pu observer les effets de contamination et de diffusion de certains jeux, de certains comportements. Ces interactions sont multiples.

- **reproduction** (l'enfant fait comme un autre enfant, sans se soucier de la particularité de sa tâche) ;
- **imitation** (l'enfant s'approprie la procédure de l'autre mais l'intègre et l'adapte à sa propre situation) ;
- **aide** (un enfant indique à un autre comment il pourrait faire) ;
- **tutelle** (un enfant plus expert explique à l'autre comment il pourrait faire),

- **co-élaboration** (des enfants sont confrontés à la même tâche, partagent le même matériel et doivent fournir une production commune) ;
- **conflit socio-cognitif** (les enfants confrontent leurs représentations, ce qui peut leur permettre de les dépasser)

Que l'enseignant les suscite ou les ignore, ces interactions, verbales ou non verbales, sont déterminantes dans la progression des élèves. En ce domaine, le rôle de l'enseignant est essentiel : c'est lui qui fournit les **étayages cognitifs** (situations didactiques, aides pour réaliser la tâche, formulation, sollicitation de la parole...) et les **étayages affectifs** (renforcement positif, encouragement...) qui permettent à l'élève d'apprendre. C'est également lui qui, lors des regroupements, permet l'expression de chacun, l'écoute de tous, organise, résume les propositions, propose des orientations... Son importance est d'autant plus grande que, pour l'enfant d'école maternelle, le maître est par excellence la référence, l'adulte qui édicte les règles mais aussi l'adulte qui sait.

Apprendre par imprégnation et répétition

Il serait réducteur de considérer qu'enseigner les mathématiques à l'école maternelle se résume à déterminer la suite de problèmes auxquels vont être confrontés les élèves. Nous savons tous que l'élève d'école maternelle apprend en rencontrant de nombreuses fois les mêmes situations et qu'il construit ainsi des savoirs qui deviendront peu à peu opératoires, grâce à leur usage dans sa vie quotidienne et grâce à leur réinvestissement dans des situations d'action ou des situations lui posant problème.

L'extension progressive de la comptine numérique, mémorisée grâce ses multiples énonciations en classe (comptines, albums à compter, gestion de la date ou des absents/présents...), l'acquisition du vocabulaire structurant les relations spatiales entre les objets, grâce à un usage systématique et rigoureux dans toutes les activités de la classe, la construction d'images mentales de formes géométriques, l'intégration de propriétés d'objets.... relèvent toutes de ce processus d'imprégnation progressif. Dans des situations fonctionnelles aussi diverses que possible, l'enseignant, grâce à une exigence toujours renouvelée de verbalisation (la sienne et celle des élèves), offre la possibilité à l'enfant de s'approprier lentement des connaissances, par utilisation, reproduction, imitation. Ainsi, toutes les situations de vie de la classe, toutes les activités proposées sont des moments de mobilisation des connaissances logiques ou mathématiques (se mettre par trois en EPS, classer des livres, constater que les pages d'un album sont numérotées...). S'il ne faut pas transformer toute activité en une activité organisée d'apprentissage ou d'utilisation des concepts et outils mathématiques, il est nécessaire que l'enseignant soit conscient de leur mobilisation. Il peut ainsi établir des liens (explicites ou implicites) entre différents temps de la classe, il peut repérer des difficultés à reprendre ultérieurement...

De même, lorsque de nouveaux savoirs ont été construits, ils doivent se stabiliser grâce à des activités de systématisation (de répétition), s'intégrer dans des champs d'utilisation plus larges grâce à des activités de réinvestissement, s'automatiser pour quitter le statut d'objet d'étude et devenir outil. Ces activités permettent à l'enfant d'appliquer, de réinvestir (selon le degré de concordance de la situation avec la situation d'apprentissage initiale) des connaissances construites.

Cependant, comme le soulignent les programmes 2002[4], l'élève n'apprend pas en remplissant quotidiennement des fiches sous la conduite de l'adulte. La généralisation de ce type d'approche conduit l'élève à assimiler activité mathématique et utilisation d'un support proposant des exercices, le plus souvent formels, sans enjeux extérieurs à sa réalisation. L'élève s'engage alors dans la situation scolaire (se conformer à une norme, faire plaisir à l'adulte...) et non dans un apprentissage.

(4) *L'utilisation de situations réelles (avec des objets courants, du matériel spécifique, des jeux) doit être préférée aux exercices formels proposés par écrit* (p. 17).

Sur ce point, une analyse de nombreuses fiches de travail permet d'en percevoir les limites. Pour en comprendre les représentations, l'élève doit maîtriser de nombreuses conventions et des codes sociaux qui ne sont jamais explicités. Les difficultés constatées alors chez les élèves peuvent ne pas être dues à l'apprentissage mathématique mais à l'incompréhension de la réalité suggérée.

Dans le domaine des apprentissages, le travail sur le code mathématique nécessite une schématisation *a priori* abstraite des notions abordées ; or, l'accès au code ne peut être considéré comme le point de départ de l'apprentissage mais comme le point d'arrivée d'une longue démarche qui conduit l'élève de l'action à son élaboration symbolique puis à sa schématisation.

EN CLASSE...

En grande section, dans une situation de repérage spatial, la non détermination de l'orientation de la figure rend ambiguë la question posée.

Place le ballon sur le chemin, devant la maison, à droite de l'arbre.

Dans le cas particulier présenté, le ballon est-il devant la maison dont seule la façade arrière est présentée ? Se trouve-t-il sur le chemin si on se réfère à la position de l'observateur ? Faut-il placer le ballon à droite de l'arbre en se plaçant devant la maison ou en se plaçant sur la route ?

En moyenne section, les élèves doivent compléter une fiche mobilisant les nombres de 1 à 5.

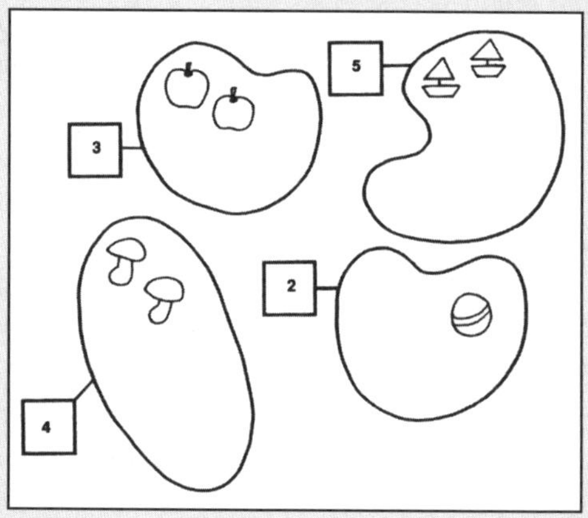

Dans l'exercice 1, les enfants doivent grouper les objets selon une consigne écrite. Ils ne peuvent donner aucun sens à l'activité et doivent appliquer le contrat didactique implicite qui veut que la nature des objets ne compte pas. Par ailleurs, ils doivent donner du sens à la présence du dé qui indique les groupements.

Dans l'exercice 2, ils doivent de plus comprendre que l'étiquette attachée aux ensembles correspond au nombre d'éléments d'un ensemble figuré de manière totalement conventionnelle. Ils doivent par ailleurs reproduire des dessins stéréotypés à l'intérieur des courbes fermées, ce qui vue la taille de celles-ci transforme totalement la tâche prescrite et fait obstacle à une réelle évaluation des compétences numériques des élèves.

Apprendre en résolvant des problèmes

• Confronter l'élève à des situations lui posant un problème

Placer l'élève de l'école maternelle en situation de construction de connaissances, c'est, comme pour tout apprenant, le placer dans une situation de déséquilibre cognitif, c'est-à-dire le placer dans une situation où la mobilisation de ses connaissances ne lui permet pas de trouver une solution qui le satisfasse au problème qu'il se pose. Il s'agit donc de lui poser un problème qu'il ne sait pas résoudre au début de l'apprentissage mais qu'il peut apprendre à résoudre grâce à la médiation de l'environnement (la situation, les ressources disponibles, les relations avec les pairs, les interventions de l'enseignant...). Nous parlerons alors de situation posant un problème à l'élève pour clairement nous référer à le notion cognitive d'apprentissage par résolution problème plutôt que de situation-problème pour ne pas rentrer dans des contraintes didactiques qu'il n'est pas toujours facile de respecter.

Il est nécessaire que la situation soit assez impliquante pour que son exploration active représente un enjeu pour l'enfant et qu'elle possède des caractéristiques assez précises pour qu'il puisse prendre conscience de l'inadaptation de ses réponses. Il est également nécessaire que l'élève puisse résoudre le problème, avec l'aide de l'enseignant, grâce à sa propre action. Un apprentissage par résolution de problème nécessite ainsi que le maître définisse très précisément les situations d'apprentissages et leurs variables didactiques, prenne en compte les connaissances et représentations de ses élèves et développe en classe un climat favorable à leur engagement affectif et cognitif.

• Prendre en compte les préacquis, mobiliser des prérequis

Prendre en compte le projet d'apprentissage de l'élève, c'est, comme l'a montré par exemple Jean-Pierre Astolfi [5], considérer, que les élèves ont une conception de l'objet mathématique abordé (préacquis) qui va interférer avec l'apprentissage, puisqu'elle va déterminer la pertinence et la crédibilité que les élèves vont accorder aux informations issues de la situation. Ainsi, la transformation de cette conception est l'objet même de l'apprentissage. En outre, l'apprentissage suppose l'usage, comme outils, de connaissances mathématiques dont la maîtrise conditionne la résolution du problème (prérequis).

(5) ASTOLFI (J.-P.), *L'école pour apprendre*, ESF, 1992.

Résoudre des problèmes pour apprendre

Un apprentissage par résolution de problème nécessite la confrontation de l'élève à un problème qu'il n'a jamais précédemment rencontré et pour lequel il ne possède pas de schéma de solution précédemment mémorisé.

La situation d'enseignement/apprentissage élaborée dans ce but doit donc permettre aux élèves de construire une connaissance nouvelle qu'elle relève de la notion, de la technique, de la méthode ou plus largement de la démarche (savoir, savoir-faire, méthode, raisonnement...).

L'apprentissage suppose que l'élève dispose de ressources cognitives suffisantes pour dépasser l'obstacle auquel il est confronté, c'est-à-dire que le problème s'inscrive dans la **zone proximale de développement** [6].

L'apprentissage s'inscrit dans **une perspective socioconstructiviste,** dans le sens où c'est par son activité que l'élève va construire son savoir dans une interaction sociale avec d'autres élèves et avec le maître. Il est donc nécessaire que l'élève puisse se poser des questions, élaborer des hypothèses, rechercher des éléments de réponse, valider ses propositions.

L'apprentissage doit donc être défini en fonction des **conceptions initiales** des élèves, de leurs connaissances incomplètes (savoirs ou procédures) qu'une évaluation diagnostique permet de repérer.

L'apprentissage doit donc être **contextualisé** à un environnement particulier pour permettre aux élèves de lui donner du sens.

L'apprentissage doit être perçu par les élèves comme la résolution de leur problème, c'est-à-dire qu'ils doivent percevoir la situation comme **une énigme à résoudre, un défi à relever ou la source d'un questionnement sur le monde.**

L'apprentissage nécessite que l'élève puisse formuler des **conjectures,** des **hypothèses,** qu'il puisse les tester et en tirer des conclusions

L'apprentissage comprend **des temps de formulation, de formalisation** dans le cadre social de la classe.

On parlera plus spécifiquement de **situation-problème** quand c'est l'organisation du milieu lui-même qui permet à l'enfant de construire son savoir en validant ses solutions et de **situation faisant problème** dans le cas où l'élève doit faire appel à des moyens (en particulier documentaires) externes pour répondre à ses questions. Remarquons d'ailleurs que, dans ce dernier cas, la validation des savoirs obtenus dépend de l'épistémologie de la discipline.

(6) Pour Vygotski, le développement d'un enfant à court terme est caractérisé par ce qu'il peut réaliser avec l'aide d'un adulte médiateur.
En effet, après avoir résolu le problème grâce à l'étayage de l'adulte, l'enfant pourra progressivement réussir seul la tâche qui initialement était hors de sa portée.

EN CLASSE...

• Analyser les prérequis

En grande section, des élèves participant à jeu de déplacement sur piste doivent tenir compte de la couleur portée par la face d'un dé pour déplacer un jeton[7], les prérequis de l'activité relèvent de la délimitation de la piste (notion d'intérieur, d'extérieur, de frontière) et de la compréhension de l'orientation des déplacements (notion de départ et d'arrivée, de sens de déplacement).

En moyenne section, des élèves doivent compléter une mosaïque définie selon un algorithme,[8] en allant chercher les motifs manquants (forme et couleur). L'activité n'est possible que si les élèves distinguent le carré, le triangle, le rond, compétence qui constitue donc un prérequis à la tâche.

• Tenir compte des préacquis

En moyenne section, une enseignante travaille avec ses élèves sur des répartitions en parts égales. Les quatre élèves du groupe effectuent successivement la distribution d'un objet par élève. L'enseignante fait constater que, parfois, il existe des restes d'objets non distribuables ; son objectif est d'installer une procédure de distribution 1/1[9]. Un élève ayant compris qu'il s'agit de découvrir le reste de la distribution déclare, après avoir observé les objets restants et sans agir, qu'il en restera deux puisqu'il y en a six (quatre objets distribuables, deux objets restants). Ses préacquis lui permettent ainsi de transformer la tâche, envisagée *a priori* comme non numérique, en une tâche numérique.

En grande section, à la suite d'un jeu, les élèves doivent, pour désigner le gagnant, comparer des collections importantes (de 15 à 27 objets). Pour l'enseignante, il s'agit de mettre en œuvre des procédures de correspondances terme à terme simples ou par paquets. Les élèves quant à eux, associent directement le problème à une situation numérique en reconnaissant une des fonctions du nombre ; ils dénombrent les deux collections et concluent grâce à la comparaison des deux nombres obtenus. L'enseignante, déstabilisée prend conscience qu'elle n'a pas, lors de sa préparation de séance, tenu compte des préacquis des élèves.

(7) des exemples de jeux de déplacements sur des pistes sont proposés dans la suite de l'ouvrage p. 127.

(8) une situation du même type est présentée dans la suite de l'ouvrage p. 208.

(9) une situation du même type est présentée dans la suite de l'ouvrage p. 202.

• Favoriser l'attribution de sens à la situation par les élèves

Il est nécessaire de ne jamais oublier que c'est l'élève qui apprend. Dans toute situation d'apprentissage, il faut non seulement qu'il accepte le coût de la remise en cause de ses conceptions préalables mais que, au-delà de sa volonté de savoir, il veuille s'engager, et donc se mobiliser dans la tâche, intellectuellement et affectivement. Ce sens que l'élève attribue à la situation peut être le résultat de sa volonté de comprendre une réalité qu'il vit, soit parce qu'il la rencontre dans l'activité initiée par le maître, soit parce qu'elle trouve des échos dans son vécu social extérieur à l'école. A l'école maternelle (mais c'est également vrai ultérieurement), le sens que l'élève donne à la situation n'est pas le sens que le maître lui donne ; très souvent, le sens pour l'enfant est le sens de l'action, lié à son besoin de faire mais aussi à son désir d'exprimer son pouvoir sur le monde, alors que le sens pour l'enseignant relève de l'acquisition de notions ou de procédures. Mais, si on inscrit l'action de l'élève dans une logique d'apprentissage, il ne peut donner du sens à une activité que s'il s'approprie son but (ce qu'il faut obtenir, savoir, provoquer...), que s'il en intègre les contraintes (avec quoi, selon quelles modalités, en respectant quoi...) et que s'il dispose de critères lui permettant de la considérer comme achevée. Le maître doit porter une extrême attention à la présentation d'une activité mathématique.

(10) *Il n'y a apprentissage que si le sujet qui apprend trouve du sens dans la situation d'enseignement qu'il vit.*
DEVELAY (M.),
Donner du sens à l'école,
ESF, 1996.

(11) voir les suites p. 47.

EN CLASSE...

En petite section, un élève doit réaliser « un collier » selon un algorithme blanc-noir. Il dispose de perles de multiples formes et couleurs. Enfilant avec un plaisir visible des perles presque toutes différentes, il ne réalise pas correctement son collier. En conclure qu'il n'a pas compris la notion de règle de l'algorithme serait une interprétation hâtive, qui se révèlera d'ailleurs fausse si on appauvrit la réserve de perles placée devant lui. En fait, la richesse du matériel proposé le conduit à rejeter la tâche prescrite.

En moyenne section, dans le cadre d'une activité préparatoire à la réalisation d'une maquette de la classe, les élèves doivent présenter oralement à un visiteur leur espace de vie. L'enseignante est extrêmement déçue de n'obtenir que des gestes, accompagnés d'énoncés du type : *« là, c'est les livres »*, au lieu d'énoncés utilisant des relations spatiales. C'est le sens même de la situation qui, en fait, échappe aux élèves : le visiteur est dans la classe avec eux, il voit l'espace classe comme eux, à quoi servirait de s'inscrire dans une communication ne faisant pas référence à cette perception ?

(12) une situation du même type est présentée dans la suite de l'ouvrage p. 156.

En grande section, une élève doit compléter une fiche comportant un ensemble de croix selon la règle suivante : elle doit entourer en bleu 1 croix, en vert 2 croix..., en rouge 6 croix, de telle façon qu'aucun objet ne soit entouré deux fois. Elle réalise correctement l'exercice, mais elle ne classe pas sa fiche parmi les fiches terminées et reste en attente. Interrogée, elle considère ne pas avoir achevé sa tâche car elle ne sait de quelle couleur entourer les 7 croix restantes (le nombre de 7 ne correspondait évidemment pas à une intention de la maîtresse). En fait, c'est bien une consigne sur la manière de considérer la tâche achevée qui manquait et il aurait été plus sage de demander explicitement le nombre de croix restantes (et de ne pas choisir 7 !), ce qui d'ailleurs aurait justifié par une question le travail proposé.

• Contextualiser les connaissances, « habiller » les situations de travail

Pour tenir compte de la psychologie de l'enfant de 2 à 6 ans, il est très souvent nécessaire de proposer un «habillage» de la situation faisant appel à son imaginaire, cet habillage intègre des stéréotypes culturels qui aident l'élève à se construire une représentation du problème, ce qui lui permet de s'investir affectivement dans son travail. En ce domaine, des approches ludiques peuvent être utilisées. Si le jeu trouve naturellement sa place dans des activités d'utilisation de savoirs, dans les situations faisant problème, il s'agit plutôt pour l'élève, de surmonter des défis, de résoudre des énigmes. Cet habillage de la situation fait que le problème posé n'est pour l'enfant ni un problème de logique, ni un problème de mathématique, mais un problème « concret » dépendant directement de son contexte. C'est probablement d'ailleurs la condition, à cet âge, pour qu'une véritable implication de l'élève soit possible : son action peut alors s'ancrer dans son univers et il peut donc la relier à d'autres actions (d'autres situations) précédemment rencontrées.

• Confronter progressivement l'enfant au problème

Il est utile de distinguer la phase d'appropriation de la situation contextualisée de la phase de confrontation au problème. La situation est ainsi initialement présentée de telle façon que chaque élève puisse l'explorer et donc en comprendre les caractéristiques sans rencontrer d'obstacles. Ensuite, en modifiant certaines caractéristiques de la situation, le maître crée l'énigme car il place l'enfant devant l'inadéquation de sa réponse précédente. C'est alors que l'élève se trouve réellement en apprentissage par résolution de problème.

• Favoriser l'autovalidation du résultat

Nous avons insisté sur le fait que le problème était le problème de l'élève et non celui du maître. Il est alors important que l'élève ne réduise pas sa tâche à la recherche de LA réponse connue - attendue - par le maître, mais qu'au contraire il recherche SA réponse, qu'il pourra valider sans faire référence à l'approbation de l'enseignant. Certaines situations autovalidantes (c'est le cas, par exemple, du choix d'un solide à placer dans une empreinte), sont, dans toute la mesure du possible, à privilégier car elles donnent une grande autonomie aux élèves et leur permettent de mettre en œuvre des stratégies de régulation. Cependant, il est parfois nécessaire d'envisager une validation sociale de la réponse trouvée, en impliquant un groupe d'élèves dans un dispositif de confrontation et d'échanges (c'est le cas par exemple pour valider le classement d'objets ayant une propriété commune).

• Décontextualiser et recontextualiser les connaissances pour favoriser leur réinvestissement

L'action didactique du maître ne peut se limiter à l'obtention de productions adaptées à la situation particulière, puisqu'il doit être particulièrement attentif à favoriser chez l'élève une prise de distance, aussi bien par rapport à sa propre action qu'aux particularités de la situation. En effet, l'activité de résolution d'un problème particulier ne participe réellement à la construction de notions ou de méthodes qu'à partir du moment où l'élève devient capable de symboliser ses procédures définies dans l'action grâce à un langage (oral, dessin, schéma...), c'est-à-dire de s'en construire une image mentale, de se le représenter. Ceci ne sera possible que si l'activité s'inscrit dans un cadre social, c'est-à-dire si l'élève doit communiquer et commenter ses résultats ou ses procédures, soit dans une relation duelle avec l'adulte, soit devant des camarades, grâce le plus souvent à la médiation de l'enseignant.

(13) voir p. 19

Cette phase de formulation, classique dans la didactique des mathématiques, ne conduit pas automatiquement à l'école maternelle à une formalisation d'un savoir, c'est-à-dire à une phase d'institutionnalisation. En effet, comme nous l'avons précédemment souligné, nous ne sommes pas dans un apprentissage formalisé des mathématiques, mais dans un processus qui permet à chaque élève de construire des outils intellectuels. Le savoir mathématique utilisé à un moment donné dans la classe n'a pas toujours le statut d'un savoir de référence (en particulier, en petite section et moyenne section) considéré comme acquis et il ne nécessite pas d'être « officialisé » par le maître. Néanmoins, il est important que ce dernier aide ses élèves à prendre conscience du fait que maintenant ils savent faire quelque choses qu'ils ne savaient pas faire auparavant et donc qu'ils ont appris.

Mais, la démarche d'apprentissage par résolution de problème nécessite également que les savoirs construits puissent être réutilisés dans de nouvelles situations qui les recontextualisent. Il s'agit d'aider les élèves à organiser leur expérience en classes de situations relevant des mêmes notions ou des mêmes procédures, afin que progressivement se construisent des champs conceptuels. Ceci n'est possible que si les élèves établissent des analogies de structure entre les situations (et non des analogies de surface qui les feraient associer des problèmes en fonction de leur habillage), c'est-à-dire si l'environnement du problème leur permet d'établir un lien entre des situations *a priori* différentes. Ainsi, les mêmes compétences sont travaillées cycliquement à l'école maternelle pour permettre une généralisation progressive des concepts, méthodes, outils.

EN CLASSE...

En grande section, une enseignante travaille sur la notion de double. Durant une séquence, elle travaille longuement avec les élèves sur une situation de constitution de pantins (deux bras, deux jambes).[14]

(14) voir présentation d'une situation de même type p 228.

Lors d'une dernière séance, elle propose à ses élèves un jeu de dés qui consiste à prendre un nombre de jetons double de celui de la configuration. Aucune des procédures élaborées au cours de la séquence ne semble réinvestie et les enfants rencontrent des difficultés à jouer. En fait, ils n'ont pas établi d'analogie entre les deux situations, analogie qui n'est d'ailleurs pas induite par l'environnement proposé de la deuxième activité (jeu collectif, utilisation du dé, comparaison de gains) : une activité intermédiaire permettant de faire le lien entre la situation « pantin » et la situation « double du dé » aurait été indispensable. Il était possible, par exemple, d'utiliser le lancer du dé pour reconstituer des pantins : le double du nombre tiré déterminant le nombre de jambes ou bras à prendre.

Apprendre et progresser à son rythme

Il est difficile en mathématiques de ne pas penser les apprentissages sous forme d'une progression, qu'elle définisse les étapes successives de construction d'un savoir particulier ou qu'elle articule différents savoirs. Cependant, à l'école maternelle les progressions définies seront beaucoup moins linéaires que celles qui, le plus souvent, existent à l'école élémentaire. En effet, les différences d'âge (quelques mois correspondent dans certains cas à des niveaux de compétences très divers), le rythme de développement des enfants (selon les activités, des enfants d'un même âge peuvent avoir des compétences contrastées) obligent les enseignants à définir de manière différenciée les apprentissages proprosés afin de tenir compte de la zone proximale de développement de chaque enfant.

De plus, on ne peut considérer comme définitivement acquises les compétences mathématiques travaillées à un moment donné puisque les mêmes compétences seront construites ou mobilisées selon les enfants dans des situations différentes à divers moments de l'année. La notion de procédure personnelle de résolution ou de calcul prend ainsi tout son sens. Suivant le moment où on le propose, suivant les connaissances des élèves à qui on le destine et suivant la gestion qui en est faite, un même problème peut être résolu par élaboration de procédures personnelles différentes ou, plus tard, par utilisation d'une procédure experte appropriée.

A l'école maternelle, la progression en mathématiques repose sur la complexification des problèmes proposés, ce qui permet un enrichissement progressif des notions construites et une diversification des procédures de résolution. L'évaluation des compétences de l'élève se fait de manière continue, d'abord au cours de l'action elle-même, ensuite lors des phases de symbolisation. Il n'est donc pas question de proposer des épreuves standardisées à tous les élèves d'une classe au même moment, car le risque serait alors grand de ne former les élèves qu'à réussir ces épreuves. Au contraire, l'enseignant se place dans une logique d'évaluation formative qui lui permet d'adapter et de faire évoluer les itinéraires d'apprentissage. Il est cependant intéressant, à l'issue d'une séquence d'enseignement/apprentissage, de proposer une évaluation spécifique pour faire individuellement le point sur les procédures utilisées. Le constat de la diversité des compétences atteintes conduit, le plus souvent, à envisager, non une remédiation immédiate, mais la proposition, quelques semaines plus tard, d'une nouvelle situation d'apprentissage. Ainsi, si l'école maternelle veut favoriser la réussite de tous, la différenciation des apprentissages s'impose naturellement.

■ Apprendre selon des modalités didactiques différentes

Comme les modes d'apprentissage sont divers à l'école maternelle, les activités mathématiques peuvent prendre des formes différentes suivant les situations didactiques mises en place.

• Des situations de vie de classe

Les notions mathématiques sont des outils continuellement sollicités dans la vie de la classe. Par exemple :

- de nombreuses consignes utilisent le nombre : l'effectif des élèves pouvant se regrouper dans un coin jeu, le nombre d'objets à prendre, à distribuer... ;

- la gestion du groupe s'inscrit dans des espaces dans lesquels il faut se repérer : ranger des jeux, se répartir dans la classe... ;

- l'organisation du temps structure le temps scolaire : l'emploi du temps de la journée, la durée d'une activité, l'évocation d'une activité réalisée dans les jours précédents...

Il est nécessaire d'être très attentif à cette globalité de l'enseignement en maternelle qui permet de donner une valeur d'usage aux concepts, procédures, méthodes, mobilisés dans des situations réelles de vie de classe.

• Des situations ritualisées

Les rituels prennent une place particulière à l'école maternelle : activités ritualisées lors du premier regroupement le matin, organisation ritualisée du goûter, organisation temporelle répétitive... Ces pratiques réglées, invariables, constituent un système ayant un caractère symbolique. Comme le soulignent René Amigues et Marie-Thérèse Zorbato-Poudou[15], les pratiques rituelles sont extrêmement présentes à l'école maternelle car elles assurent la transition entre les temps sociaux, les lieux, les activités. Ils affirment que ces rituels *tendent à consacrer ou à légitimer une limite arbitraire (...), à signifier, à travers une pratique collective, ce qui est licite et ce qui ne l'est pas.* Le sens des rituels réside dans leur dimension culturelle. Les codes utilisés (langage ou nombre) sont des outils qui permettent de transposer des pratiques culturelles au milieu scolaire. C'est particulièrement le cas lors de l'accueil et du goûter pour les apprentissages numériques.

(15) AMIGUES (R.), ZORBATO-POUDOU (M.T.), *Comment l'enfant devient élève. Les apprentissages à l'école maternelle*, Retz, 2000.

• Des situations de jeux

Il est inutile de revenir sur l'importance du jeu chez de jeunes enfants : le jeu sous toutes ses formes – jeu d'imitation, jeu exploratoire et manipulatoire, jeux à règles... – participe de manière essentielle au développement affectif, social ou cognitif de l'enfant. Pauline Kergomard[16] n'indiquait-elle pas déjà que *le jeu, c'est le travail de l'enfant, c'est son métier, c'est sa vie. L'enfant qui joue à l'école maternelle s'initie à la vie sociale et l'on oserait dire qu'il n'apprend rien en jouant* ? Les programmes 2002 (p. 17) précisent d'ailleurs que *le jeu est l'activité normale de l'enfant. (...)Il est le point de départ de nombreuses situations didactiques proposées par l'enseignant. Il se prolonge vers des apprentissages qui, pour être plus structurés, n'en demeurent pas moins ludiques.*

(16) KERGOMARD (P.), *L'éducation maternelle dans l'école*, Hachette, 1974, (1886, pour la première édition).

Le jeu est spontané chez le très jeune enfant. Il est, pour reprendre la terminologie de Wallon et Piaget, d'abord jeu fonctionnel, en ce qu'il permet l'exercice de l'activité sensori-motrice, puis jeu d'imitation et jeu symbolique, en ce qu'il permet d'évoquer des objets absents et d'intégrer des modèles sociaux, il devient ensuite jeu de règles. A partir d'un certain âge, l'enfant sait qu'il joue. Mais, parce que le jeu représente une entrée dans la fiction, l'imaginaire, il permet à l'enfant de mettre à distance son réel et ainsi de l'élaborer sans risque excessif, de se confronter aux autres, sans enjeux immédiats.

Si les jeux peuvent évidemment être proposés lors de l'accueil comme activités libres (il s'agit alors le plus souvent de jeux individuels), ils doivent être mis en place lors de temps spécifiques dédiés aux apprentissages dans le cadre d'ateliers.

Il est possible d'introduire des jeux du répertoire (jeux de domino, jeu de l'oie, jeu de cartes...)[17] qui mobilisent des savoirs mathématiques mais qui, parce qu'ils sont référés à des pratiques

(17) voir partie III p. 109

culturelles extérieures à l'école, ont des règles figées que l'enfant va s'approprier peu à peu. Il est également souhaitable d'utiliser des jeux choisis ou construits par l'enseignant pour atteindre des objectifs didactiques : jeux géométriques, jeux numériques, jeux de plateaux ou de déplacements.[18]

(18) voir partie III p. 109

• Des projets pour apprendre

Les jeux favorisent l'usage et l'automatisation de connaissances mathématiques mais ils ne permettent pas de construire des notions ou de nouvelles procédures. Ainsi, à côté des jeux, des situations spécifiques d'apprentissage, véritables projets pour apprendre, doivent être régulièrement mises en place.

Elles sont centrées sur la construction par l'enfant de savoirs logiques ou mathématiques à travers la résolution de problèmes. La démarche didactique et pédagogique à mettre en œuvre a longuement été décrite dans les pages précédentes Elle témoigne du rôle central donné à l'enseignant dans une pédagogie favorisant la construction des savoirs.

- L'enseignant définit le projet pour apprendre

Il choisit en fonction d'un projet d'apprentissage précis (une compétence, un public, un moment de l'année) une situation dont il analyse *a priori* les caractéristiques.

- L'enseignant crée les conditions d'implication des élèves

Il « habille » la situation d'apprentissage afin qu'elle trouve des échos dans les représentations enfantines et qu'éventuellement elle s'intègre à un projet plus large.

- L'enseignant provoque une confrontation des élèves à un problème

Il fait évoluer les paramètres de la situation de manière différenciée, de telle façon que chaque élève soit en position réelle d'apprenant.

- L'enseignant accompagne les élèves dans la symbolisation de leurs actions

Il sollicite les élèves, en les incitant à verbaliser en cours d'action et à l'issue de l'action.

- L'enseignant aide ses élèves à porter un regard sur leur apprentissage

Il incite les élèves à prendre conscience de leurs acquis, en décontextualisant au moins partiellement les apprentissages.

– L'enseignant favorise l'utilisation des connaissances dans d'autres contextes

Il propose ultérieurement d'autres situations permettant de réinvestir les compétences construites afin d'aider les élèves à construire des classes de problèmes.

Ainsi, la démarche d'apprentissage proposée nécessite une interaction constante entre le maître et un petit nombre d'enfants (de quatre à huit). Ce constat conduit à priviligier une organisation de la classe associant un atelier « dirigé », où se met en place le projet pour apprendre, et des ateliers autonomes, où les élèves utilisent un savoir précédemment construit. Selon l'âge des élèves, l'atelier dirigé doit être généralement relativement court : de 15 minutes en petite section à 25 minutes en grande section. Cette durée limitée permet une rotation des ateliers dans la même plage de travail ce qui facilite la gestion de la séquence d'enseignement/apprentissage.

De nombreux exemples de situations d'apprentissage sont présentés dans la partie III de cet ouvrage.

II

Construction de compétences mathématiques à l'école maternelle

Introduction

Les activités mathématiques mises en place à l'école maternelle s'inscrivent dans la rubrique *Découvrir le monde* des programmes d'enseignement de l'école primaire 2002, ce qui répond à la nécessité de partir des interrogations qui jalonnent la découverte par l'enfant de *la richesse du monde qui l'entoure.* Si ces programmes tiennent compte d'une logique du développement de l'enfant, ils supposent aussi que l'élève s'approprie des connaissances et construise des compétences nettement repérées.

Nous proposerons tout d'abord une approche du développement de la pensée logique de l'enfant. La partie des « *instruments pour apprendre* » des programmes de 1995 n'est pas reprise explicitement dans les programmes 2002. Il pouvait d'ailleurs sembler réducteur de penser que seules les activités à dominante logico-mathématique concourent à cet objectif. Par exemple, chacun des cinq domaines d'activité qui structurent les apprentissages permettent à l'élève de *construire les catégories qui rassemblent ou différencient les objets qui l'entourent en apprenant à tenir compte des critères qui les distinguent* (p. 17). En effet, toutes les activités de l'école maternelle nécessitent un travail sur la désignation, la classification et la sériation, l'explicitation de relations temporelles et spatiales, la causalité et les premières formes de raisonnement.

Il nous a d'abord semblé utile de proposer une suite de définitions permettant de clarifier l'usage des termes liés à la classification et à la sériation puis de proposer quelques exemples d'activités qui peuvent être mises en place en ce domaine.

Nous avons ensuite choisi de mettre en évidence les enjeux psychologiques et didactiques des apprentissages mathématiques, en respectant l'ordre de présentation des programmes.

- Le chapitre « Espace et Temps » s'inscrit dans une logique de développement cognitif et une transversalité des apprentissages.

- Le chapitre « Formes et Grandeurs » traite de la structuration de l'espace et fait aussi référence à des premières connaissances sur la géométrie des figures planes ou des solides et sur la mesure.

- Le chapitre « Approche des quantités et des nombres » met en évidence l'importance accordée aujourd'hui au nombre, à la fois dans sa construction progressive et dans la résolution de nombreux problèmes.

Classification, sération, mise en relation

La plupart des activités de l'école maternelle nécessitent une symbolisation par utilisation du langage, du dessin ou du schéma et relèvent donc de la formation de la pensée logique. Dans ce chapitre, nous aborderons seulement les activités non numériques qui ne participent explicitement ni à la structuration de l'espace et du temps, ni à la construction de notions géométriques : désignation, énumération, classification, sériation et mise en place de démarches d'anticipation et de déduction.

Nous préciserons tout d'abord la définition de certaines opérations logiques.[1]

(1) voir PIERRARD (A.), « Un peu d'ordre dans les mots » in *Lire-écrire à l'école* n°4, CRDP de Grenoble, 1998.

Trier, c'est se référer à une propriété pour séparer des objets selon une logique binaire. Si je trie les objets rouges, je crée deux classes les rouges et les non rouges.

Classer, c'est regrouper des objets ayant une même propriété. Un classement suppose que tout objet de l'ensemble de référence appartient à un groupement unique. Si je classe les objets par couleur – en supposant que, dans l'ensemble choisi, ce critère soit pertinent –, je crée la classe des rouges, celle des jaunes, celle des bleus, c'est-à-dire que je regroupe les objets selon la relation « a la même couleur que ». Classer, mettre ensemble, correspond à une opération logique fondamentale de toute activité intellectuelle, c'est elle qui permettra d'une manière générale de catégoriser et de nommer.

Ordonner, ranger présupposent l'établissement d'une relation ordre préétablie qui lie des objets selon leur position dans une série (c'est pourquoi on parlera aussi de sériation). On rangera ainsi des objets par taille, des mots par ordre alphabétique... et on ordonnera même des idées dans un schéma déductif.

Enumérer, lister, ne renvoient à aucun ordre puisqu'ils supposent l'énonciation successive et unique de tous les objets d'un même ensemble.

Mettre en relation correspond à une activité logique qui associe les éléments de deux ensembles. On établit un lien entre les objets et leur usage mais aussi un lien entre des propriétés.

Des activités logiques à l'école maternelle

• Trier, classer, désigner

Ces actions logiques supposent que l'enfant utilise explicitement ou implicitement la notion de propriété, c'est-à-dire qu'il soit capable de comparer deux objets pour en dégager des ressemblances ou des différences. Le développement de l'esprit logique est tributaire du développement des capacités perceptives des élèves. C'est ce qui explique que les premières activités de tri ou de classement portent sur des propriétés repérables par un des sens (la vue pour les couleurs, les formes, le toucher pour les matières, l'ouie pour les signaux sonores et plus rarement l'odorat et le goût). Pour les élèves, les objets familiers sont également définis par leur fonction (ça sert à...).

Spontanément, le jeune enfant se livre à des activités de tri : manipulant un tas d'objets, il en isole certains dont on peut percevoir, au départ, la propriété commune, même si, très rapidement, le jeu se transforme. Dès leur entrée à l'école maternelle, on peut proposer des activités de tri aux élèves : on regroupe les objets par fonctionnalité (par exemple, ceux qui permettent de se coiffer), les objets qui sont issus du même ensemble (par exemple, les pièces d'un jeu de construction)...

La frontière entre tri et classement est floue sur le plan logique. D'ailleurs, dès la petite section de l'école maternelle, des activités de classement seront proposées. Elles sont multiples dans la vie quotidienne (les livres de la bibliothèque, les objets du coin dînette, les regroupements d'enfants...), elles sont importantes à mettre en place dans le cadre des ateliers d'apprentissage. En effet, à partir du moment où l'on peut regrouper des objets, il peut devenir utile de les nommer et donc de définir la propriété commune qui les rassemble.

La recherche de propriété permettant de trier ou de classer des objets peut donner lieu à des jeux questions de type oui, non.[2]

(2) BARTH (B-M.), *L'apprentissage de l'abstraction*, Retz, 1987.

EN CLASSE...

En petite section, les élèves doivent coller sur une feuille des silhouettes d'animaux cartonnées jaunes. Celles-ci sont disponibles sur une autre table, mélangées avec des silhouettes de multiples couleurs. A la procédure spontanée qui consiste à faire un voyage par animal à rechercher, la maîtresse objecte que le nombre de déplacements à faire dans la classe est trop grand. Les enfants sont alors confrontés à un problème initial de tri qui doit leur permettre de réunir tous les animaux jaunes dans une boîte à emmener sur le lieu du collage. Après une phase collective de tâtonnement qui permet de bien repérer les conditions de réalisation de la tâche, les élèves effectuent, à partir du tas de silhouettes qui leur est attribué, leur opération de tri.

On peut observer trois procédures principales :

- Un enfant prend une silhouette, la rapproche de celles présentes dans la boîte et décide alors de la mettre ou ne pas la mettre dans la boîte. Sa stratégie est directement perceptive, il s'agit de vérifier que les objets sont les mêmes, la notion de couleur peut ne pas être encore explicitement dégagée.

- Une enfant prend les objets les uns après les autres et, au fur et à mesure, les met dans la boîte ou les écarte (avec des difficultés de gestion du tas des objets écartés). Sa stratégie correspond à un usage habituel du tri : pour chaque objet, elle détermine si la propriété « est jaune » est vérifiée.

- Un enfant répartit les objets sur la table, prend tous les objets jaunes et les met dans la boîte. On peut considérer qu'il effectue plutôt une activité de classement qui lui permet de séparer les objets directement en deux catégories, ceux qui sont jaunes, ceux qui ont une autre couleur

En grande section, des élèves doivent découvrir la propriété utilisée par le maître pour répartir en trois tas des objets sortis d'un sac, au fur et à mesure de leur tirage. L'enseignant choisit par exemple de classer les objets par matière (bois, plastique, métal). Devant les élèves, il commence par répartir cinq objets puis présente un nouvel objet et demande aux élèves sur quel tas le poser. Les élèves font des propositions qu'ils doivent justifier. Le maître les accepte ou les refuse en fonction du classement qu'il a initialement choisi. Cependant, si la propriété mise en avant par un élève est incohérente avec les informations déjà disponibles, il sollicite les autres élèves afin que cette proposition soit collectivement réfutée. C'est le cas si, par exemple, un élève déclare qu'il place une cuiller en bois sur un tas parce qu'il contient des objets servant à préparer le repas alors que, ce tas comporte, certes, un couvercle mais qu'y figure également une règle métallique.

Progressivement, il sera non seulement nécessaire de nommer la propriété qui caractérise la classe d'objets mais aussi de créer un symbole pour la désigner. Ce passage de la caractérisation orale de la propriété à sa symbolisation qui se justifie par la nécessité d'avoir un écrit mémoire en l'absence de l'objet est important car il permet un accès progressif à l'abstraction et favorise à terme les opérations sur les classes.

EN CLASSE...

En petite section les enfants ont des objets à classer par couleur dans des boîtes. Si les boîtes sont ouvertes, le placement successif des objets privilégie l'aspect perceptif.

Dans un premier temps,

- soit, **l'activité est gérée comme une suite de tris** : « Je prends un objet : a-t-il la même couleur que l'objet déjà placé dans la boîte ? Si oui, la propriété est vérifiée. Si non, je refais la même démarche avec la boîte suivante » ;

- soit, **l'activité est explicitement reconnue comme un classement** : « Je repère tous les objets rouges, je les mets dans une boîte, je repère tous les objets bleus... »

Dans un second temps, l'enseignant ferme la boîte et donne de nouveaux objets à classer. Comme la mémoire de l'enfant est défaillante et qu'il ne peut pas classer les nouveaux objets dans les bonnes boîtes, la nécessité apparaît de recourir à un codage écrit de la propriété commune[3] (par exemple sous forme d'un rond de couleur.

(3) Une situation de ce type est développée p. 179.

Ainsi, les classements d'objets seront plus ou moins complexes selon :

- le type de propriété mobilisée

Comme le montrent les tris spontanés, la couleur (bleu...) et la fonction d'usage des objets (ils servent à faire la cuisine...) seront toujours plus prégnantes que la forme (carré...) ou les caractéristiques des objets (ils sont en métal).

- le nombre de propriétés utilisées

La capacité de coordonner logiquement deux ou plusieurs propriétés (rouge et carré) qui nécessite la prise en compte de deux ou plusieurs points de vue différents simultanément s'opérationnalise à l'évidence plus tardivement que la capacité d'associer une seule propriété à un objet. Un outil de travail privilégié en ce domaine est le tableau à double entrée qui nécessite de coder les différentes propriétés et de coordonner spatialement deux déplacements et logiquement deux propriétés. Le tableau à double entrée est en même temps un outil pour coder une information (on coche la case du tableau pour indiquer qu'un enfant doit effectuer un atelier) et un outil pour déterminer le nombre et la définition des assemblages caractérisés par deux propriétés indépendantes (on cherche tous les blocs logiques ayant des formes et des couleurs différentes). Si la première utilisation renvoie à un usage social et donc peut s'acquérir dans la vie même de la classe, la deuxième approche nécessite un apprentissage spécifique. Il est d'ailleurs intéressant de construire le tableau à double entrée avec les élèves à partir d'un problème les amenant à prendre en compte simultanément deux classements possibles d'une collection d'objets,[4] puis de leur apprendre à compléter des tableaux à double entrée à partir de propriétés repérées avant de leur faire déterminer les propriétés qui caractérisent les lignes et les colonnes d'un tableau rempli.

(4) Une situation de ce type est développée p. 152.

• Ranger, mettre en ordre, sérier

Essentielles dans la vie courante comme dans la perspective de l'utilisation des nombres, les activités de sériation sont des activités logiques qui, selon Piaget, se mettent en place assez tardivement. Elles supposent que soit définie, implicitement ou explicitement, une relation permettant de comparer puis d'ordonner :

- sur des capacités : « le verre contient moins d'eau que la bouteille car je peux verser le contenu du verre dans la bouteille alors que l'inverse est impossible » ;

- sur les nombres naturels : « j'ai plus de billes que de boîtes puisque si je mets une bille dans chaque boîte, il me reste des billes », dans le cas où l'élève utilise la correspondance terme à terme comme outil de comparaison.

Cependant, ces deux relations d'ordre ne sont pas identiques car elles s'appliquent à des problèmes de nature différente. Dans le premier cas, la comparaison concerne des quantités continues (il faudrait alors faire référence à la mesure) alors que, dans le second, elle met en jeu des quantités discontinues et dénombrables.

La relation d'ordre est également mobilisée pour la structuration de l'espace, par exemple, dans le cas du repérage d'éléments dans un espace orienté – une file – ou dans l'espace de la page (dans le mot « école », « c » est après « é » et avant « l »).

Elle est présente également pour la structuration du temps : la chronologie des événements est une mise en ordre de ces événements.

Une fois la nature de la relation comprise, la difficulté réside, dans l'utilisation de la transitivité de cette relation, c'est-à-dire dans le fait que si « $a<b$ et $b<c$ » alors « $a<c$ ». On constate d'ailleurs que les

obstacles rencontrés par les enfants pour mettre en ordre des objets selon leur grandeur sont d'autant plus importants que le nombre d'objets est supérieur à trois. En effet, avec trois objets, l'enfant peut mettre en évidence « le petit », « le moyen », « le grand ». Confronté à plus d'objets, il doit nécessairement utiliser des procédures complexes du point de vue cognitif :

- comparer les objets deux à deux, ce qui peut devenir difficile quand il y a beaucoup d'objets (oublis, confusions, mauvaise gestion des objets) ;

- élaborer des inférences qui permettent par exemple de dire que si un objet A est plus grand qu'un objet B, il est alors plus grand que tous les objets plus petits que B, ce qui est très difficile sur le plan logique ;

- travailler par tâtonnement, ce qui suppose une gestion des essais/erreurs.

EN CLASSE...

En grande section, les élèves doivent ranger trois bandes.

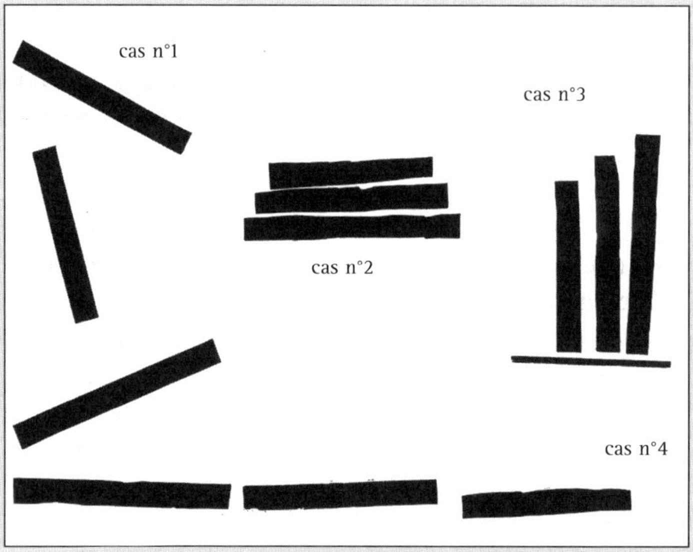

Certains élèves ne comprennent pas la consigne (cas 1), d'autres répartissent les bandes en pyramides (il était interdit de superposer les bandes) (cas 2), d'autres positionnent les objets en prenant le bord de la feuille comme repère fixe (cas 3), d'autres enfin, influencés par l'orientation de l'espace graphique, peuvent présenter les bandes successivement de la gauche vers la droite (cas 4).

Les activités de sériation sont nombreuses en classe. L'organisation des coins d'activité nécessite par exemple de ranger, les unes dans les autres, les casseroles de la dînette, d'associer les habits et la taille des poupées... Elles sont également présentes dans de nombreux jeux éducatifs d'encastrement ou d'emboîtement, et dans les jeux de construction...[5]

(5) Nous présenterons plusieurs exemples de mise en ordre d'ensembles discontinus (activités numériques) ou continus (activités faisant référence aux grandeurs et à la mesure)

• Mettre en relation

Cette opération logique est continuellement mobilisée dans la vie de la classe et dans les ateliers, quelles que soient leurs disciplines supports. Elle s'appuie sur des liens sémantiques entre les objets (on associe un animal et son petit, on apparie une cuiller et une tasse...), elle caractérise des dispositions spatiales (on pose un livre sur une étagère...), elle détermine l'utilisation de codes (on fait correspondre divers codes dans les coloriages numériques), elle permet de rechercher l'ensemble des couples de deux ensembles (on énumère des éléments du « produit cartésien » de deux ensembles donnés par un tableau à double entrée, un arbre de choix...)...

Mettre en relation en mathématiques,

- c'est symboliser les liens entre objets, c'est-à-dire s'en construire une représentation mentale,
- c'est, éventuellement, schématiser la situation pour ne mettre en évidence que ses éléments considérés comme pertinents.

Cette schématisation peut prendre la forme de regroupements, de liens ou de flèches, de tableaux ou d'arbres. Il est indispensable de permettre à l'élève de s'en approprier l'usage dans des situations d'apprentissage.

Il est important que les élèves soient confrontés à une grande variété de codages qui ne sont pas justifiées en eux-mêmes mais qui sont nécessaires parce qu'ils organisent l'information.

EN CLASSE...

En petite section, on propose aux élèves un ensemble de photos d'animaux et un autre ensemble de photos de leurs petits. Il faut associer les animaux et leurs petits en les mettant côte à côte.

En moyenne section, les élèves déterminent les aliments que mangent le lapin et la tortue de la classe. Cette approche est élargie à d'autres animaux familiers à partir d'une enquête dans les familles et de l'utilisation d'albums documentaires. La présentation des informations permet de coder la relation « mange» de plusieurs façons :

- à côté de la photo d'un animal, sont présentées les images de divers aliments. Ceux qui ne conviennent pas sont barrés en rouge ;

- un tableau à double entrée est constitué ; il permet de regrouper toutes les informations et de constater que certains régimes alimentaires sont identiques ;

- un schéma est réalisé permettant d'associer un animal et les aliments mangés grâce à des traits les reliant.

En grande section, les élèves doivent déterminer parmi un ensemble d'animaux, ceux qui sont les plus nombreux.[6]

(6) D'après MEN, *Aide à l'évaluation des élèves. Cycle des apprentissages premiers*

L'exercice suppose que les élèves effectuent deux actions différentes : l'une relève de la discrimination visuelle, l'autre du dénombrement. La complexité de la tâche met en échec les élèves qui voudraient déterminer successivement le nombre de chaque ensemble par balayage systématique. Il leur est donc nécessaire de créer une marque (un lien) arbitraire, spécifique pour chaque espèce et donc pour chaque regroupement, ce qui est d'ailleurs suggéré dans l'énoncé de l'exercice.

• Utiliser des règles, définir des algorithmes, compléter des suites

Les **algorithmes** sont des *suites finies, séquentielles de règles que l'on applique à un nombre fini de données permettant de résoudre des classes de problèmes semblables* ou encore comme *les enchaînements des actions nécessaires à l'accomplissement d'une tâche* (Le Petit Robert). On perçoit l'importance de l'algorithme dans le calcul, mais on voit également que l'élève de l'école maternelle ne se place pas exactement dans ce cadre. Aussi parlerons-nous plutôt de **suites** pour nous référer à l'activité logique qui consiste à produire une suite potentiellement infinie de « signes » (nombres, figures, symboles...), à partir d'un nombre fini de signes, selon une ou des règles explicitables. Nous parlerons de **suite itérative** si la règle choisie répète à l'identique la séquence initiale de signes, par exemple : (a-e-i-o-u-y)-(a-e-i-o-u-y)-(a-e-i-o-u-y). Nous parlerons de **suite récurrente** si la règle induit une évolution de la suite, c'est-à-dire si tout élément « n » est déterminé à partir des éléments précédents selon une règle fixe. C'est le cas par exemple de la suite des nombres 1-2-3-4-5-6..., chaque nombre étant déterminé par la règle qui consiste à additionner 1 au nombre précédent, c'est le cas également de la suite (1-2)-3-5-8-13-21... où les deux premiers nombres étant initialement donnés, chaque nombre suivant est la somme des deux nombres précédents.

Les suites itératives ou récurrentes utilisées à l'école maternelle confrontent les élèves à des situations simples où ils « jouent » avec des règles qu'ils peuvent, selon l'objectif fixé par le maître, respecter, découvrir, inventer. Ces suites qui ne mobilisent que peu de connaissances spécifiques et que l'enfant peut aisément s'approprier, constituent probablement une des premières résolutions de problèmes. J. S. Bruner[7] met en évidence trois compétences requises en ce domaine :

(7) BRUNER (J. S.), *Savoir faire, savoir dire*, PUF, 1983.

- Fixer une ligne d'action

L'élève doit ainsi comprendre que la suite ne se constitue pas au hasard, qu'elle répond à une règle qu'il faut trouver/appliquer. Cet apprentissage implique, dans un premier temps, la nécessité d'un étayage de l'adulte pour que l'enfant perçoive l'existence de la règle. Il suppose également que le produit de l'action soit assez attractif pour justifier l'engagement dans la tâche.

- Mettre en œuvre la séquence de mouvements dans la ligne d'action prévu

Pour l'élève, il s'agit d'être persévérant et donc d'appliquer la règle de manière répétitive pour obtenir l'effet souhaité. Nous savons combien il est difficile pour un élève de maintenir son attention et de garder à l'esprit la règle, c'est-à-dire de réaliser sa suite en ne modifiant pas, en cours de route, la règle du jeu. On veillera donc à ne pas proposer la réalisation d'une suite nécessitant de trop nombreuses répétitions.

- Tirer des conséquences de cette action pour définir de nouveaux projets

L'élève doit pouvoir porter un regard critique sur sa réalisation ou la réalisation d'un de ses camarades puisqu'il connaît les critères de réussite de la tâche. Il doit également pouvoir développer des procédures de régulation, quand il recherche par essais/erreurs la règle régissant une suite donnée.

Toutes les activités sur les suites ne sont pas de difficultés identiques. Plusieurs variables vont permettre de définir des tâches différentes.

• La nature de la tâche

- Appliquer une suite donnée et commencée avec l'enfant

L'enseignant énonce la règle en même temps qu'il effectue les actions : *Tu mets une perle blanche et une perle rouge. Une blanche, une rouge. Une blanche, une rouge. Tu continues.*

- Appliquer une suite donnée

L'enseignant énonce seulement la règle : *Tu mets une perle blanche et une perle rouge et tu recommences.*

- Reconnaître une suite et la continuer

L'élève dispose d'un collier commencé : *Tu continues le collier en appliquant la même règle.*

- Reconnaître une suite et expliciter à l'oral la règle suivie.

L'enfant dispose d'un collier réalisé selon une règle. *Tu dis comment on a fait le collier. Pourquoi ?*

- Construire une suite répondant à un critère

Tu vas faire un collier en utilisant trois couleurs de telle façon que le motif se répète.

• Le type de suites

Les suites itératives qui consistent à reproduire des séries régulièrement (A/B-A/B-A/B...) sont beaucoup plus faciles d'accès que les suites récurrentes qui supposent la transformation de la série précédente à partir d'une règle (A/B/C - B/C/D - C/D/E...).

• La nature de la règle[8]

Selon que la règle de constitution de la suite met en jeu deux ou plus de deux éléments, qu'elle utilise une simple alternance ou qu'elle propose des répétitions, le travail demandé aux élèves ne présentera pas la même difficulté.

(8) Les mêmes suites sont présentées dans l'encart en couleur.

Suite 1-1	A	B	A	B	A	B	A	B	A	B	A	B
Suite 2-1	A	A	B	A	A	B	A	A	B	A	A	B
Suite 1-2-1	A	B	B	C	A	B	B	C	A	B	B	C

• Le nombre de règles mises en jeu

Il peut n'y avoir qu'une règle à appliquer comme dans les exemples précédents. Il peut y avoir deux règles distinctes à utiliser simultanément comme c'est le cas si l'on utilise une alternance de formes et une alternance de couleurs. Ces deux règles peuvent être redondantes comme lorsqu'il faut alterner un carré rouge et un rond blanc. Elles peuvent être complémentaires, comme lorsqu'il s'agit de combiner une suite 1-2 sur les couleurs (blanc, gris) et une suite (1-2-1) sur les lettres (A, B, C).

A B B C A B B C A B B C A B B C

• Le nombre de directions spatiales

On peut ne travailler que dans une direction, c'est-à-dire sur une droite comme dans les exemples précédents.

A	A	B	A	A	B	A	A	B	A	A	B	A	A	B	A

On peut développer la suite dans deux directions ce qui permettra ultérieurement de définir des pavages du plan.

- reprise de la suite au début de chaque ligne :

A	A	B	A	A	B	A	A	B	A	A	B	A	A	B	A
A	A	B	B	A	B	A	A	B	A	A	B	A	A	B	A

- poursuite de la suite après le retour à la ligne : lors de la réitération du procédé, il est possible d'inciter l'enfant à ne pas colorier case après case, ce qui l'oblige à alterner des motifs ou des couleurs, mais à colorier toutes les cases de la même couleur (sans reposer le crayon d'une couleur) pour qu'il découvre les régularités produites.

A	A	B	A	A	B	A	A	B	A	A	B	A	A	B	A
A	B	A	A	B	A	A	B	A	A	B	A	A	B	A	A
B	A	A	B	A	A	B	A	A	B	A	A	B	A	A	B
A	A	B	A	A	B	A	A	B	A	A	B	A	A	B	A
A	B	A	A	B	A	A	B	A	A	B	A	A	B	A	A
B	A	A	B	A	A	B	A	A	B	A	A	B	A	A	B

- travail par « cercles concentriques » (pavage algorithmique de l'espace) :

B	B	B	B	B	B	B
B	A	A	A	A	A	B
B	A	B	B	B	A	B
B	A	B	A	B	A	B
B	A	B	B	B	A	B
B	A	A	A	A	A	B
B	B	B	B	B	B	B

L'espace et le temps

Nous évoquerons dans ce chapitre l'action que peut avoir l'école maternelle pour favoriser la construction des concepts d'espace et de temps. Compétences transversales dans les programmes de 1995, rubriques spécifiques « *Repérages dans l'espace* », « *Le temps qui passe* » dans les programmes 2002, ces constructions conceptuelles sont fortement déterminées par le développement logique de l'enfant et se réalisent durant tout le temps de la scolarité obligatoire.

La construction de l'espace occupe une place particulière à l'école primaire puisque la plupart des disciplines (mathématique, géographique, plastique, moteur...) caractérisent l'espace à travers des représentations qui leur sont propres : dessin, construction géométrique, paysage et carte en géographie, espace plastique... De plus, elle traverse les trois cycles puisque son élaboration, commencée dès la petite section de l'école maternelle, est loin d'être achevée à l'entrée au collège.

La construction de l'espace

• La construction du concept d'espace

Comme le concept de temps, le concept d'espace peut être référé à l'expérience de l'enfant et plus symboliquement à une forme d'entrée dans une culture.

Si on se réfère aux travaux de Piaget,[1] l'enfant s'approprie l'espace en organisant les relations qui lient des objets et donc en orientant un espace à trois dimensions et en dégageant des « invariants géométriques ». Car, si la constitution de l'espace est esquissée dès le fonctionnement des organes de la vision et de l'équilibre, cette première intuition spatiale explique simplement que les mouvements réflexes sont organisés dans l'espace mais ne permet pas de comprendre le passage progressif de l'espace vécu à l'espace perçu et conçu. En effet, si l'espace sensori-moteur ou perceptif de l'enfant de moins de deux ans n'existe qu'à travers son action, la construction progressive de la fonction symbolique (et donc du langage) va peu à peu permettre à l'enfant d'accéder à une représentation mentale de l'espace. Très tôt, il va élaborer des rapports élémentaires entre les objets comme le voisinage (proximité des éléments), la continuité ou discontinuité de leur position (dissociation et distinction de deux éléments voisins), les notions d'intérieur, d'extérieur et de frontière...

(1) PIAGET (J.), *La construction du réel chez l'enfant*, Delachaux et Nieslé, 1937 ; PIAGET (J.) et al., *La géométrie spontanée*, PUF, 1948 ; PIAGET (J.), *La représentation de l'espace chez l'enfant*, PUF, 1948.

Ainsi, le rôle de l'action paraît capital dans l'élaboration des images mentales de l'espace puisque *l'image mentale n'est jamais que l'imitation intérieure et symbolique d'actions antérieurement exécutées ou exécutables*[2]. Ce passage de l'action à la symbolisation de l'action nécessite la médiation de langages : langage oral, bien évidemment, qui permet de dire le faire, dessins puis schémas également qui permettent de caractériser les relations en les inscrivant dans un autre espace.[3] Cependant, il est nécessaire de distinguer la représentation mentale d'un espace et sa représentation graphique. Cette dernière est non seulement dépendante de la construction cognitive du concept d'espace mais également tributaire des capacités motrices de l'enfant et de sa compréhension d'un système de signes. La représentation graphique d'un espace n'est donc pas donnée, elle se construit grâce à la confrontation ou la production d'images et grâce à une intégration progressive de codes.

(2) PIAGET cité par BOULE (F.), *Manipuler, organiser, représenter, prélude aux mathématiques*, Pratiques pédagogiques, Armand Colin, 1985.

(3) *Se repérer dans différents espaces, s'y déplacer avec ou sans contraintes, représenter des objets localisés, coder un déplacement, utiliser les marques spatiales du langage sont des compétences qui s'acquièrent tout au long de l'école maternelle.* (Programmes 2002).

L'enfant est confronté à différents espaces qui conditionnent son point de vue. Il peut percevoir dans sa globalité le **micro-espace** qui lui est extérieur (la feuille, la maquette...). Il peut se repérer dans le **méso-espace** (sa classe, son école, éventuellement son quartier) car celui-ci correspond à un espace vécu auquel il appartient. En revanche, il lui est très difficile d'appréhender le **macro-espace** (sa ville, son pays par exemple), car il ne peut le percevoir. Une part importante du travail sur l'espace sera de permettre à l'élève de comprendre qu'il est possible de passer d'un espace à l'autre par transcription.

Outre des interactions enfants/milieu présentées par Piaget, il est également indispensable de souligner l'importance des interactions adultes/enfants et enfants/enfants dans la construction de l'espace.

L'enfant découvre à l'école le monde physique des objets. Il apprend à les connaître et à les décrire, il apprend à conduire des actions, à anticiper sur leurs effets, à utiliser des codes pour les communiquer. Le maître joue un rôle essentiel dans la construction progressive du concept d'espace puisque c'est lui qui va créer les situations qui vont permettre à l'élève d'agir, puis de prendre du recul sur son action et donc de l'inscrire dans un espace symbolisé.[4]

(4) voir PECHEUX (M.G.), *Le développement des rapports des enfants à l'espace*, Nathan, 1990.

Une démarche possible

Petite section Moyenne section Grande section	ESPACE VÉCU	L'élève vit avec son corps les relations spatiales. Il est son propre repère
Petite section Moyenne section Grande section	ESPACE MANIPULÉ	La représentation matérielle d'une situation (maquette par exemple) permet à l'élève d'agir sur des objets en appréciant, par la vue, la position des objets isolés (ce qui n'est pas possible dans l'espace vécu corporellement), elle favorise une attitude de décentration (l'enfant n'est plus un objet de l'espace, il en devient un observateur) et permet une transition avec l'espace graphique.[5]
Moyenne section Grande section	ESPACE REPRESENTÉ	Sur le plan cognitif *l'espace représenté, loin d'être une copie du réel se construit lentement sous la dépendance des capacités opératoires. (...) Tous les acquis sur le plan perceptif, avant l'accès à la fonction symbolique sont à reconquérir sur un plan symbolique.*[6] L'espace graphique suppose en plus la maîtrise de codes puisque la représentation plane d'une situation nécessite une convention graphique pour passer d'un espace de trois dimensions à un espace à deux dimensions.
Grande section	ESPACE SCHEMATISÉ	Le plan, le dessin géométrique... utilisent des codes sociaux et rendent compte d'un traitement de l'information. Ils mettent, en effet, en évidence des propriétés et des relations qui paraissent pertinentes en fonction d'un projet spécifique. On voit ainsi que l'accès à la schématisation ne peut s'envisager que progressivement au cycle 2

(5) LURCAT (L.), *Espace vécu et espace connu à l'école maternelle*, ESF,1982.

(6) PECHEUX (M.G.), op. cité.

EN CLASSE...

• En petite section notion d'intérieur et d'extérieur

On débute par une séance d'EPS classique à partir du « jeu des loups et des moutons ». On installe des cartons repérant des « maisons ». Il s'agit pour les élèves de ne pas être attrapés par le loup qui chasse au signal donné par la maîtresse. Quand les élèves se sont appropriés le jeu, les cartons sont progressivement remplacés par des cordes. On ouvre ensuite certaines cordes en faisant bien remarquer aux enfants que l'on peut alors rentrer dans la maison. Une maison est fermée si pour y entrer on doit franchir la corde (la frontière). Les phases successives de verbalisation sont essentielles pour associer les situations vécues au vocabulaire spatial : dans, à l'intérieur, à l'extérieur, dedans, dehors ...

De retour en classe, on reprend l'exercice en manipulant des objets comme, par exemple, des animaux de la ferme et des enclos. La phase de verbalisation est identique.

On propose alors des exercices écrits présentant la même situation sur une feuille et on arrive ainsi à la notion de ligne fermée et de ligne ouverte, d'intérieur et d'extérieur.

• En grande section notion de codage d'un itinéraire

En salle de motricité, les élèves doivent suivre des parcours repérés par des plots, parcours d'abord proposés par l'enseignant, puis inventés par les élèves. Lors des regroupements, on verbalise les déplacements.

On divise ensuite le groupe classe en deux groupes : un groupe se déplace sur le parcours, l'autre groupe représente les parcours de leurs camarades sur des feuilles où les plots sont indiqués. Il est d'ailleurs possible de différencier la tâche en faisant varier la position de l'élève observateur par rapport à l'élève en déplacement.

De retour en classe, l'activité est reprise sur des itinéraires réalisés sur des maquettes. Il suffit alors d'utiliser les traces des déplacements pour dessiner l'itinéraire.

A côté de ces activités d'encodage, on met en place des activités de décodage (utiliser la trace pour suivre l'itinéraire). On accède alors à des représentations dessinées sur des feuilles. Il est enfin possible de symboliser les déplacements par une suite de flèches qui les schématisent.

Des activités à l'école maternelle

• Les relations spatiales entre objets

L'apprentissage des relations spatiales nécessite l'acquisition d'un vocabulaire spécifique. Toutefois les activités mises en place ne sont jamais des leçons de vocabulaire puisque la prise de conscience d'un espace structuré est issue d'une interaction constante entre action et verbalisation.[7]

Sans vouloir établir une liste exhaustive des termes introduits, il est possible d'en proposer certains en remarquant qu'il est important de les présenter par couples quand ils se définissent par opposition même si, contrairement aux adultes, les enfants se les approprient de manière disjointe.

(7) *La construction de l'espace suppose une manipulation aisée du langage qui permet de situer les objets et les personnes ainsi que leurs déplacement.* (Programmes 2002)

	RELATIONS	Par couples	Seuls
ESPACE TOPOLOGIQUE	Position par rapport à une frontière	ouvert/fermé (à l')intérieur/(à l')extérieur dans/hors (de) dedans/dehors	autour (de)
	Position par rapport à un ou des objets		entre au milieu (de) au centre (de) parmi à côté (de) contre
	Par rapport à l'orientation vécue de l'espace	vertical/horizontal debout/couché	
ESPACE ORIENTE	Par rapport à un repère fixe	sur/sous dessus/dessous (en) haut/(en) bas en avant (de)/en arrière (de) à droite (de)/à gauche (de) avant/après	vers contre
	Par rapport à un objet	à la droite (de)/à la gauche (de) devant/derrière face à face/dos à dos	en face (de) sur le côté (de) (de) dos (à)
ESPACE MÉTRIQUE	Par rapport à un objet ou des objets	près (de)/loin (de) plus loin (que)/plus près (que) plus haut (que)/plus bas (que)	à côté (de) au centre (de)

D'abord, l'enfant apprend à caractériser la position d'un objet par rapport à lui-même (devant, derrière...). Progressivement, il peut concevoir un espace repéré par rapport à un objet fixe, ce qui l'oblige à se décentrer (devant «x», derrière «y»...), puis, plus tard, il envisage un espace repéré par rapport à un objet mobile. De même, l'approche des relations de position (à côté, entre...) précède l'approche des relations dans un espace orienté (à droite, à gauche...).

Si des activités spécifiques doivent être mises en place dans le but de favoriser la construction de ces notions, il est évident que le vocabulaire spatial est un outil de langage utilisé à tout moment de la classe. Il serait caricatural que l'enseignant utilise rigoureusement ces expressions dans les phases explicites d'apprentissage et néglige d'avoir la même rigueur dans la quotidienneté de son action.

EN CLASSE...

En petite et moyenne sections, il est possible de dire certaines comptines, de mettre en place des jeux favorisant l'imprégnation du vocabulaire spatial («Jacques a dit»...), joués éventuellement avec du matériel (on place le ballon au-dessus de la tête, on le met sur la tête...). Il est également possible de proposer des déplacements sur des parcours (On passe sous le banc, on saute dans le cerceau, on va vers le mur....). Par ailleurs, la lecture d'images peut induire une approche du positionnement d'un objet dans l'espace.

En moyenne section, on peut mettre en place un jeu de « cache tampon ». Un groupe d'enfants sort, un objet est caché par le reste de la classe à l'intérieur de l'espace de jeu (la classe, la salle d'évolution, la cour de récréation...). Les élèves sortis doivent retrouver l'objet en posant des questions de localisation auxquelles les autres enfants ne peuvent répondre que par « oui » ou par « non ». Le jeu permet l'utilisation d'un vocabulaire de distance (loin, près, contre...), de direction (vers, à droite ou à gauche...) et d'orientation (au-dessus, sous, entre...) Il est également possible de provoquer une situation de rangement d'objets sous la forme suivante. On doit mettre en place des boîtes dans l'épicerie de la classe qui comprend trois ou quatre étagères Des objets peuvent être superposés et placés l'un devant l'autre sur chaque étagère. L'enseignante d'abord, puis un enfant, indiquent où doivent être placées les boîtes (*la boîte de riz doit être placée sur l'étagère au-dessus de celle du paquet de farine, elle doit être mise derrière la boîte de pâtes*).

En grande section, on pourra proposer un assemblage de cubes de couleurs mélangées

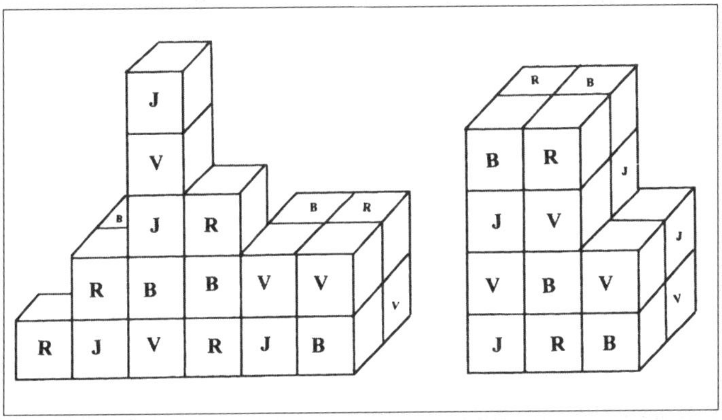

Un enfant choisit un cube, les autres enfants doivent déterminer le cube choisi. Exemple de démarche avec des élèves sachant jouer :

E : Il est là (l'enfant montre du doigt) ?

Question refusée car ne répondant pas aux règles du jeu (interdiction de montrer)

E : Il est rouge ?

M : Oui (Cette question permet de réduire le nombre de cubes)

E : Il est en dessous ?

M : Je ne comprends pas

E : Il est dans le tas de droite ?

M : Oui

E : Il touche la table

M : Oui

E : Il est à côté d'un cube jaune ?

M : Oui

E : Il est sous un cube bleu ?

M : Oui

E : C'est celui-là

• Repérage et déplacement dans un espace

Repérer un point dans le plan ou dans l'espace correspond à une activité importante des mathématiques et de la géographie. Il s'agit de repérer un point par rapport à une origine et à des axes dotés d'une unité, mais également de caractériser un déplacement, une transformation géométrique (translation par exemple). On peut donc considérer que la localisation d'une case sur un quadrillage, ainsi que la description d'un trajet, relèvent de cette approche.

Il est possible de considérer que les tableaux à double entrée qui mettent en jeu la coordination de propriétés logiques sont également une forme de lecture d'un espace repéré (ligne/colonne).[8]

(8) voir p. 152

Les trajets constituent un thème privilégié de travail à l'école maternelle puisqu'ils peuvent, aisément, lier activité motrice, manipulation, codage et schématisation (voir exemple précédent).

Pour que l'élève se représente un trajet, il faut qu'il ait construit les notions de point de départ, de point d'arrivée, de sens du parcours et qu'il respecte des règles :

- prendre en compte les obstacles, dans le cas d'un déplacement dans un espace vécu ou dessiné ;

- respecter des contraintes, dans le cas de cheminements sur des espaces préétablis (chemin, route...), ou dans des espaces limités par des lignes (labyrinthes) : ne pas franchir les lignes, choisir un itinéraire adapté en fonction de la situation, prendre en compte la notion d'étapes successives... ;

- anticiper ses déplacements pour ne pas avoir à revenir en arrière, pour ne pas tomber dans un piège, ce qui suppose l'élaboration d'une première image mentale de l'espace travaillé.

Pour communiquer son chemin, l'élève doit par ailleurs savoir utiliser un codage : il laisse d'abord une trace de son itinéraire (encodage) ou sait suivre une trace (décodage), puis il utilise des successions d'images ou de symboles, enfin il utilise des codes arbitraires, dans le cas par exemple des déplacements sur quadrillage.[9]

(9) voir p. 175

De nombreuses activités sont utilisables dans ce domaine : il s'agit de toutes les simulations de déplacements, tous les labyrinthes, mais également de beaucoup des jeux mathématiques utilisés très souvent dans les classes.[10] Les labyrinthes contribuent à la structuration de l'espace puisque les élèves doivent déterminer un trajet qui s'inscrit dans des lignes fermées qu'il est impossible de traverser en apprenant à anticiper progressivement les difficultés (impasses). L'élève doit en effet déterminer tous les choix possibles puis, quand il devient expert, parcourir mentalement toutes les voies ouvertes pour progresser sans erreur.

(10) voir p. 109

EN CLASSE...

En petite section, l'enseignant met en place de vrais labyrinthes (cordes, briquettes...) que l'élève aura à parcourir avant de proposer des maquettes de labyrinthes où l'enfant doit déplacer un objet.

En moyenne section, avant de travailler sur des labyrinthes dessinés, on peut proposer aux élèves des représentations de déplacements sur des chemins offrant des choix : un mouton veut retourner dans la bergerie, une des voies le conduit au loup, l'autre à la forêt, la troisième lui permet de rentrer... En fin d'année, il peut proposer les premiers jeux de déplacements codés sur des grilles.[11]

(11) voir p. 127

En grande section, on peut introduit des labyrinthes comprenant de multiples obstacles (y compris des cases pièges), et des représentations à trois dimensions (une route passe au-dessus d'une autre par exemple). Il peut être intéressant de faire fabriquer des labyrinthes aux enfants en utilisant, par exemple, de la pâte à modeler.

En grande section, il est nécessaire d'amener les élèves à représenter dans un espace à deux dimensions un espace à trois dimensions. C'est ainsi que l'on représentera sur une feuille le plan de la classe, de l'école, un cheminement dans le quartier.... Les difficultés sont nombreuses puisqu'il s'agit d'utiliser l'espace orienté de la feuille, de concevoir la notion de projection, d'utiliser des codes... La construction de maquettes peut constituer une bonne introduction à ce travail car elle ne nécessite qu'une transposition d'un macro ou méso-espace à un micro-espace.[12] La mise en relation d'un espace représenté (un plan) avec un espace vu d'un point haut (une mezzanine, la fenêtre d'un appartement situé dans une tour qui domine l'école...) peut aussi être proposée. Il est également utile de permettre à un élève de structurer les relations qui existent entre différents lieux de son environnement proche (son école par exemple) en proposant la description de parcours soit à l'oral, soit avec des outils de codage comme les photographies.

(12) voir p. 156

EN CLASSE...

En grande section, l'enseignante propose un jeu aux élèves. Elle va distribuer à des groupes de 3 à 4 élèves un carton sur lequel est écrit un lieu de l'école bien connu des enfants (la classe des petits, la cantine, les jeux extérieurs...). Ils devront décrire le chemin qu'il est possible de suivre pour s'y rendre. Elle présente les sept cartons, en indiquant clairement les lieux évoqués, puis elle donne un carton à chaque groupe. Après un temps de réflexion, chaque groupe décrit son itinéraire sans indiquer le lieu où il se termine. Les autres élèves de la classe doivent trouver ce lieu. En cas de contestation, les élèves suivent effectivement l'itinéraire décrit.

En grande section, une course au trésor est organisée. Les élèves sont répartis en quatre groupes. Chaque groupe a un « trésor » à rechercher dans l'école et dispose pour cela d'indices photographiques contenus dans des enveloppes numérotées permettant de reconstituer le chemin à suivre. Certaines photos proposent des plans larges qu'il est facile de reconnaître (l'entrée de la salle d'évolution), d'autres des détails qui demandent une interprétation de l'image (un regard d'égout dans la cour), d'autres enfin sont des gros plans sur des écrits (classe de Madame X). Il s'agit de repérer clairement des lieux pour s'approprier un espace.

La construction du concept de temps

La notion de temps est primordiale dans le processus de développement de l'être humain que ce soit d'un point de vue cognitif ou social. Le temps apparaît solidaire de toute la construction de l'univers : *Les quatre catégories de la pensée constituent un tout indissociable : l'objet et l'espace, la causalité et le temps car il n'existe pas d'objets sans espace ni d'espace sans objets. Les actions des objets les uns sur les autres définissent la causalité et le temps est la coordination de ces actions.*[13] L'articulation entre les concepts de temps et d'espace apparaît en particulier à travers la notion de mouvement : c'est la coordination de états spatiaux qui constitue le temps, la notion de vitesse est donc corrélative à la notion de temps.[9] Cette relation entre espace et temps se traduit d'ailleurs dans nos pratiques sociales : nous associons, sur les frises chronologiques par exemple, gestion de l'espace (de la gauche vers la droite dans notre culture) et déroulement du temps (avant, après). Pour Piaget, la construction de la notion de temps se fait en trois grands stades : le stade des opérations d'ordre qui permet de sérier les événements en terme de succession, le stade des opérations de partition et d'emboîtements qui assurent le découpage des intervalles et des durées, le stade des opérations de mesure qui établissent une métrique du temps, en prenant une durée comme unité. Emilia Ferreiro[14] a montré que ce développement cognitif est en relation directe avec le développement de l'usage de la temporalité dans le langage de l'enfant. On conçoit alors l'importance du travail sur le langage et l'apport du travail sur le récit dans la construction du concept de temps.

(13) PIAGET (J.), *Le développement de la notion de temps*, PUF, 1946.

(9) D'une manière générale, il est important de considérer que la structuration du temps et celle de l'espace sont indissociables. Une part importante du sentiment de distance, par exemple, est liée à la représentation du temps nécessaire pour aller d'un point à un autre et suppose donc que la vitesse soit prise en compte (Programmes 2002).

(14) FERREIRO (E.), *Les relations temporelles dans le langage de l'enfant*, Droz, 1971.

Des activités à l'école maternelle

A l'école maternelle, l'élève apprend à :

- distinguer l'avant, du pendant et de l'après, ce qui le fait entrer dans l'ordre temporel ;

- différencier son temps subjectif et le temps objectif, d'où l'importance de la régularité de l'organisation du temps de la classe ;

- repérer hier, aujourd'hui et demain, ce qui lui permet de s'approprier progressivement un découpage du temps social en journée, puis d'élaborer une chronologie (la semaine, le mois, l'année...).

Ainsi l'enfant perçoit d'abord son temps vécu comme un temps cyclique, il va progressivement s'inscrire dans un temps linéaire, en prenant conscience qu'il grandit (importance de l'anniversaire) et qu'il s'inscrit dans une histoire.

La construction du concept de temps est très longue et l'école maternelle ne représente que la première étape d'un itinéraire qui, même chez l'adulte, peut parfois être considéré comme non achevé.

A l'école maternelle, l'approche du temps est transversale à la plupart des activités. Toutes les activités autour du récit, toutes celles qui nécessitent une codification d'une suite d'actions participent à la compréhension de la succession temporelle. Le travail sur le calendrier[15] met en place simultanément la notion de cycle et la notion de repérage. Certaines activités permettent d'aborder la notion de durée comme, par exemple, associer le temps du trajet et sa longueur. Il est également possible d'introduire dans certaines activités les premiers outils de mesure du temps comme les sabliers ou les clepsydres.

(15) voir p. 101

EN CLASSE...

• Appréhender la succession des événements

En petite section, on confectionne une série de photos caractéristiques du temps passé à l'école le matin : l'accueil, le regroupement, un atelier, le goûter, la récréation, une séance de motricité, la lecture d'un album. Affichées dans cet ordre sur le tableau, elles servent de référence pour tous : dans un premier temps, l'enseignant les utilise pour « savoir ce qu'on a fait », il se fait progressivement aider par les élèves qui, en fin d'année, deviennent autonomes.

En moyenne section, un dispositif du même type peut être repris mais les différents temps de la matinée sont codés et un travail d'organisation de la séquence d'activités est mené quand l'emploi du temps est modifié.

En grande section, seul le nom des moments est repéré sur des affiches (avec un lexique disponible) et le dispositif est complété par des dessins du cadran de l'horloge présente dans la classe, afin de proposer une première approche du repérage du temps.

• Appréhender les durées

En grande section l'observation de poussins permet de caractériser leur développement (poids, taille...), mais aussi de le rapporter à une unité temporelle (le nombre de jours).

Une approche plus systématique de la mesure de la durée est possible par exemple en partant d'un jeu de type «1, 2, 3, soleil» qui nécessite de dire la suite des nombres jusqu'à «12» avant de pouvoir commencer à jouer. Rapidement, les élèves constatent que tous ne disent pas de manière identique la comptine numérique : certains vont très vite, d'autres plus lentement. On leur demande alors de déterminer comment il est possible de faire pour être sûr que le jeu soit équitable. L'horloge n'est pas assez précise pour être utile. Parfois, certains enfants font référence à des sabliers qu'ils ont vu utiliser dans leurs familles, d'autres à des minuteurs de cuisine. En l'absence de suggestion, on introduit un sablier en expliquant son utilité. Cette approche permet alors de poser plus clairement des problèmes de durée et d'introduire d'autres instruments de mesure (métronome par exemple et même chronomètre).

Formes et grandeurs

L'enfant est environné d'objets qui se ressemblent ou qui se différencient de manière perceptive, c'est-à-dire aussi bien au toucher qu'à la vue. Cet état de fait justifie que soient regroupés dans un même chapitre la géométrie des figures planes et des solides ainsi que les grandeurs et mesures qui, pourtant, se réfèrent à des connaissances mathématiques différentes.

Parmi les activités quotidiennes, nombreuses sont celles qui conduisent l'enfant à manipuler des objets de formes et de dimensions variées.
(Programmes 2002)

Géométrie des formes

• Géométrie et activité géométrique

Connaître un objet géométrique, c'est en élaborer une représentation mentale articulant des connaissances déclaratives et une image mémorisée qu'il est possible de transformer (par rotation, agrandissement/réduction...). Ainsi le dessin d'un rectangle sur le tableau, la présentation d'une pyramide sur une table n'offrent à ceux qui les découvrent qu'une concrétisation dans l'espace physique de la figure mathématique correspondante. Il y a donc une différence de nature entre la géométrie et les activités géométriques. La géométrie se réfère à un raisonnement déductif, mobilisant axiomes et théorèmes, tandis que les activités géométriques supposent une action physique sur les objets, l'analyse et la production de figures spécifiques, même si elles sont considérées comme génériques... Progressivement du cycle 1 à la fin du cycle 3, les programmes 2002 proposent une évolution conduisant les élèves, au fur et à mesure qu'ils s'approprient les outils propres au raisonnement logique, d'activités géométriques à de premiers éléments de géométrie.

(1) voir p. 51

Une autre distinction peut être faite entre les connaissances spatiales qui permettent à l'enfant une mise en relation des différents objets de l'espace[1] et des connaissances géométriques qui permettent de résoudre des problèmes posés par des objets de l'espace. Ces dernières ne sont pas structurées à l'école maternelle puisque les approches proposées sont essentiellement perceptives, il est cependant difficile de considérer que l'élève n'organise pas ses représentations en fonction de critères qui deviendront à terme des propriétés explicitables.

• Activités géométriques à l'école maternelle

(2) Nous ne faisons référence ici ni à la structuration de l'espace permettant de définir des relations entre objets ni au repérage d'un point dans l'espace que nous avons abordés dans le chapitre précédent.

(3) voir p. 39

Les activités géométriques proposées à l'école maternelle[2] consistent à distinguer et à caractériser divers objets géométriques dans le plan et dans l'espace. Il s'agit par exemple de *la différenciation et la classification des formes régulières ou irrégulières mettant en jeu des dénombrements (nombre de sommets, de côtés, de faces...)* (Programmes de l'école primaire, 1995) ou *des caractéristiques de leur contour* (Programmes, 2002). Il s'agit également de désigner certaines formes (en particulier, carré, cercle, triangle, rectangle). Si l'apprentissage du vocabulaire géométrique n'est pas un but en soi il permet de distinguer des objets reconnus comme différents. Ainsi, c'est une démarche proche de celle proposée dans les activités logiques qui est utilisée :[3]

- découverte et manipulation des objets ;

- tri et classement, codage des collections de figures ainsi constituées ;

- mise en relation entre une représentation d'une figure particulière et des figures de même nature différentes par leur aspect (les matériaux, la couleur...), leur taille, leur orientation ;

- reconnaissance de la figure parmi d'autres dans le cadre d'un assemblage, d'une figure complexe ;

- intégration de la figure dans des frises, motifs, pavages à partir de transformations isométriques (symétries, translations, rotations...).

Il s'agit de permettre progressivement aux élèves de se construire une représentation mentale des figures planes susceptible, par homothétie (agrandissement, réduction) et isométrie, de correspondre à la figure à caractériser. Dans ce but, on évitera évidemment de privilégier les représentations stéréotypées qui ne permettent pas cette flexibilité cognitive et qui conduisent par exemple les élèves (et parfois les adultes) à ne pas reconnaître un carré dont les côtés ne sont pas horizontaux et verticaux, un losange présenté comme un parallélogramme...

De même, on ne se contentera pas d'utiliser les quatre formes les plus usuelles (carré, «rond», triangle, rectangle) et l'on fréquentera des trapèzes, parallélogrammes quelconques, losanges, pentagones, hexagones... En effet, c'est à partir d'oppositions que les représentations mentales s'affineront peu à peu : si la seule figure connue ayant quatre côtés est le carré, tous les quadrilatères seront référés à ce carré. Cependant, les figures choisies seront aisément reconnaissables. Par exemple, ce qui distingue le carré du rectangle aux yeux des enfants c'est le rapport perceptif de la longueur sur la largeur. On veillera donc choisir un rapport nettement différent de 1.

Pour favoriser l'appropriation progressive de l'espace géométrique, l'élève est confronté à la résolution de problèmes qui ne prennent un sens qu'en fonction des connaissances et compétences acquises. Cette démarche nécessite une diffférenciation éventuelle des activités après une première entrée dans la situation qui sert alors d'évaluation initiale.

EN CLASSE...

En toute petite section, confronté à l'activité qui consiste à introduire des solides dans une boîte en les glissant dans des trous ayant la forme d'une de leur face, le très jeune enfant va procéder par essais/erreurs. Il va prendre successivement les différents solides pour essayer de les mettre, de force éventuellement, dans les formes proposées. Sa procédure est pertinente puisqu'il sait (on le lui a montré) que tous les solides peuvent rentrer dans la boîte.

En petite section, l'élève peut comparer de manière perceptive la section du solide et la forme d'accueil par rapprochement ou superposition. Même si elle ne lui pose pas réellement de problème, la situation est intéressante pour un enfant de trois ans puisqu'elle lui permet simultanément de développer sa motricité fine et de structurer son espace grâce aux changements d'orientation des objets manipulés.

En moyenne et grande section,le même jeu peut être présenté avec d'autres modalités. On propose à l'élève d'aller chercher un solide placé parmi d'autres solides sur une table éloignée pour favoriser l'utilisation d'une empreinte, ce qui l'empêche d'associer visuellement les deux formes. Dans cette situation, les deux procédures précédentes s'avèrent inadaptées et il est nécessaire que l'élève élabore une image mentale de la section du solide recherché et donc construise un nouveau savoir.

De nombreuses activités traditionnelles favorisent la construction progressive des images mentales des formes géométriques. C'est le cas des jeux d'encastrements, des puzzles, de lotos ou dominos...

EN CLASSE...

En petite section, Les puzzles, constitués de peu de pièces (entre 4 et 8), font suite aux jeux d'encastrement traditionnels (une silhouette, un espace découpé). Différentes aides facilitent leur réalisation : ils présentent des bords saillants permettant de caler ces pièces, ils proposent la reconstitution d'une image qui sert de modèle, et/ou dessinée sur le support, la forme des pièces. Les élèves vont devoir être guidés dans cet apprentissage grâce à une suite d'étayages de l'adulte qui approuve, encourage et propose des solutions partielles.

En moyenne section, des puzzles plus complexes sont proposés en fonction des possibilités de chacun : disparition progressive des aides et augmentation du nombre de pièces. L'observation des élèves montre que beaucoup d'entre eux procèdent par essais, relativement systématiques, des pièces disponibles et qu'ils mettent en jeu peu de stratégies. Plusieurs raisons justifient ce constat. Tout d'abord, les élèves n'utilisent que très peu la forme des pièces recherchées, comme le montrent des essais visiblement aberrants pour un spectateur adulte. Par ailleurs, ils rencontrent des difficultés à associer le morceau d'image à placer et l'image dans sa globalité. Enfin, leur stratégie consiste essentiellement à trouver une pièce à mettre à un endroit donné, sans prise en compte de la totalité du puzzle. Il est donc souhaitable de leur proposer des tâches qui les aident à progresser.

- Reconstituer un puzzle à partir d'une image permet de mieux comprendre le rapport entre le tout et les parties des images. Le maître pour les fabriquer n'a qu'à coller une illustration connue des élèves sur un support rigide puis à alterner pliages (pour obtenir des bords droits) et découpages tout en gardant un exemplaire de l'image non découpée.

- Reconstituer des puzzles géométriques (des carrés, des rectangles, des triangles de différentes formes et de différentes tailles), à partir d'autres figures et sans l'aide d'une image, conduit les élèves à élaborer des stratégies de traitement de l'information. Il est alors indispensable de les amener à verbaliser leurs choix et à prendre progressivement conscience de leur démarche grâce aux reformulations de l'enseignant.

En grande section, des approches du même type peuvent être reprises mais on introduira d'autres puzzles géométriques nécessitant :

- soit la reconstitution d'une figure donnée, par exemple, reconstituer un carré ou un hexagone à partir de pièces d'autres formes ;
- soit la réalisation d'une forme indiquée par son contour, par exemple le tangram. Ce jeu traditionnel suppose qu'avec un nombre de pièces défini découpant un carré, on reconstitue des silhouettes.[3]

(3) Voir p. 119

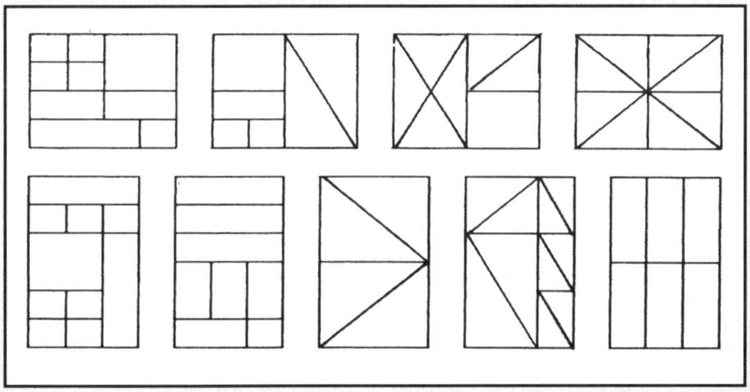

Ce qui vient d'être précisé pour les figures planes est encore plus important pour les solides dont on sait que l'identification dans une orientation quelconque nécessite la mise en place de transformations mentales permettant la modification du point de vue (le temps de réponse est d'ailleurs proportionnel à la complexité de la transformation).[4] L'école maternelle ne propose qu'une approche des solides et aucun travail systématique sur le vocabulaire ne sera conduit, même si les élèves connaissent les cubes, les « boules » (sphères) et s'il est très important que le maître emploie la dénomination appropriée des objets manipulés (cylindre, cône, pyramide...).

(4) REED (S.K.), « Les images mentales » in *Cognition, théorie et application*, De Boeck Université, 1999

EN CLASSE...

En petite section, il est possible de proposer des classements de solides, en différenciant les solides convexes et les solides concaves, les solides « qui roulent » (sphère, cône, cylindre) et les solides qui sont en équilibre, quelle que soit leur position (polyèdres).

En moyenne section, il est possible de proposer une approche des polyèdres (utiliser par exemple un tétraèdre, un cube, une pyramide tronquée, un octaèdre), en mettant en évidence des différences dans le nombre de faces et de sommets (« les pointes »).

(5) Voir p. 184

En grande section des approches sur les relations d'incidence entre les faces peuvent être proposées comme, par exemple, reproduire sur les faces d'un solide les motifs présentés sur un modèle en respectant les contiguïtés des faces. Une première étude des représentations des solides est intéressante. On peut par exemple demander aux élèves d'associer un solide et sa photo, un solide et une de ses empreintes, et même un solide et son patron.[5]

Durant toute l'école maternelle, il est également possible de reconstituer des assemblages de cubes ou des regroupements de solides. L'élève reproduit tout d'abord un solide existant, puis associe une représentation plane à un solide construit, enfin il construit un solide à partir d'une représentation.

EN CLASSE...

• Associer solide et patron du dé

Des élèves de grande section prennent le dé comme exemple de cube. Ils constatent que le dé comporte six faces, supports des constellations de 1 à 6. Dans un premier temps, ils doivent reconstituer un dé en collant les six constellations sur les faces blanches d'un cube. Des difficultés apparaissent car tous n'obtiennent pas les mêmes dispositions. On leur propose donc d'ouvrir leur dé pour obtenir un des patrons traditionnels du cube et de comparer les résultats obtenus.

On introduit alors différents patrons du dé : certains avec des configurations correctement réparties, d'autres avec des configurations atypiques. Les élèves doivent déterminer les « bons » patrons du dé, soit directement, soit en reconstituant le cube.

- **Caractériser les différentes faces d'un solide**

Après avoir travaillé sur les correspondances entre empreintes et solides et avoir réintroduit un jeu emprunté aux petites sections de type « boîte à lettres », l'enseignant propose à ses élèves de grande section de réaliser un nouveau jeu utilisable par les petits, en traçant la forme d'une face d'un solide sur un carton qui sera ensuite découpé. Après une première réalisation, obtenue à partir du cube, l'enseignante introduit un parallélépipède rectangle. Les faces utilisées par les élèves ne sont pas les mêmes et, selon l'orientation du solide, celui-ci peut passer ou ne pas passer par la fente découpée. Ce constat permet alors de poser un problème aux enfants : Peut-on tracer et découper toutes les empreintes possibles des différentes faces. Pour le cube et le parallélépipède précédemment utilisés le résultat est déjà déterminé. Il s'agit alors de faire de même pour divers solides.[6] Pour résoudre le problème, les élèves doivent repérer chacune des faces du solide étudié, ce qui les conduit à les marquer au fur et à mesure du tracé de leur empreinte : ils peuvent alors constater que certaines faces sont de même forme et que d'autres faces sont de formes différentes.

Ils sont ainsi conduits à reconnaître un solide par le nombre et par la forme de ses faces.

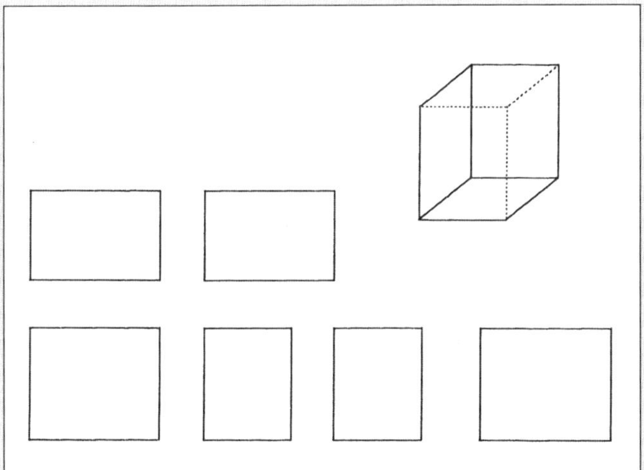

6) Une activité du même type est présentée par LACROIX (D.), « Boites à trous et jeux de formes » in *Grand N spécial maternelle*, tome 2, 1999.

Grandeurs et mesures

• La notion de grandeur [7]

(7) Pour approfondir la notion, on pourra se référer à LACHAUSSEE (D.), *Mesure et système métrique à l'école*, CRDP de l'académie d'Amiens, 1999.

L'idée que l'on se fait communément d'une grandeur met en jeu le plus souvent des nombres : on parle d'une règle de 10 centimètres pour caractériser sa longueur, d'une bouteille de 2 litres pour caractériser sa capacité... Cette utilisation sociale du nombre-mesure masque les notions qu'il est nécessaire de mobiliser pour y accéder. Il est tout d'abord nécessaire d'appréhender ce qu'est une grandeur, plus exactement, car nous n'abordons pas ce concept dans sa généralité, ce qu'est la longueur d'un segment, l'aire d'une surface, le volume d'un solide, le poids d'un objet, la durée d'un intervalle de temps...

Nous distinguerons ces grandeurs mesurables des grandeurs repérables. Ces dernières, comme la température, l'heure, se repèrent et se comparent grâce à une échelle (les températures grâce à un thermomètre, des « moments » grâce à des horloges) mais ne peuvent s'ajouter (il n'est pas possible d'ajouter les températures de deux liquides ou d'ajouter des moments). Ces grandeurs mesurables correspondent à un ensemble d'objets mathématiques qui ont une propriété commune : par exemple tous les segments ou toutes les surfaces superposables directement ou indirectement ont une propriété en commun, leur longueur ou leur aire, selon le cas. Par ailleurs, elle sont comparables entre elles : il est possible d'ordonner des segments selon leur longueur, des surfaces selon leur aire. Elles sont intrinsèquement liées à l'objet étudié et sont donc invariables.

(8) PIAGET (J.), INHELDER (B.), SZEMINSKA (A.), *La géométrie spontanée de l'enfant*, PUF, 1973.

Cette notion de grandeur est difficile à construire par les enfants. Selon Piaget,[8] ils n'accèdent à la conservation des longueurs que vers 7 ans, à celle des aires vers 8 ans et à celle des masses et des volumes entre 8 et 12 ans. Les diverses grandeurs apparaissent ainsi comme le résultat d'une longue maturation, associant développement des grandes fonctions logiques et expériences vécues et intériorisées. C'est pourquoi, tout au long de sa scolarité primaire, l'élève doit être confronté à de nombreuses situations qui lui permettent d'approcher les grandeurs, bien avant les âges décrits par Piaget, même si les résultats obtenus ne sont pas transférables à toutes les situations.

Le travail sur les grandeurs nécessite des activités de comparaison : rassembler les objets de même grandeur et ordonner les objets de grandeurs différentes. Cette comparaison va selon l'âge des élèves, et selon les grandeurs étudiées, se faire par des procédures différentes :

- estimation perceptive directe qui, grâce à un « transport visuel », permet de comparer deux objets (longueur, aire, volume) comme, par exemple, comparer la longueur parcourue par des palets sur une piste, estimer qu'il est possible de coller une feuille sur une autre... ;
- comparaison directe comme, par exemple, mettre dos à dos deux enfants, superposer deux surfaces, transvaser le contenu d'un récipient dans un autre... ;

- comparaison indirecte qui utilise un troisième objet pour permettre les reports : utiliser une ficelle pour comparer deux longueurs, prendre le calque d'une surface puis la découper pour arriver à la superposer avec une autre surface...

Au-delà de ces procédures, les élèves peuvent faire appel à la notion de mesure.

• La notion de mesure

Pour mesurer une grandeur, il faut initialement se doter d'un étalon, c'est-à-dire d'une grandeur qui sert d'unité, puis déterminer le nombre de report de cet étalon permettant d'obtenir la grandeur à caractériser. La mesure est donc un nombre, même si, très souvent, on la présente sous forme d'un nombre et de l'unité de référence : au lieu de dire « l'unité étant le centimètre, la mesure de AB est 10 », on dit le plus souvent «la mesure de AB est 10 centimètres». On perçoit alors que la définition de l'étalon-unité (unité de base) ne permet pas d'associer à toute grandeur une mesure et qu'il est nécessaire de définir des sous-unités ou des unités multiples (les unités dérivées), pour mesurer les grandeurs. Il paraît nécessaire de distinguer la mesure et le mesurage : dans le premier cas, il s'agit d'associer un nombre réel strictement défini à une grandeur, dans le second d'associer à cette grandeur un intervalle numérique dont l'amplitude dépend des conditions et des modalités de sa quantification. Cette distinction n'est pas sans conséquences à l'école où il est important de montrer que l'utilisation d'instruments de mesure conduit, très souvent, à définir un encadrement et non un nombre exact.

• Grandeur et mesure à l'école maternelle

Selon les programmes de 1995, *l'enfant doit pouvoir commencer à comparer des grandeurs continues (longueur et masse), des contenances*, compétences reprises dans les programmes 2002 qui proposent de *comparer, classer, ranger les objets selon leur taille, leur masse ou leur contenance*. Il doit également installer les moments de la journée dans des repères chronologiques.

Si les programmes de 1995 font référence à l'utilisation *d'une mesure-référence existante ou retenue arbitrairement comme telle (ruban ou baguette de bois...)*, les nouveaux programmes n'évoquent pas la notion de mesure. On peut effectivement considérer que la compréhension de la notion de mesure nécessite la compréhension de la notion d'étalon, ce qui pose directement le problème de la conservation des grandeurs, en particulier lors de la mise en place de reports. Cependant, sans vouloir construire de manière achevée le concept d'unité de mesure, une première approche peut en être proposée dans le domaine des longueurs et éventuellement des masses, des capacités et des durées.

(9) Du point de vue des opérations logiques, il est nécessaire de distinguer la longueur d'un segment et la distance entre deux points. La deuxième notion est plus complexe puisqu'elle nécessite la mobilisation de la notion de ligne droite comme plus court chemin d'un point à un autre.

(10) Nous plaçons dans ce tableau les durées même si leur approche pédagogique est différente des grandeurs précédentes (pas de manipulation).

GRANDEUR	OBJETS	CLASSEMENT, RANGEMENT		MESURE	
		Comparaison directe	Comparaison indirecte	Instrument	Unité
LONGUEUR [9]	- Baguettes, segments, bords linéaire de meubles - Distance entre des points	Déplacement des objets avec superposition ou mise en correspondance des segments à comparer	Utilisation d'un objet déplaçable (fil, ficelle, baguette, feuille, ruban...)	Le corps Un objet usuel (gomme, feuille...)	La main, le pas, l'écartement des bras... La longueur de l'objet
MASSE	Solides Pâte à modeler Farine Liquides	Soupesage Balance Roberval (sans masses marquées)	Utilisation de la pâte à modeler	Balance Roberval	Un objet disponible en plusieurs exemplaires
AIRE	Surfaces planes	Superposition Découpage	Utilisation d'un calque		
VOLUME	Solides	Emboîtement			
CAPACITÉ	Boîtes, récipients	Emboîtement Transvasement	Utilisation d'un autre récipient	Cuillers, verres, pots...	La contenance de l'objet choisi
DURÉE [10]	Intervalles de temps		Utilisation d'un sablier, d'une clepsydre, de tout signal répétitif	Calendriers Horloges	Jours, semaines, années. Heures

Comme nous l'avons déjà souligné à propos de la construction du concept d'espace, les notions de grandeur et de mesure de grandeur doivent être systématiquement utilisées dans la vie quotidienne de la classe (ce bâton est plus long que celui-ci, ce verre contient plus d'eau que cet autre verre puisque on ne peut entièrement le transvaser, cette feuille de papier est plus grande que celle-ci...). Avec les plus jeunes en particulier, elles sont proposées dans le cadre d'activités libres de comparaison et travaillées plus spécifiquement dans des ateliers d'apprentissage. Ainsi de la petite section à la grande section, on aborde la notion de capacité à l'occasion des activités de cuisine, en précisant progressivement les mesures utilisées.

De la petite section à la grande section, on propose des jeux de lancer qui permettent de comparer des distances. D'une approche perceptive, on évolue progressivement à une approche de mesure des distances. La complexité de la situation dépend :

- de la possibilité d'effectuer des comparaisons directes, indirectes ou de la nécessité d'utiliser le report d'un étalon ;

- de la permanence ou de la non permanence des lancers (les objets lancés restent en place ou sont repris, on veut comparer des lancers effectués plusieurs jours de suite) ;

- de la longueur des lancers réalisés ;

- de la matérialisation de l'extrémité de la piste qui fournit un autre repère que le point de lancer.[11]

(11) Une situation de même type est présentée p. 189.

EN CLASSE...

En grande section, à la suite d'une visite médicale, les élèves s'intéressent à leur taille. L'enseignante leur propose de ranger les élèves du plus petit au plus grand. Comment faire d'autant que beaucoup d'élèves ont des tailles voisines. Des enfants proposent de se comparer deux à deux (dos à dos), si cette procédure permet de ranger deux enfants, elle n'est pas utilisable pour ranger tous les enfants (pas de maîtrise de la relation de transitivité). D'autres faisant référence à la toise, découverte lors de la venue du médecin scolaire, proposent de l'utiliser, mais ils ne savent pas prendre en compte les résultats obtenus. Des enfants suggèrent d'utiliser le tableau pour indiquer « jusqu'où ils arrivent ». Cette procédure, héritée d'habitudes familiales, est mise en pratique. Spontanément, les élèves repèrent « leur » trait en indiquant leur nom. Mais à l'issue de la séance, les résultats obtenus sont illisibles car les différents traits se recouvrent. Un enfant propose alors de découper une bande de papier allant du sol au trait pour en garder mémoire. Les enfants découpent des bandes de carton plastifié correspondant à leur taille sur laquelle ils inscrivent leur prénom. Dans le cadre d'ateliers dirigés (6 élèves), ils doivent ordonner leurs bandes. Ils mettent tout d'abord les bandes, horizontalement, côte à côte, mais sans définir la base des bandes. Certains groupes rectifient le dispositif et procèdent ensuite par comparaisons locales, d'autres groupes changent de procédures et superposent les bandes, ce qui leur permet d'obtenir un rangement, un autre groupe enfin remarquant que certaines bandes sont plus longues que la table (« elles dépassent ») alors que d'autres sont plus courtes, séparent les bandes en deux collections qu'ils rangent séparément. Les différentes méthodes sont présentées lors d'un regroupement. La superposition des bandes est abandonnée en raison de leur nombre (26), la comparaison directe de toutes les bandes en salle de motricité décourage rapidement les élèves, l'idée de réaliser d'abord un classement puis un rangement dans chaque ensemble ainsi déterminé. Les élèves choisissent comme propriété de tri des bandes, le nombre de carreaux du sol complets recouverts. A l'initiative de l'enseignant, un tableau est constitué regroupant tous les décomptes réalisés. On peut constater que l'on est passé d'une activité de comparaison de grandeurs à un classement préparatoire au mesurage.

Approche des quantités et des nombres à l'école maternelle

Dans les classes de maternelle, les pratiques d'approche et d'utilisation du nombre sont extrêmement contrastées. Dans certains cas, des situations de dénombrement sont proposées systématiquement en petite section, alors que, dans d'autres cas, le nombre n'est réellement introduit qu'au cours de la grande section. Parfois, le nombre est introduit pas à pas, ce qui conduit à étudier le 4, après une longue période consacrée à 1, 2 et 3 ; quelquefois, le nombre est utilisé globalement, sans ordre structuré d'introduction. Dans certaines classes, seule la « comptine » numérique orale est travaillée, dans d'autres le nombre est utilisé comme outil de résolution de problèmes, y compris sous sa forme chiffrée... La plupart du temps, on constate que les enseignants de CP ne prennent que très peu en compte le travail réalisé en maternelle. Ces divergences qui posent la question de la cohérence des apprentissages et donc de la définition des projets de cycle sont le résultat des évolutions successives du discours de l'institution et de la recherche sur la construction du nombre par l'enfant.

Un survol historique des instructions et programmes officiels

Un survol historique des instructions et programmes officiels montre l'existence de ruptures dans les conceptions de l'apprentissage du nombre à l'école maternelle. Pendant près de cent ans (1887-1977), les programmes proposent des objectifs numériques ambitieux (utiliser les nombres jusqu'à 50, les quatre opérations) avec la volonté de conditionner les enfants le plus rapidement possible à l'usage des nombres et des opérations. Les programmes de 1970 du CP, confirmés par la circulaire de 1977 sur l'école maternelle, s'appuyant sur les travaux de Piaget et de son école, proposent une nouvelle démarche d'acquisition du nombre à l'école élémentaire qui conduit à sa quasi-disparition à l'école maternelle. Les programmes de 1995 prennent en compte les nombreuses critiques qui, peu à peu, se sont fait jour par rapport à cette position. Les compétences de référence du cycle 1 indiquent que l'enfant doit pouvoir *mettre en œuvre des procédures numériques lui permettant de réaliser une collection ayant le même nombre d'objets qu'une autre collection, de comparer, de partager des collections, de réaliser une distribution, de résoudre des problèmes liés à l'augmentation et à la division de quantités* et d'étendre la suite des nombres connus et de *savoir l'utiliser pour dénombrer.* Cette réaffirmation de l'importance du travail numérique à l'école maternelle se fait dans un contexte où le sens donné par les enfants à leurs apprentissages devient central. Sur ce point, les programmes 2002 sont explicites : *A l'école maternelle, il s'agit de donner du sens aux nombres par leur utilisation dans la résolution de problèmes articulés avec des jeux, des situations vécues, mimées ou racontées oralement.* Dans les deux cas, ce ne sont pas en effet des indications sur la manière dont se construit le nombre qui sont données mais des propositions sur l'usage du nombre :

Ces problèmes sont choisis pour que les nombres apparaissent comme des outils efficaces pour :

- comparer les quantités, les mémoriser ;

- mémoriser et communiquer des informations sur les quantités sous forme orale ou écrite, les écrits étant d'abord ceux produits par les élèves, puis les écritures chiffrées habituelles ;

- réaliser une collection ayant autant, plus ou moins d'objets qu'une autre collection. (Programmes 2002)

La construction du nombre chez l'enfant

Piaget et sa collaboratrice Szeminska considèrent que la construction du concept de nombre suppose une synthèse entre des opérations logiques : l'inclusion des classes et la relation asymétrique. Il est ainsi nécessaire que l'enfant soit capable de percevoir les relations liant le tout et les parties, de sérier des longueurs, de comprendre la permanence de la quantité d'une collection dont on fait varier la disposition spatiale.[1] Ces opérations logiques ne semblant maîtrisées que vers 6-7 ans, il est alors possible de s'interroger sur l'introduction du nombre à l'école maternelle. Il faut cependant différencier la construction du concept de nombre dans sa généralité telle que la

(1) PIAGET (J.), SZEMINSKA (A.), *La genèse du nombre chez l'enfant*, Delachaux et Niestlé, 1941.

présente la psychologie génétique de la compréhension de la notion de nombre d'éléments d'un ensemble (« numérosité »). Des recherches américaines en psychologie cognitive montreraient que les enfants ont une perception très précoce de la «numérosité». En effet, des bébés de six mois sont capables de discriminer des petites quantités de trois ou quatre éléments et des enfants d'un an peuvent différencier des quantités très contrastées (8 objets et 14 objets par exemple). Cependant, il semble que, chez l'enfant comme chez l'adulte, les conduites de traitement approximatif des quantités et le traitement exact des faits arithmétiques ne mobilisent pas les mêmes zones du cerveau.[2] Ainsi, en dehors des très petites collections qui semblent évaluées globalement par appréhension directe (*subitizing*) - procédure que certains considèrent d'ailleurs comme une stratégie rapide de comptage alors que d'autres considèrent qu'elle est perceptive –, la détermination exacte du nombre d'objets d'une collection suppose un comptage.

(2) DEHAENE (S.), « Qu'est-ce qu'un nombre ? » in *La recherche*, Spécial mathématiques, n°346, 2001.

• Mémoriser « la comptine des nombres »

Pour que l'enfant puisse compter, il faut qu'il dispose d'une suite orale de référence qu'il associe par correspondance terme à terme à la collection dénombrée. La suite numérique orale doit être, au moins pour son premier segment, mémorisée avant toute activité de comptage. Ainsi le travail sur la « comptine des nombres » doit être systématiquement présent dans nos classes puisque l'accroissement de la connaissance de cette suite numérique est un objectif de l'école maternelle.[3] Même si, bien évidemment, la connaissance de la comptine n'est pas suffisante pour rechercher le nombre d'objets d'une collection, il faut donc énoncer et faire énoncer le plus souvent possible la suite numérique, utiliser des comptines, découvrir des livres à compter....

(3) *Connaître la comptine des nombres jusqu'à trente.* (Programmes 2002)

Selon les chercheurs[4], et nous pouvons le constater quotidiennement dans les classes, l'acquisition de la comptine numérique se fait par étapes successives. A un moment donné, les enfants, énoncent la comptine numérique sous la forme suivante :

- une partie stable et conventionnelle (1,2,3,4,5,6) ;

- suivie d'une partie stable non conventionnelle (5,6,9,12) ;

- suivie d'une partie ni stable, ni conventionnelle (5,6,9,12,17,21 et une autre fois 5,6,9,12,21,13).

(4) En particulier GELMAN R., GALLISTEL C.R (1978) The child's understanding of number, Harvard University Press.

La connaissance d'une partie de la comptine numérique est indispensable pour tout travail sur le nombre et les acquis des enfants sont, dans ce domaine, extrêmement divers dans une même classe. Un préalable à toute activité numérique est donc de connaître le niveau de maîtrise de la comptine de chaque élève.

• Dénombrer des collections

Cependant, si la connaissance de la suite numérique est nécessaire, elle n'est pas suffisante pour connaître et utiliser le nombre. Dans un premier temps, la suite numérique est un chapelet, une totalité unique et se présente comme une longue formule « magique », éventuellement associée par conditionnement aux situations de dénombrement, mais sans qu'un rapport entre l'énumération des objets à décompter et l'énoncé de la comptine ne soit établi. Il y a ainsi au mieux production juxtaposée et non coordonnée de la suite et de la désignation des objets. Dans un deuxième temps, la suite orale des nombres devient une suite de mots séparés commençant par « un ». Il est alors possible que l'élève détermine le nombre d'objets d'une collection. Ce n'est que plus tard, vers six ans, que la suite orale des nombres devient une chaîne sécable, c'est-à-dire que l'enfant peut énoncer la suite à partir de « n », de « n » à « p »...

Cependant, la capacité à envisager la suite numérique comme une suite de mots indépendants n'est pas suffisante pour dénombrer. Quels que soient les débats théoriques sur la construction du nombre, on peut considérer que les principes définis par la psychologue américaine Gelman [5] peuvent être utilisés soit pour caractériser le comptage, soit pour rendre compte des compétences des élèves :

(5) GELMAN (R.), « Les bébés et le calcul » in *La recherche* n°149, 1983.

- **principe d'ordre stable** lié à la stabilité de la suite des mots nombres de la comptine, présenté précédemment ;

- **principe de correspondance terme à terme** qui suppose l'établissement d'une relation entre un mot nombre et un objet, nécessaire pour que l'on puisse parler de comptage ;

- **principe cardinal** qui suppose que le dernier mot nombre représente le nombre d'éléments de la collection, ce qui exclut des comportements de dénombrement sans mise en valeur du dernier nombre dit (Combien d'objets ? 1,2,3,4,5 Combien ? 1,2,3,4,5) ;

- **principe d'abstraction** selon lequel la nature des objets dénombrés n'influe pas sur le cardinal de l'ensemble ;

- **principe de non pertinence de l'ordre** selon lequel l'ordre de comptage des objets n'influe pas sur le cardinal de l'ensemble.

Chacun de ces principes semble très tôt acquis mais la difficulté du comptage provient de la nécessité de coordonner plusieurs procédures cognitives.

En effet, dénombrer une collection, c'est simultanément :

- **Enumérer tous les objets, sans en oublier un, sans compter deux fois le même élément.** La complexité de cette tâche dépend de la possibilité ou de l'impossibilité de déplacer les objets, de la disposition spatiale de la collection (énumérer une file d'objets est plus facile qu'énumérer des objets en vrac), du nombre d'objets. Ainsi, énumérer une collection importante d'objets non déplaçables suppose la mise en place de stratégies de balayage quand les objets sont régulièrement disposés, de marquage (on code les objets comptés) si ce n'est pas le cas.[6]

- Dire la suite des mots nombres, sans se tromper en associant bien à chaque objet un mot nombre et en s'arrêtant correctement.

- Enoncer le dernier mot nombre prononcé comme réponse à la question posée.

On peut considérer que l'enfant construit assez tôt la notion de comptage mais qu'il ne peut accéder à une procédure efficace que quand il est capable de coordonner, au moins localement, plusieurs opérations logiques et qu'il peut gérer sa mémoire de travail, de telle façon qu'il ne soit pas en surcharge cognitive.

Dans des situations de comptage autres que celle de dénombrement d'une collection, on constate que des difficultés de gestion de la tâche sont de nouveau repérables :

- quand il s'agit de prendre n objets dans une collection, les enfants peuvent oublier le nombre d'objets demandés, ne pas réaliser correctement le dénombrement... ;

- quand il s'agit de comparer deux collections distantes, les enfants qui utilisent les nombres rencontrent des difficultés à conduire sans erreur une séquence logique qui nécessite de dénombrer séparément chacune des collections, de se rappeler les cardinaux de ces deux collections, de comparer les mots nombres obtenus en les repositionnant dans la suite orale, de rapporter le plus grand nombre à la bonne collection.

Il est à remarquer que les réponses aux questions de type « Combien de... ? » précèdent toujours les réponses aux questions de type « Où y en a-t-il le plus ? ».

Il est aussi à souligner que de nombreux éléments perturbateurs (les données perceptives, le contexte de l'interaction, le type de questionnement...) peuvent interférer avec le comptage qui reste encore une procédure fragile à l'issue de la GS.

Donner du sens au nombre

La construction progressive du nombre chez l'enfant, depuis la petite section de l'école maternelle jusqu'à l'école élémentaire, articule étroitement les apprentissages et le développement des capacités logiques. L'école a donc un rôle essentiel à jouer dans ce domaine. Les sollicitations multiples de la suite orale des nombres en favorisent la mémorisation. La résolution de problèmes aussi variés que possible

(6) Pour mieux comprendre les contraintes de l'énumération, il est possible de se reporter à BRIAND (J.), LACAVE-LUCIANI (M.-J.), HARVOUËT (M.), « Enseigner l'énumération en moyenne section » in *Grand N spécial maternelle, tome 1*, IREM de Grenoble, 1999.

permet de donner du sens à un savoir-faire technique (compter) qui devient alors un outil stratégique de réponse aux questions posées.

Il ne s'agit pas d'enseigner les nombres aux élèves de l'école maternelle mais de leur permettre de les utiliser pour résoudre un problème, pour pouvoir réaliser une production... bref pour en faire quelque chose, afin que les mots et les signes qui les désignent s'imprègnent de sens.

Les activités mathématiques proposées dans le domaine numérique consistent à faire percevoir l'utilité du nombre comme outil, pour mémoriser une quantité, sans avoir un accès direct à la collection dénombrée. Il peut s'agir aussi bien de :

- conserver une trace de la quantité d'objets placés dans une tirelire ;
- conserver en mémoire le nombre d'éléments d'un ensemble alors que l'on doit se déplacer ;
- pouvoir utiliser des informations mises à jour la veille (le nombre de jetons gagnés au cours d'un jeu, par exemple).

Cet usage du nombre mémoire, qui ne se justifie que dans le cadre d'une situation de communication sociale, débouche en GS sur l'utilisation d'un code écrit (le nombre chiffré) dont l'usage s'intègre à la découverte plus générale des fonctions de l'écrit. Cette fonction du nombre sera également indispensable dans les situations de comparaison numérique de collections puisque, comme nous l'avons précédemment montré, c'est à partir d'une mémorisation de deux nombres que peut s'effectuer de manière experte cette comparaison. Il faut cependant souligner que d'autres procédures de comparaison existent et que seul l'environnement de la tâche peut induire une utilisation du nombre et donc la systématisation de son usage pour comparer.

Le nombre sert également à calculer au sens large du terme et particulièrement à anticiper le résultat d'une action sans manipulation. Il s'agit ainsi de résoudre des problèmes additifs, de traiter des problèmes relevant de situations multiplicatives, sous forme de constitution d'une collection double, triple, de réaliser des distributions ou partages de collections en parts égales... Il est évident que cette approche du calcul ne donnera lieu à aucune systématisation et qu'il serait prématuré de systématiser l'utilisation de syntaxes mathématiques (+, -, =). Les situations travaillées restent contextualisées et ce sont les multiples contextualisations qui permettront progressivement une décontextualisation et une formalisation des savoirs mathématiques à partir du CP. Il s'agit bien de permettre aux élèves de résoudre des problèmes avec des procédures personnelles, celles-ci n'évoluant vers des procédures expertes qu'en fonction d'un cheminement propre à chaque élève.

Organiser les apprentissages numériques à l'école maternelle

La mémorisation de la suite orale et écrite des nombres se déroule tout au long de l'école maternelle.

En petite section, la suite orale des nombres est intégrée par imprégnation et répétition. Le maître l'utilise pour dénombrer des enfants, des objets, lors des rituels mais aussi dans toutes les situations de vie de la classe. Il propose également des jeux dont le but n'est que de mémoriser la suite des mots : dire la suite pour montrer qu'elle « ne s'arrête » pas, utiliser des comptines numériques, faire dire la «comptine» par une marionnette en faisant parfois des erreurs que les élèves doivent repérer.

En moyenne et grande section, ces activités sont reprises en allongeant la suite numérique travaillée. Elles sont enrichies grâce à des jeux proposant de démarrer la récitation de la suite à « n », puis de compter de deux en deux à partir de 1 comme de 2. Mais surtout, elles prennent de plus en plus appui sur la suite écrite des nombres, présentée sur la bande numérique. En grande section, des enfants perçoivent la régularité de la suite orale des nombres puisque si on leur propose le point de départ d'une série (quarante, par exemple), ils savent la poursuivre (quarante et un, quarante-deux...). Ce constat peut conduire à des explorations de la suite orale (régularités, recherche des mots nouveaux...) sans pour autant déboucher sur une systématisation des apprentissages. Rappelons que les règles de notre système décimal de numération ne sont introduites qu'au CP lorsqu'on aborde la signification de l'écriture du nombre.

Mais ces approches techniques ne permettent pas à l'élève de comprendre l'intérêt des nombres. C'est leur mobilisation dans des résolutions de problèmes ou leur usage dans des pratiques sociales qui vont permettre à l'enfant d'en comprendre le sens. Ici, comme dans les autres apprentissages de l'école maternelle permettant l'accès au symbolique, il est indispensable de prendre en compte le rythme singulier de développement de chaque enfant.

Dès la petite section, des situations de dénombrement de collections et de comparaison de quantités d'objets sont proposées :

- lors des rituels au cours de la gestion des présents/absents, de la date, des goûters ;[7]

- lors des différents moments de vie de la classe (constitution d'équipes, gestion du matériel...) ;

- au cours d'ateliers d'apprentissage ;[8]

- lors de la mise en place de jeux mathématiques.[9]

(7) voir p. 107

(8) voir p. 143 et suivantes

(9) voir p. 109 et suivantes

Pour faciliter son appropriation, le nombre écrit est également présent dans la classe de manière permanente sous forme de bandes numériques collective et individuelles. Une bande numérique est simultanément un outil pour apprendre à compter et à calculer, et une ressource pour pouvoir écrire le nombre chiffré. La bande numérique collective doit être affichée en permanence dans le coin regroupement, à hauteur d'enfant, afin qu'elle soit réellement une ressource mobilisable par tous.

Il est important que la bande numérique soit présentée linéairement de la gauche vers la droite selon les normes de l'écrit. Cette présentation est associée à une organisation temporelle (comme dans le cas, par exemple, des images séquentielles), ce qui facilite la compréhension de la succession des nombres, c'est-à-dire de l'ordre sur les naturels (5 est plus petit que 7, car 5 est avant 7 sur la bande numérique, ce qui signifie que, dans une dynamique de comptage, il me reste encore des objets à dénombrer quand j'en ai déjà comptés 5).

Il est également nécessaire de faire évoluer la bande numérique en fonction de l'âge des élèves, c'est-à-dire en fonction du domaine numérique exploré. Il est difficile de proposer une règle tellement les différences individuelles, d'origine parfois culturelle, sont importantes. On pourrait envisager de se donner pour objectifs

- la connaissance des nombres (et non de la comptine !) de 1 à 5 en petite section ;

- la connaissance des nombres (utilisation orale et reconnaissance du nombre chiffré) de 1 à 10 en moyenne section ;

- des connaissance sur les nombres (utilisation orale, reconnaissance et écriture du nombre chiffré) de 1 à 30 en grande section.

Par ailleurs, la bande numérique sera complétée par des représentations de collections de référence. Selon les auteurs, ces collections sont différentes (configurations des dés, des cartes, représentation des doigts de la main, collection non ordonnée...). Il est possible de proposer selon l'âge et les compétences des élèves :

- en petite section, une bande numérique de 1 à 6 associant écriture du nombre et configuration du dé (évoluant en cours d'année vers une bande de 1 à 12) ;

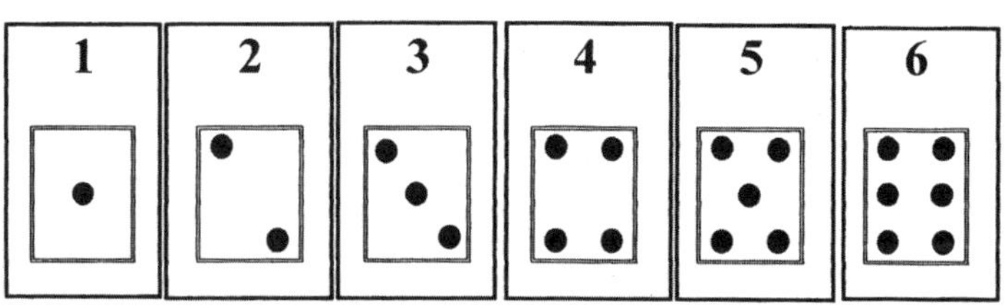

- au cours de la moyenne section, une bande numérique de 1 à 12 associant écriture du nombre et configuration du dé pour la partie de 1 à 12 (évoluant en cours d'année vers une bande de 1 à 30) ;

- en grande section, en cours d'année, une bande numérique de 1 à 30 est introduite. Entre 1 et 12, la bande numérique associe l'écriture du nombre, la décomposition à partir de groupes de six en utilisant les configurations du dé et la décomposition du nombre à partir de groupes de cinq en utilisant les doigts de la main ou des configurations. Un extrait de la bande de 5 à 12 est présentée ci-dessous.

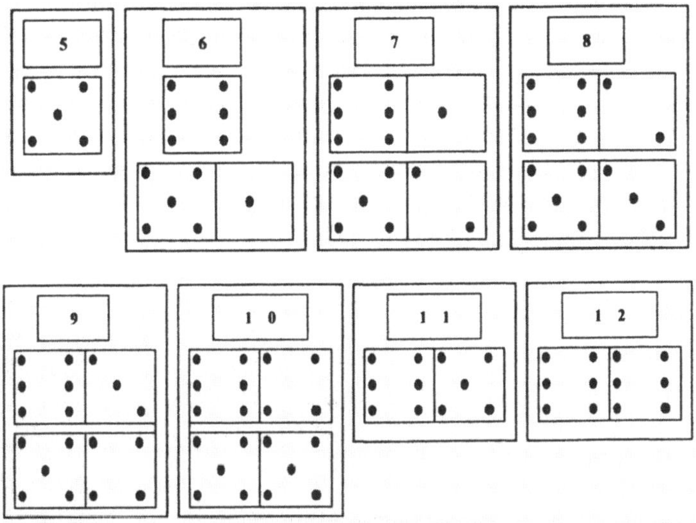

Il est par ailleurs intéressant d'introduire un tableau des nombres à partir du deuxième semestre de la grande section de maternelle pour favoriser une première intuition de la régularité de notre système de numération.

	1	2	3	4	5	6	7	8	9
10	11	12	13	14	15	16	17	18	19
20	21	22	23	24	25	26	27	28	29
30	31	32	33	34	35	36	37	38	39
40	41	42	43	44	45	46	47	48	49

Dans la troisième partie, de nombreuses situations numériques présentent des «projets pour apprendre». Comme le demandent les programmes 2002, elles placent les élèves devant des problèmes où le nombre apparaît comme un outil privilégié de résolution. En effet, l'élève ne construit progressivement les notions de quantité et de nombre qu'en en comprenant les utilisations, dans les situations de résolution de problème.

La notion de quantité ne prend réellement son sens que quand elle permet de comparer plusieurs collections et donc quand la résolution des problèmes posés nécessite de vérifier si des collections ont « autant », « plus » ou « moins » d'éléments que d'autres collections. La mise en relation des éléments des deux ensembles à comparer grâce à des appariements, des correspondances terme à terme ou des correspondances par paquets, est l'outil logique qui permet de résoudre de tels problèmes quand il n'est pas possible de faire appel aux nombres.[10]

(10) voir p. 194-198-202

Toutefois, associer un nombre à une collection n'en justifie pas l'usage. En effet si le dénombrement de la collection n'a d'autre enjeu que de répondre à l'enseignant, l'élève ne construit que des schémas cognitifs associant étroitement à la question « Combien ? », la suite d'actions liées à l'énumération et à l'énonciation de la suite numérique. La notion de nombre s'élabore progressivement à partir d'activités de dénombrement dans des situations où la connaissance du nombre permet de résoudre un problème concret. La fonction symbolique du nombre comme mémoire d'une propriété particulière d'une collection de référence (sa quantité) ne prend ainsi son sens que si une approche perceptive ou manipulatoire de la collection est impossible. Trois classes de problèmes vont favoriser l'appropriation par l'enfant de cette fonction : la mémorisation et la communication d'informations sur les quantités, la comparaison de quantités, l'anticipation et la gestion mentale de la transformation.

• Le nombre pour mémoriser des informations sur une quantité

Utiliser le nombre comme une mémoire de quantité est une approche prioritaire en maternelle puisqu'elle permet de garder trace de la quantité d'objets qui constituent une collection en l'absence de celle-ci.[11] Cette absence peut, selon les cas, être justifiée par l'éloignement spatial des éléments à mettre en relation (comparer des collections non déplaçables constituer une collection d'objets associés à une collection de référence...) ou par leur éloignement temporel (garder trace d'une collection non permanente, communiquer de manière différée des informations...). Les situations numériques permettant à l'enfant de comprendre que la mémorisation du nombre d'éléments d'une collection est suffisante pour agir sur cette collection, sont très souvent associées à des problèmes de type « juste assez en un seul voyage ». Cette expression résume les variables didactiques en jeu. Par exemple, l'élève doit compléter une collection d'objets selon une indication fournie par la situation :

(11) On se reportera en particulier à ERMEL, *Apprentissages numériques, cycle des apprentissages, Grande Section de maternelle*, Hatier, 1990.

- faire un **« voyage »**, car, pour résoudre le problème posé, il doit se rendre dans un endroit spatialement séparé du lieu où se trouve sa collection de référence afin que, ne la voyant plus, il soit obligé de s'en construire une représentation signifiante vis-à-vis du problème ;

- faire **« un seul »** voyage, car cette contrainte, acquise progressivement, impose un codage de la quantité puisque l'enfant ne peut résoudre son problème par tâtonnement ou essais-erreurs ;[12]

(12) voir p. 208

- ramener **« juste assez d'objets »**, puisqu'il ne faut ni objets manquants, ni objets superflus, ce qui invalide les stratégies d'estimation ou de détournement du problème par constitution d'un stock (ramener le maximum d'objets pour ne plus avoir à mémoriser la quantité).

Les problèmes diffèrent selon les modalités de mémorisation du nombre :

- usage de la numération orale quand l'élève doit prendre lui-même les objets qu'il juge utiles ou quand il passe directement commande à une tierce personne ;

- nombres chiffrés si le message est trop complexe à garder en mémoire ou si la commande se fait en différé.[13]

(13) voir p. 211

EN CLASSE...

En petite section, le nombre est abordé comme outil de communication pour caractériser une quantité d'objets. Les situations d'utilisations du nombre relèvent largement de l'entraînement et participent à la mémorisation de la suite numérique. Dénombrer une petite collection pour déterminer le nombre de feutres de couleur dont l'élève a besoin (une couleur par objet), demander des objets en en donnant le nombre pour remplir les alvéoles d'une boîte... sont des activités simples qu'il faut régulièrement mettre en place en classe. Elles permettent de réaliser deux opérations essentielles : définir et constituer une collection à partir de son nombre d'éléments.

En moyenne section, ces exercices d'entraînement sont toujours utiles quand on prend la précaution de bien adapter le domaine numérique utilisé, aux compétences de l'enfant. On demande, par exemple, aux élèves de faire glisser un curseur (un ascenseur) sur une représentation d'un immeuble pour se rendre au 8e étage, puis au 3e... On organise une loterie avec piège. Une boîte contient neuf images d'objets et une feuille blanche. Les enfants, à tour de rôle, tirent, sans les voir, les images jusqu'à ce qu'ils tirent la feuille blanche. Ils obtiennent ainsi un nombre de points équivalents au nombre d'images tirées. A l'issue du jeu, ils doivent déterminer qui a gagné (nécessité de mémoriser la quantité).

En grande section, la priorité est accordée à l'utilisation de nombre de plus en plus grand, à la complexification des éléments à mémoriser (voir p.) à la mise en place de situations de communication différées nécessitant l'utilisation de codes écrits. Les représentations graphiques des élèves sont diversifiées (dessin des objets, dessins de signes représentant les objets...) et les difficultés éventuelles constatées dans leur lecture par d'autres élèves favorisent leur évolution. L'écriture chiffrée du nombre s'impose progressivement

- soit parce que le nombre d'éléments de la collection est trop grand pour que ceux-ci soient figurés (faire un bouquet de 25 roses),

- soit parce que les élèves doivent lire des messages utilisant des écritures de nombre (il faut constituer un bouquet de 8 roses et 6 iris).

On distinguera d'ailleurs les situations permettant de développer les compétences graphiques (écrire le chiffre 5 n'est pas une activité mathématique) et les situations d'écriture d'un message numérique signifiant ; par exemple, les élèves peuvent écrire « 7 roses » ou « 24 jetons » sur leur message en utilisant les ressources disponibles (bande numérique, lexique).

• Le nombre pour comparer des quantités

Les psychologues disent que la notion de comparaison des quantités d'objets de deux collections apparaît très tôt chez l'enfant et peut donc être travaillée dès la petite section.

Elle peut relever d'une approche globale de petites quantités (*subitizing*) ou d'une estimation perceptive, démarche qui est valide si les deux collections sont constituées des mêmes objets et si la disposition spatiale ne parasite pas cette évaluation. Le problème ne naît alors que si la rupture avec l'approche perceptive est nécessaire, c'est-à-dire si :

- les collections ont des quantités proches,

- la répartition spatiale n'induit pas une confusion quantité/espace occupé.

Piaget a mis en évidence[14] que dans le cas de quantités discontinues, cette correspondance est essentiellement spatiale avant quatre ans et demi, et que l'égalité constatée n'est pas conservée en cas de déplacement des objets avant 5-6 ans. Cependant, la mise en place d'activités d'apprentissage de comparaison favorise la construction de la notion de quantité et de nombre d'éléments d'un ensemble.

(14) PIAGET J.), SZEMINKA (A.), *La genèse du nombre chez l'enfant*, Delachaux et Niesl, 1941.

- la nature différente des objets ne génère pas une implication affective privilégiée (par exemple, comparaison entre des objets neutres et des jouets).

Mais on favorisera très tôt chez l'élève des procédures manipulatoires qui lui permettent de se recentrer sur la quantité d'objets. Cette exigence de mise en œuvre d'autres procédures que perceptives peut être issue d'interactions entre enfants ou provenir d'une demande de validation formulée par le maître. Elle conduit à établir des correspondances entre les objets des deux collections : correspondance terme à terme réalisée par rapprochement spatial (objets placés côte à côte, superposition...) ou, si cette procédure n'est pas possible en fonction des contraintes de la situation (espace délimité pour chaque collection), par mise en place de configurations spatiales (alignement, empilement, regroupements réguliers...).

Il est à souligner que la correspondance terme à terme est utilisée comme un outil de comparaison de deux collections ; elle ne dépend ni de l'ordre dans lequel on la construit, ni de la nature des objets. Cette procédure suppose donc que les élèves aient acquis au préalable la notion de comparaison. En cas de difficulté, il peut être intéressant de revenir à la notion d'appariement, que nous référons à une relation liant les objets des deux collections, ayant du sens pour l'enfant. Par exemple, il est possible d'associer une cuiller et une tasse : la correspondance terme à terme n'est plus alors un moyen de résoudre un problème mais la réponse même au problème. Il est alors possible de passer d'un problème à l'autre, en demandant à l'élève s'il y a assez de cuillers pour en associer une à chaque tasse.

On propose également des situations qui, mobilisant la relation quantité/nombre, induisent l'utilisation du nombre comme outil de comparaison des quantités des deux collections. Cette utilisation du nombre peut survenir spontanément dès la MS pour de petites collections, plus généralement en GS de manière très différenciée selon le niveau de construction de la notion de nombre. De nouveau, ce sont les contraintes de la situation qui vont inciter certains enfants à utiliser le nombre. Une première procédure utilisée alors usuellement par les enfants est de représenter les objets (ce qui renvoie à une correspondance terme à terme objets/représentations) puis de comparer les représentations (représentations qui peuvent être des dessins ou qui peuvent correspondre à la définition d'un code). L'utilisation réelle du nombre peut se trouver induite, soit par imitation (certains enfants l'utilisent et le nombre se révèle plus fiable), soit par définition d'une contrainte supplémentaire (ne pas dessiner les objets).

(15) voir p. 109

(16) voir p. 198

(17) *A la fin de l'école maternelle, l'enfant est confronté à des problèmes où les nombres peuvent être utilisés pour anticiper le résultat d'une action sur des quantités (augmentation, diminution, réunion, distribution, partage) ou sur des positions (déplacements en avant ou en arrière).* (Programmes 2002)

EN CLASSE...

Les situations de comparaison de collections sont multiples. On les trouve en particulier dans tous les jeux mathématiques où il est nécessaire de comparer des gains[15]. Il faut d'aileurs souligner combien les procédures utilisées par les élèves dépendent de leurs compétences propres mais aussi des caractéristiques de la situation (nature des objets, nombre d'objets, présentation de la situation...). La progression proposée n'est donc qu'indicative.

En petite section, on introduit la comparaison de deux quantités grâce à des situations d'appariement qui permettent de répondre à des questions fonctionnelles (Par exemple : « avons-nous assez de chapeaux pour habiller chaque poupée ? », pour notre danse, peut-on former des couples avec un garçon et une fille ?...). Ces approches qui donneront du sens à « moins », « autant » (« pareil »), « plus » permettent alors des comparaisons de petites collections par correspondance terme à terme.

En moyenne section, on introduira progressivement des situations rendant obligatoires l'utilisation du nombre en raison de l'éloignement des collections à comparer.[16] Cette procédure numérique nécessite en effet une bonne connaissances de la suite orale des nombres souvent articulée avec une habitude d'utilisation de la bande numérique.

En grande section, les élèves sont confrontés à des situations de comparaison qui mobilisent les nombres (voir jeux mathématiques) et à des problèmes de comparaisons de grandes collections (plus de 30 objets) qui nécessitent l'usage de procédures partiellement non numériques. Dans le premier cas, il s'agit d'installer et d'utiliser l'ordre des naturels, dans le second cas il s'agit de conduire les élèves à effectuer des groupements réguliers d'objets (ce qui au CP conduira à la numération). On distingue bien les procédures attendues en fonction des compétences numériques des élèves afin d'éviter par exemple de demander à des élèves de comparer leur part à partir d'une correspondance terme à terme alors que spontanément ils utilisent le nombre.

• Le nombre pour anticiper le résultat d'action sur des quantités[17]

Nombreuses sont les situations où le nombre n'est pas utilisé uniquement pour mémoriser la quantité d'éléments d'un ensemble (approche cardinale) ou pour indiquer le rang d'un objet (approche ordinale). Il suffit pour s'en convaincre de considérer les situations de jeux qui mobilisent des données numériques dans leurs règles (déplacer un jeton sur une piste avec des dés, par exemple), ou dans leur but (gérer en cours de partie un « trésor », par exemple)[18]. Dans les deux cas, le nombre est utilisé non pour décrire une situation mais pour gérer une transformation (le déplacement, le trésor). Cependant, il ne faudrait pas considérer que les situations précédemment citées donnent obligatoirement au nombre une fonction opératoire : ajouter, retrancher des éléments à une collection peut se faire par manipulation directe, sans intervention du nombre autre que celle utilisée pour caractériser l'action : si je retire trois jetons d'un tas de jetons, je n'opère pas sur les nombres, j'utilise simplement le nombre pour compter des objets ; si je lance deux dés et que j'avance mon pion sur la piste, en établissant une correspondance terme à terme successivement avec les configurations des deux dés, j'utilise le nombre comme définition d'une quantité. Ainsi, le nombre ne sera utile pour déterminer les résultats de l'action qu'en fonction des variables numériques choisies. Par exemple, si je lance deux dés traditionnels, il me suffit d'établir une correspondance entre jetons et points de chaque dé pour constituer mon gain ; en revanche, si je lance deux fois le même dé chiffré, je suis obligé d'opérer sur les nombres pour prendre les jetons.

(18) Voir les jeux numériques à l'école maternelle p. 121 et suivantes.

Nous associons bien la notion de nombre pour opérer à la notion de calcul, c'est-à-dire à la définition de procédures permettant d'agir sur des codes (les nombres) pour obtenir des informations sur les objets. Une fois de plus, il est important de rappeler qu'il s'agit de permettre à l'élève de donner du sens au nombre et non de vouloir lui faire mémoriser des procédures de calcul stéréotypées ou des résultats. Il n'y aura donc ni formalisation excessive des démarches, ni institutionalisation systématique. C'est la confrontation répétée à des problèmes nécessitant d'agir sur les nombres qui permettra aux élèves d'accéder au calcul formalisé à l'école élémentaire.

Ces actions sur des quantités peuvent relever :

- **de situations additives.** Elles sont référées, du point de vue mathématique, à l'addition ou à la soustraction. Elles nécessitent de mettre en place des procédures de calcul permettant de rechercher la somme de plusieurs nombres[19] ou le complément d'un nombre[20] dans le cas de la réunion de collections ou de la transformation d'une collection.

(19) voir p. 219
(20) voir p. 224

- **de situations de distribution ou de répartition** en parts égales avec reste minimum. Le partage peut être réalisé selon des procédures différentes : appropriation globale du nombre, répartition perceptive, répartition un/un, répartition par paquets. De nombreuses variables influencent les procédures mises en œuvre par les enfants. Il s'agit du nombre d'objets, de la nature des objets, du nombre de parts, de la relation entre le nombre de parts et le nombre d'objets initiaux.[21]

(21) L'influence de certaines de ces variables est étudiée dans NEYRET (R.), « Partages en deux » in *Grand N Spécial maternelle, tome 1*, IREM de Grenoble, 1999.

- **des situations de proportionnalité simple.** Elles ne sont introduites qu'à travers la résolution de problème simples sollicitant des procédures de calcul du type « additions itérées ». Elles ne sont pas étrangères à l'utilisation sociale du nombre puisqu'elles sont présentes dans les recettes (il faut des ingrédients pour faire un gâteau pour 6 personnes, combien en faut-il pour faire quatre gâteaux ?), dans la mise à disposition de matériel (il faut donner deux feuilles aux élèves d'un atelier, combien prendre de feuilles ?)... Une attention particulière est accordée aux situations d'apprentissage des doubles,[22] mais des situations de type un/plusieurs, plus complexes, peuvent être proposées.[23]

(22) voir p. 228

(23) voir p. 234

Conclusion

Dans cette partie, nous avons présenté les domaines mathématiques qu'il est nécessaire d'aborder à l'école maternelle. Les exemples d'activités de classe développés illustrent la progression des approches envisageables de la petite section à la grande section en fonction des possibilités des élèves. Ces possibilités sont tributaires du développement cognitif des enfants mais aussi des situations d'apprentissage qu'ils rencontrent dans le cadre scolaire. En présentant la diversité des procédures personnelles des élèves, nous avons voulu montrer que les activités à dominante mathématique n'avait pour but ni d'installer des procédures expertes, ni de faire acquérir des savoirs déclaratifs. Elles participent au développement logique de chaque élève et lui permettent de construire, à son rythme, des représentations contextualisées de situations et des programmes d'action qui constituent peu à peu des réseaux de connaissances.

III

Situations d'apprentissage mathématique à l'école maternelle

Introduction

Dans la première partie de cet ouvrage, nous avons présenté la spécificité des tâches à dominante mathématique proposées aux élèves de l'école maternelle ainsi que la diversité des apprentissages à mettre en place Nous avons également insisté sur l'importance des fonctions des langages dans la construction de connaissances et de compétences mathématiques.

Dans la deuxième partie, nous avons analysé les savoirs logiques et mathématiques en jeu dans les apprentissages à l'école maternelle, en essayant de les référer au développement de l'enfant et à des approches didactiques.

Dans cette troisième partie, nous illustrons à partir de descriptions et d'analyses de situations d'enseignement/apprentissage, toutes expérimentées en classe, les modalités de mise en place des différents temps de l'enseignement mathématique à l'école maternelle :

- **rituels** qui, en raison de leur usage dans des pratiques répétitives, permettent l'incorporation de connaissances mathématiques ;

- **jeux mathématiques** qui favorisent l'intégration de connaissances et de procédures mathématiques et développent le raisonnement logique ;

- **projets** qui permettent à l'élève, dans le cadre d'ateliers d'apprentissage dirigés, de construire des connaissances ou de faire évoluer des procédures personnelles en résolvant des problèmes.

Chaque situation développée renvoie ainsi simultanément à une forme d'apprentissage, un temps d'apprentissage (Partie I) et à des contenus d'apprentissage (Partie II). Les renvois intégrés à leur présentation établissent des liens avec les parties précédentes et rendent ainsi inutiles des rappels théoriques.

Rituels et mathématiques

Nous avons présenté les enjeux sociaux et identitaires des rituels et nous avons indiqué que les apprentissages qui leur sont associés résultent d'un usage répété des outils et notions mathématiques utilisées.[1]

(1) voir p. 20

Il est important de souligner que la valorisation des rituels ne suppose pas leur immuabilité. Les élèves ne peuvent rester mobilisés sur les rituels que si des variantes sont introduites, ou si des procédures nouvelles sont proposées. Ainsi, si l'enseignant inscrit les rituels dans une logique d'apprentissage, les objets de travail (calendriers, listes des élèves, supports...) et donc les tâches, évoluent peu à peu : d'abord, c'est l'enseignant qui réalise la tâche, puis progressivement les élèves effectuent la tâche en interaction avec lui, enfin les élèves prennent en charge la tâche en autonomie.

Nous évoquerons plus précisément deux rituels, celui de l'accueil du matin et celui du « goûter ».

L'accueil

Quand l'enfant arrive à l'école le matin, il est encore porteur de la singularité de l'espace privé familial. La phase d'accueil (de 8h20 à 8h45 par exemple) correspond pour lui à une réinstallation progressive dans le groupe et dans un espace public. Le moment de regroupement initial marque alors *une rupture entre le mode de regroupement profane et le mode de fonctionnement scolaire*[2] puisqu'il réinscrit l'enfant dans son statut d'écolier.

(2) Garcin-Vautor (L.) (1999), « Les conditions d'entrée dans le contrat didactique à l'école maternelle », *Grand N* n°66, 1999-2000.

Traditionnellement, les rituels d'accueil comportent différentes phases qui contribuent toutes à la maîtrise de codes :

- accueil général qui officialise le début du temps scolaire proprement dit ;

- gestion des absents et des présents qui permet à l'enfant d'affirmer son appartenance au groupe classe (étiquettes) et qui la pérennise même en cas d'absence (à cette fonction identitaire essentielle, sont associés des apprentissages mathématiques) :

- détermination de la date qui lui permet de construire progressivement le concept de temps en s'inscrivant dans un temps linéaire qui « oriente » son histoire (hier/aujourd'hui/demain), en s'appropriant des repères du temps social cyclique (la journée, la semaine, l'année), en calculant des durées ;

- repérage des conditions climatiques du jour ;

- moment de langage, comprenant en particulier des comptines et/ou des jeux de doigts ;

- présentation des activités de la journée.

Le goûter

Dans de nombreuses écoles, le « goûter » du matin correspond à un rituel. Il répond à des besoins physiologiques de l'enfant, ce qui justifie qu'il soit mis en place tôt dans la matinée. Mais, il a également pour intérêt de faire participer l'élève à une pratique sociale qui suppose politesse, partage, échange, convivialité... Pour donner toute sa signification à ce rituel, il est important d'associer des élèves à sa gestion en leur demandant de mettre le couvert, de prévoir les quantités d'aliments nécessaires, de les distribuer ou de les répartir... Autant d'actions qui développent l'autonomie des élèves et leur permettent d'utiliser leurs connaissances mathématiques.

Présents/absents

• Présentation générale

En entrant dans la classe, chaque élève accroche son étiquette individuelle sur un panneau réservé à cet usage. Symboliquement, l'enfant affirme, à travers l'usage de son nom, son identité personnelle, tout en revendiquant l'identité sociale que lui donne son appartenance au groupe classe. Dans un second temps, lors du regroupement, se met en place le rituel proprement dit que nous n'analysons que du point de vue des connaissances mathématiques en jeu.

• Compétences visées

- Mémoriser par répétition une partie de plus en plus grande de la suite numérique orale des nombres.
- Dénombrer des collections.
- Ecrire le cardinal d'une collection.
- S'approprier des situations additives rendant compte de la gestion de la classe et de ses sous-groupes
- Utiliser une bande numérique pour opérer sur les nombres.
- Rechercher des sommes et des compléments.

• Progression

En petite section, on détermine le nombre d'enfants absents en comptant leurs étiquettes. Quand la classe est organisée en groupes fixes d'atelier pour une période donnée, il est intéressant de réunir les étiquettes par groupe, ce qui permet de rappeler aux élèves leur groupe d'atelier, puis de dénombrer les élèves présents ou absents de chaque groupe.

En moyenne section, on introduit le dénombrement des élèves de la classe, afin de faciliter la mémorisation de la suite numérique (jusqu'à 27, par exemple, s'il y a 27 inscrits dans la classe). Le maître d'abord seul, puis avec quelques élèves, dénombre les enfants un à un. Il propose ensuite qu'un élève, aidé par tous, effectue le décompte. Ce nombre deviendra une référence, systématiquement utilisée pour comparer les présents et les inscrits, pour mettre en évidence les absents. Pour compléter ce travail, et en fonction des circonstances, il est possible de compter également les garçons et des filles, ce qui permet aux élèves qui ne maîtrisent pas la suite orale jusqu'à 27 de pouvoir dénombrer une autre collection de manière autonome. Parallèlement, en cours d'année, on introduit l'écriture chiffrée des nombres pour permettre une appropriation progressive de la bande numérique.

En grande section, des procédures du même type sont reprises. On introduit alors un tableau indiquant le nombre total d'élèves, le nombre des présents, le nombre des absents.

- En partant du nombre de présents, il est possible de déterminer le nombre d'absents par surcomptage (« Aujourd'hui, vous êtes 24, combien y a-t-il d'absents ? »).

- Il est également intéressant de partir du nombre d'inscrits et du nombre d'absents pour trouver le nombre de présents grâce à un décomptage (« Il y a 5 absents, combien êtes-vous aujourd'hui ? »).

- Il est même possible de multiplier les occasions de gérer les situations additives non formalisées, en décomposant la classe en plusieurs groupes et en complétant un tableau à double entrée.

	Présents	Absents	
Garçons	12	3	15
Filles	10	2	11
	22	5	27

La date

• Présentation générale

Généralement, les élèves doivent repérer et/ou écrire la date du jour (le nom du jour, son quantième, le nom du mois, l'année), en utilisant différents supports (calendriers, éphémérides, dateurs, étiquettes...), selon des modalités adaptées à leur âge.

Ce rituel de l'écriture de la date est essentiel à l'école maternelle car il contribue fortement à la construction progressive de la notion de temps social et de cycle de la vie quotidienne. Souvent négligé ou considéré comme mineur, il n'a de sens que si l'enseignant en comprend la signification et le considère comme un moment de régulation de la vie de la classe. Le travail sur la date peut être en effet l'occasion d'évoquer des événements passés ou à venir en en repérant la date sur des calendriers, en calculant le nombre des jours qui nous en séparent ; il permet d'anticiper les grandes dates de l'année (anniversaires, fêtes, vacances).

• Compétences visées

- Utiliser les jours de la semaine, les mois de l'année.
- Déterminer les jours précédents, les jours suivants d'un jour donné.
- Caractériser le temps scolaire sur un calendrier (jours d'école, sans école, vacances...).
- Repérer la date d'un événement sur un calendrier.
- Utiliser la bande numérique pour écrire la date.
- Déterminer le quantième du jour à partir d'indications.
- Calculer des durées en nombre de jours.

• Progression

En petite section, le temps exploré est essentiellement celui de la semaine, éventuellement itéré quand on souhaite travailler sur une succession de semaines.

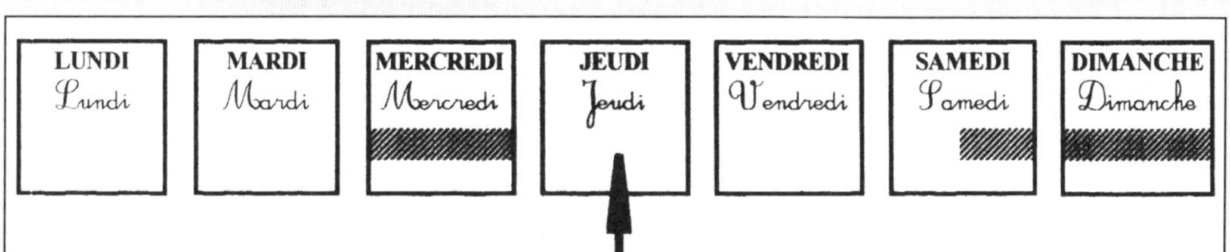

La suite des jours de la semaine est affichée en classe de façon à rester visible dans sa globalité. Ainsi les élèves peuvent prendre conscience de la progression du temps en associant sa représentation au sens de la lecture de la gauche vers la droite.

Chaque matin, on repère ainsi le nom du jour, par exemple par une grosse pince portant une flèche, et on le replace dans la semaine en redisant la liste des jours (lundi, mardi...) jusqu'au nom du jour concerné. Pour faciliter la mémorisation des jours de la semaine, on propose des comptines en associant systématiquement l'énoncé des jours et la suite écrite des jours.

Le lundi, tout petit...
Le mardi, tout gentil...
Le mercredi, bien à l'abri...
Le jeudi, tout étourdi...
Le vendredi, tout dégourdi...
Le samedi, tout endormi...
Le dimanche, tout recommence !

Il est important d'habituer progressivement les élèves à commencer la suite des jours à partir d'un autre jour que le lundi et de rechercher systématiquement le jour précédent et le jour suivant du jour repéré.

L'utilisation d'un code couleur distinguant les jours passés à l'école, les jours passés à la maison ainsi que les jours fériés permet une première appropriation des rythmes sociaux.

Cette approche quotidienne est complétée par l'utilisation de calendriers spécifiques de gestion des projets.

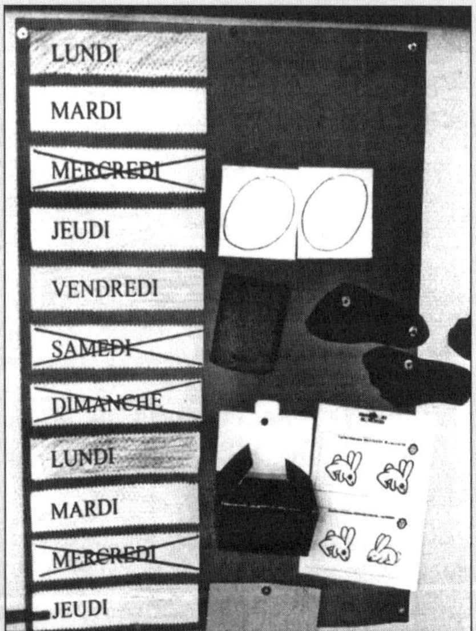

En moyenne section, on s'attache à faire prendre progressivement conscience aux élèves de la succession des mois et de la numérotation des jours (le quantième). Dans cette perspective, on multiplie les supports qui tous participent spécifiquement aux apprentissages :

- on replace le jour de la semaine par rapport à un avant (hier, avant-hier) et un après (demain, après-demain) ;

- on coche le jour sur un grand calendrier semestriel pour inscrire le jour dans un mois, dans un semestre ;

- on arrache la feuille de l'éphéméride afin de mettre en évidence la succession numérique des dates. Ces dates sont rapportées à la succession des jours, c'est-à-dire que le premier du mois est placé sous le jour correspondant de la semaine. Le tableau obtenu est organisé par groupes de sept nombres et non par dizaines puisque la décade n'organise pas le mois.

Mois de Mars

Lundi	Mardi	Mercredi	Jeudi	Vendredi	Samedi	Dimanche
				1	2	3
4	5	6	7	8	9	10
11	12	13	14	15	16	17
18	19	20	21	22	23	24
25	26	27	28	29	30	31

Il est possible également d'utiliser un dateur présentant les cycles temporels sous forme de disques ; cependant, cette présentation n'est pas la plus efficace à cet âge, en raison des modalités de lecture (les jours sont mal orientés) et du manque de signification culturelle de la représentation circulaire.

Comme avec les petites sections, on veille à se référer le plus souvent possible à la vie de la classe : réalisation de projets, repérage d'un événement régulier qui rythme la semaine (les élèves vont par exemple le mardi à la bibliothèque municipale) en collant une photo l'évoquant sous l'étiquette du jour.

En grande section, les mêmes supports sont utilisés et les mêmes références à la vie de la classe sont faites. Il est évidemment plus facile de donner aux élèves une grande autonomie dans la mise à jour des différents calendriers et de les associer à la gestion temporelle d'un projet.

On peut alors introduire des jeux, par exemple :

- reconstituer la succession de la semaine à partir des étiquettes des jours ;

- rechercher le nom du 17e jour du mois sur un grand calendrier, en s'aidant de la bande numérique ;

- déterminer le nombre de dimanches d'un mois sur des photocopies du calendrier du mois ;

- dresser la liste des mois de 31 jours, de 30 jours ;

- écrire, sans l'aide d'un calendrier, le quantième des jours suivant un jour donné. Par exemple, à partir du tableau des jours du mois, réalisé à partir des feuilles de l'éphéméride, fabriquer les feuilles des jours suivant le mardi 24 janvier. Cette activité peut permettre l'expression des premières remarques sur la régularité des écritures des nombres.

- (...)

La météo

• Présentation générale

Caractériser, chaque matin, le temps qu'il fait est également un rituel très présent dans les classes. Il favorise une caractérisation de sensations vécues par l'enfant – le froid, le vent, la pluie... –, facilite des mises en relation – les vêtements, les sorties dans la cour... – et participe à l'appréhension progressive des saisons. Ce rituel met en scène un objet culturel devenu très prégnant dans les représentations collectives et permet un travail sur le codage (associer un type de temps et des symboles). Souvent très répétitif, il perd de son sens si les supports utilisés n'évoluent pas.

• Compétences visées

- Encoder un ensemble de propriétés.
- Utiliser le nombre mesure.
- Repérer une température.
- Organiser des données.

• Progression

En petite et moyenne section, l'observation du temps qu'il fait est souvent un rituel. S'il peut être intéressant de prendre parfois le temps comme objet d'étude afin d'en différencier les composantes (la température, l'état du ciel, le vent...), l'ambiguïté des codes usuellement introduits en limite l'intérêt.

En grande section, d'autres pratiques peuvent être intéressantes. Elles conduisent à se donner des outils scientifiques permettant de repérer la température, mesurer la hauteur d'eau tombée... et éventuellement consulter les bulletins météo des journaux.

Après une phase de découverte, un grand thermomètre accroché à l'extérieur de la fenêtre mais lisible de l'intérieur de la classe peut permettre de faire des relevés journaliers de température. Les élèves ont l'habitude d'entendre parler des températures et les associent à leurs sensations de froid et de chaud, à leur habillement. Il suffit de demander à un élève de repérer sur les bords d'une grande feuille de papier le zéro et le niveau atteint par le mercure et de découper une bande de papier de la longueur de l'écart. La surprise manifestée par les élèves devant une température négative ne pose pas de problème mathématique (il s'agit d'un repérage et non d'un nombre mesure). Toutes les bandes sont collées côte à côte sous une frise des jours du mois, mois après mois.

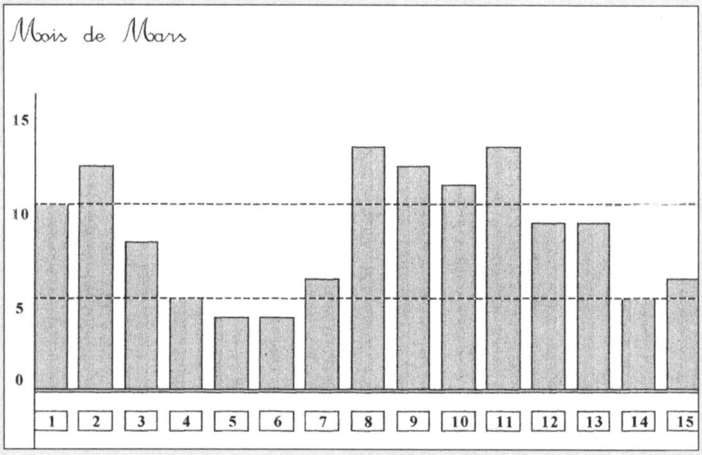

Des remarques peuvent être faites devant cette première forme d'histogramme sur les variations des températures dans un même mois, entre les mois, et des tendances référées aux saisons peuvent être dégagées.

Le goûter

• Présentation générale

Organisé en début de matinée, le goûter répond aux besoins physiologiques de l'enfant. Cependant, pour être considéré comme un rituel, il doit avoir une fonction sociale affirmée. En effet, manger ensemble, c'est apprendre des rites sociaux, c'est partager, c'est échanger... On perçoit combien sont alors caricaturaux, ces goûters où chacun mange son gâteau, indifférent à l'autre, sans avoir le droit de parler, avec une organisation spatiale très éloignée des conditions habituelles des repas. La place du goûter dans la socialisation nécessite donc que, régulièrement (le plus souvent possible), il soit pris en commun, c'est-à-dire que les enfants mangent un goûter collectif composé de denrées communes qu'ils ne consomment parfois pas à la maison. Le goûter collectif est une excellente occasion d'associer les élèves à la vie de la classe. Il représente alors une occasion d'utiliser des notions mathématiques.

• Compétences visées

- Comparer deux collections.
- Déterminer le nombre d'éléments d'un ensemble.
- Réunir une collection constituée d'un nombre donné d'objets.
- Reconnaître une situation additive.
- Utiliser des procédures additives pour calculer une somme.
- Effectuer des partages équitables.
- Déterminer la valeur d'une part dans une situation de répartition.

• Progression

En petite section, dans un premier temps, les élèves dressent le couvert en appariant un enfant, un verre, une serviette... à partir d'un stock d'objets mis à leur disposition. En jouant sur le nombre d'objets disponibles, l'enseignant introduit des situations de comparaisons : « Y a-t-il assez de serviettes, trop de serviettes pour que chaque enfant en ait une ? »... Plus tard dans l'année, les élèves devront demander au maître le nombre d'objets nécessaires pour leur table.[1]

(1) voir p. 194

En moyenne section, des situations numériques identiques à celles présentées en petite section sont reprises soit en augmentant le nombre d'enfants de la tablée, soit en introduisant une contrainte de type « juste assez en un seul voyage ».

Des situations de désignation peuvent également être proposées. Par exemple, à partir d'un choix prédéfini de boissons (eau, jus d'orange, jus de pomme), un élève doit répertorier les demandes de ses camarades pour établir une commande globale. Selon le nombre d'enfants concernés, la commande peut être orale ou nécessiter l'utilisation d'un écrit mémoire obtenu en complétant une liste de photos représentant les boissons.

En grande section, des situations additives et de partage sont introduites. Il faut par exemple découper trois gâteaux de telle façon que les 24 enfants aient une part, ce qui conduit les élèves à faire des essais à partir de dessins ou, dans une démarche de tâtonnement, par estimations successives. Par exemple, il faut préparer les assiettes placées sur les tables de cinq élèves sachant que chaque élève reçoit trois galettes. Il faut regrouper les commandes de plusieurs tables pour déterminer le nombre de galettes nécessaires, le nombre de paquets de gâteaux à commander... Autant de situations qui conduisent les élèves à dénombrer, additionner, partager... dans des situations vraies.

Jeux mathématiques

Avant toute mise en valeur du jeu comme support d'apprentissages cognitifs (utiliser le nombre, développer la mémoire spatiale, anticiper, émettre des hypothèses, définir des stratégies...), il est indispensable de rappeler que la vertu première du jeu est de favoriser la socialisation. Jouer à plusieurs, c'est prendre en compte l'autre, c'est respecter un ordre de passage, c'est comprendre et suivre des règles, c'est considérer les actions de ses partenaires, de ses adversaires. Jouer, c'est aussi entrer en communication avec l'autre pour expliquer ce que l'on fait, pour comprendre ce qu'il fait. La discussion autour du jeu permet de verbaliser ses actions, de confronter ses approches : il n'y a pas de construction de stratégies sans mise en évidence des raisons qui justifient les choix, il n'y a pas d'appropriation collective de fonctionnement d'un jeu sans partage ni discussion.

A tout niveau de l'école maternelle, il est intéressant de fabriquer des jeux mathématiques dans le cadre d'une pédagogie de projet car cette activité, obligatoirement pluridisciplinaire (il y a toujours la nécessité d'un écrit de référence, la mobilisation de notions logiques, spatiales ou numériques, la fabrication d'un objet...), permet à l'élève de prendre du recul par rapport au fonctionnement même du jeu.

Nous présenterons dans cette partie différents types de jeux :

- **Jeux du répertoire** : Jeux de cartes, dominos, lotos, jeux de mémory, jeux de plateau, ces jeux sont multiples et certaines de leurs adaptations sont fortement représentées dans les jeux commerciaux disponibles dans de nombreuses classes. Ils mobilisent des savoirs mathématiques mais répondent à des règles figées car ils sont référés à des pratiques culturelles extérieures à l'école. Il est important de les utiliser en classe, car ils établissent un lien entre les pratiques scolaires et les pratiques familiales.

- **Jeux géométriques** : Choisis ou construits par l'enseignant, ils permettent d'atteindre des objectifs d'apprentissage. Ils demandent à l'élève d'organiser un cheminement dans des espaces (jeux de labyrinthe...), de construire des images mentales de figures et d'articuler entre elles plusieurs figures (puzzles géométriques...) ;

- **Jeux numériques** : Introduits dans la classe en fonction des compétences des élèves, ils permettent de « jouer » avec les nombres et donc d'accroître, grâce à leur fréquentation, la familiarité des enfants avec la suite numérique et les fonctions des nombres.

- **Jeux de déplacement** : Nous accorderons une place particulière aux jeux de déplacement sur un itinéraire ou sur un quadrillage qui, le plus souvent, associent des contraintes spatiales et des données numériques dans le cadre de la mise en place de stratégies.

Cartes à jouer
Jeux de logique

Il est facile de se procurer des jeux de cartes à jouer, comme il est facile d'en fabriquer. Les jeux de cartes séduisent les élèves car ce sont les jeux les plus socialement répandus. Avant de proposer des jeux à règles utilisant la valeur des cartes, il est nécessaire de prévoir un temps initial d'appropriation libre du matériel puis de mettre en place des jeux à dominante logique (activités de classement selon différents critères) :

- regrouper les cartes rouges et les cartes noires ;
- regrouper les carreaux, cœurs, piques, trèfles ;
- regrouper les cartes de même valeur (les quatre [8], les quatre rois) ;
- organiser des suites de cartes se distinguant par un critère ([8] de cœur, [8] de pique, [roi] de pique...).

Le jeu des mariages

• Compétence mathématique

– Associer des cartes de même valeur numérique.

• Déroulement

Le « mariage » de deux cartes correspond à la réalisation d'une paire de cartes de même valeur (par exemple, le [8] de carreau et le [8] de pique forment un « mariage »).

Dans un premier temps, on demande aux élèves de réaliser le maximum de mariages dans un lot de cartes. Puis on introduit le jeu proprement dit. Chacun des trois ou quatre joueurs possède au départ 5 cartes. Les autres cartes forment un « talon ». Le premier joueur réalise avec ses cartes initiales tous les « mariages » possibles puis il complète son jeu en tirant dans le talon autant de cartes qu'il en a écartées. Les joueurs suivants procèdent de manière identique même si le talon ne comporte plus le nombre de cartes nécessaire pour aller à 5.

Le gagnant est celui qui n'a plus de cartes. Le nombre impair de cartes conduit obligatoirement à jouer jusqu'à épuisement du talon.

Le jeu des suites

• Compétence mathématique :

- Constituer une suite numérique.

• Déroulement

Le mode de gestion des cartes est identique à celui présenté dans le jeu des « mariages ». Chaque joueur reçoit cinq cartes puis, à chaque tour, des tirages complémentaires sont effectués pour que, sauf en cas d'utilisation de toutes ses cartes par un joueur ou d'épuisement du talon, ce nombre reste à cinq.

Le premier joueur doit commencer par [1] (un as) s'il en a un, sinon il passe son tour. Chaque joueur peut compléter la suite numérique dans l'ordre : par exemple, si le précédent s'est arrêté à [4], le joueur peut poser [5], [6], [7] puis s'arrêter s'il ne possède pas un [8]. Arrivé à [10], le jeu recommence à 1.

Il est également possible de jouer avec une suite décroissante.

Le jeu de bataille

• Compétence mathématique

- Comparer deux nombres.

• Déroulement

La bataille, jeu caractéristique du répertoire que les enfants s'approprient toujours avec plaisir, peut être jouée dès la moyenne section. Il est en effet possible de le limiter le domaine numérique en utilisant les cartes de 1 à 6 ou de l'étendre, en grand section, en utilisant, soit un jeu de tarot, soit en fabriquant un jeu de cartes. Les cartes peuvent être traditionnelles associant nombre chiffré et constellation, elles peuvent ne présenter que l'une des deux représentations du nombre, elles peuvent également mélanger ces différents types de matériel.

Pour travailler les sommes de deux nombres, il est possible de réaliser des batailles à deux cartes. Le gagnant est celui dont la somme des points est la plus grande.

Dominos et lotos

Les jeux de dominos et de loto sont nombreux à l'école maternelle (dominos et lotos des formes, des couleurs, dominos et lotos thématiques...). La multiplicité des offres des éditeurs s'explique par l'intérêt de ce type de jeux. Ils permettent en effet de travailler sur les propriétés des objets (similitudes et différences) ainsi que sur des relations (rassembler deux moitiés d'objet, compléter une ligne courbe...). Les dominos permettent une première approche d'une stratégie (deux possibilités de jeux, anticipation éventuelle du jeu de l'autre) et les lotos mobilisent des compétences spatiales.

Les dominos numériques (jeu traditionnel)

• Compétence mathématique

- Identifier des configurations identiques.

• Déroulement

La forme traditionnelle des dominos numériques consiste à juxtaposer deux moitiés de dominos présentant les mêmes configurations. Il s'agit alors plus d'un jeu de discrimination d'images (« c'est pareil ») que d'un jeu sur les quantités puisqu'il est inutile de compter les points.

Les dominos numériques (variantes du jeu traditionnel)

• Compétences mathématiques

- Dénombrer des collections.
- Associer deux codages différents du même nombre.

• Déroulement

On joue toujours selon les mêmes principes mais la nature de l'activité numérique support va être différente si l'on utilise :

- des dominos comportant non des configurations mais des collections non organisées différentes. Pour jouer, l'élève doit obligatoirement dénombrer la collection du domino puis rechercher un autre domino proposant une collection de même cardinal ;

- des dominos mélangeant des nombres présentés sous forme de configurations et des nombres présentés sous forme d'écriture chiffrée. L'élève doit mobiliser deux représentations du nombre, une forme imagée, une forme écrite et les associer. Il peut toujours dénombrer les points de la configuration et utiliser la bande numérique pour établir le transcodage.

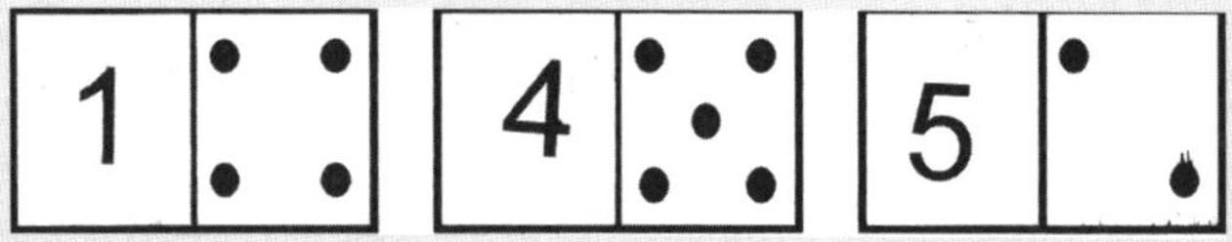

Il est également possible de changer la règle du jeu en associant deux moitiés de dominos dont les nombres se suivent :

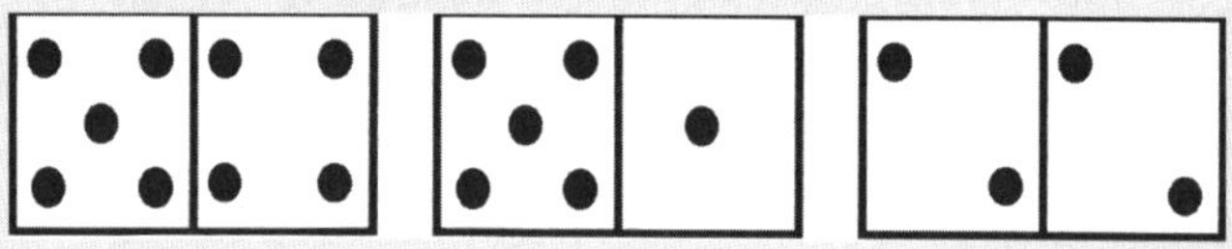

dont la somme est 6

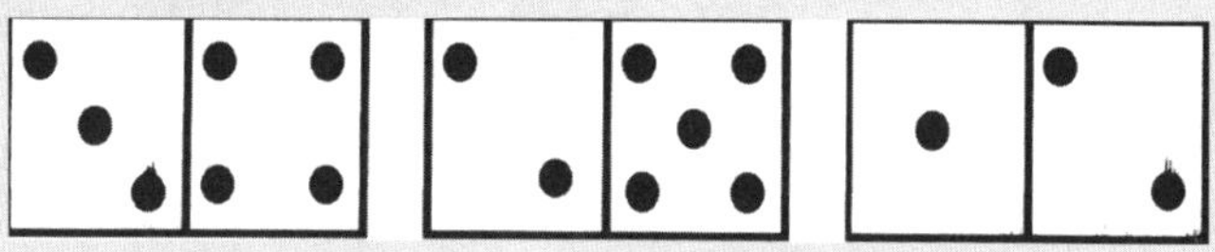

Les lotos numériques

• Compétence mathématique

- Associer deux codages différents du même nombre.

• Déroulement

Il s'agit de repérer un nombre donné sur une carte en comportant plusieurs. Les modalités de mise en place du jeu déterminent l'activité de l'élève. Si les nombres tirés et ceux inscrits sur les cartons individuels utilisent le même codage, l'activité est une activité de discrimination visuelle. Si les codages utilisés sont différents, l'activité est une activité de transcodage qui permet d'associer différentes représentations du nombre.

Memory

Les jeux de Mémory font simultanément appel à la capacité de reconnaître deux objets identiques parmi une collection d'objets (ce qui suppose également de percevoir leurs différences avec les autres objets) et la capacité à garder en mémoire des renseignements spatiaux. Remarquons d'ailleurs que le jeune enfant y révèle souvent une aisance qui étonne l'adulte. Il semble que les processus de mémorisation ne soient pas les mêmes chez le jeune enfant qui garde une image mentale globale des positions spatiales, et chez l'adulte qui cherche à analyser le positionnement spécifique des cartes retournées à partir d'un système implicite de repérage de type ligne/colonne.

- Compétence mathématique

- Mémoriser une répartition spatiale d'objets.

- Variables

- le nombre de paires de cartes ;

- les objets représentés : facile quand il représente des objets de la vie courante ou des animaux qui favorisent l'individualisation des paires à reconstituer, plus complexe quand les objets sont plus abstraits, moins liés à l'univers familier de l'enfant (mémory des formes, mémory des nombres...).

- Déroulement

Le jeu de mémory comporte des cartes sur lesquelles figurent soit des dessins d'objets de la vie courante, soit des représentations d'objets abstraits, chaque dessin étant répété deux fois. Les cartes sont disposées régulièrement face contre la table. Il s'agit de retourner successivement deux cartes identiques.

La construction en grande section d'un jeu de mémory des formes par des élèves ayant déjà joué à ce type de jeu est très intéressante. Elle nécessite en effet que les élèves définissent clairement les propriétés qui doivent être utilisées pour distinguer les cartes. Si les formes connues par les élèves sont réinvesties (carré, triangle, rectangle, disque, par exemple), elles ne suffisent pas pour constituer le nombre de cartes nécessaires. Il est donc indispensable de définir d'autres critères. En choisissant quatre couleurs et deux types d'objets géométriques repérés (le contour, la surface), on obtient 32 cartes à réaliser. Les enfants sont alors confrontés au problème qui consiste à trouver toutes les cartes possibles, cartes qu'ils doivent réaliser en double exemplaire à l'aide de gabarits.

Les bandes
(grande section)

• Compétences mathématiques

- Réaliser un pavage.
- Utiliser les nombres.

NB : Ce jeu mobilise simultanément des compétences numériques et des compétences géométriques.

• Déroulement

Le but du jeu est de recouvrir un espace quadrillé (12x12) avec des bandes de 1 carreau de largeur et de 2 à 12 carreaux de longueur, à partir des indications de dés.

Chaque joueur lance deux dés. Il doit prendre une bande comportant autant de cases que la somme des points des deux dés lancés puis la poser sur le quadrillage, sans recouvrir d'autres bandes, sans plier la bande ni la découper. En cas d'impossibilité, il repose la bande.

Chaque bande posée sur le quadrillage rapporte un jeton à celui qui l'a posée. Le gagnant est celui qui, lorsque tout le quadrillage est recouvert ou qu'il ne reste plus qu'une case non recouverte, possède le plus de jetons.

Il est possible de complexifier le jeu en donnant le droit au joueur de prendre une bande ou des bandes dont la longueur totale correspond à la valeur de la somme des dés à la condition qu'aucune des bandes prises ne soit égale à la valeur des points d'un des dés. Par exemple si l'élève obtient [5] et [3], il peut prendre une bande de 8 carreaux ou des bandes de 6 carreaux et de 2 carreaux ou... mais en aucun cas une bande de 5 carreaux et une bande de 3 carreaux.

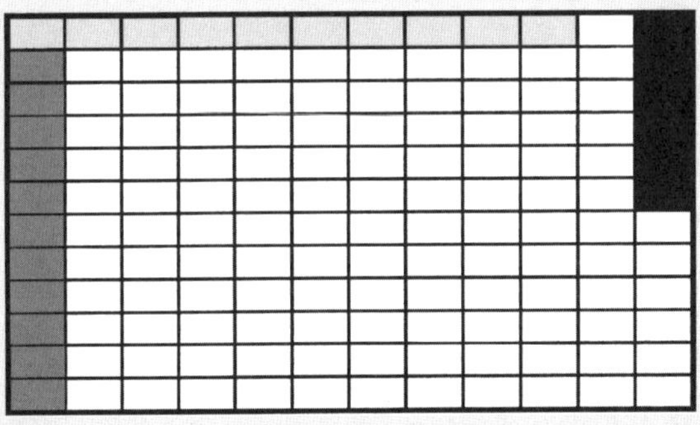

(une bande de 10 carreaux, une bande de 11 carreaux, une bande de 6 carreaux).

Mosaïque
(grande section)

• Compétences mathématiques

- Se repérer sur un quadrillage.
- Traiter l'information.

NB : Ce jeu mobilise simultanément des compétences spatiales (repérage horizontal et vertical de cases) et des compétences logiques (propriétés des objets). Il peut favoriser la définition de stratégies complexes (le même jeu peut être proposé à tous les niveaux de l'école élémentaire) en raison de l'importance qu'il accorde au traitement de l'information.

• Déroulement

Le but du jeu est de recouvrir un quadrillage 8 x 8 avec des jetons de couleur sans que deux jetons de la même couleur se trouvent placés sur des cases partageant un côté.

Le jeu se joue à deux, trois ou quatre. Chaque joueur dispose de 6 jetons de chaque couleur (rouge, jaune, bleu, vert), soit 24 jetons au total.

Le gagnant est celui qui, à la fin du jeu, possède le moins de jetons.

	J		
	R	V	
	B	J	

Dans la case grisée, on ne peut poser ni un jeton vert, ni un jeton jaune.

J	R	B	
V		J	
B	R	B	
	B	J	

Dans la case grisée, on ne peut poser qu'un jeton bleu.

	J	R	
V		B	
J	R	V	
	B	J	

Dans case grisée, on peut poser aucun jeton.

Tangram
(grande section)

Le Tangram est un jeu traditionnel asiatique utilisé fréquemment en grande section de maternelle. Il consiste à reproduire des silhouettes d'animaux, d'objets, de lettres en utilisant sept formes géométriques constituant un carré.

La progression proposée qui déborde sur l'école élémentaire est en fait adaptée à tous les puzzles géométriques complexes.

- Compétences mathématiques

  - Reconnaître des formes géométriques.
  - Analyser et reconstituer une figure complexe.

- Variables

  - présence ou absence des contours des formes constituant la silhouette ;
  - possibilité ou impossibilité de superposer pièces et silhouette ;
  - isométrie ou non isométrie (agrandissement/réduction) des pièces et du dessin de référence.

- Progression

Après une première phase d'appropriation du tangram qui consiste à l'utiliser comme le puzzle géométrique d'un carré, on propose des tâches différenciées selon le niveau des élèves.

1. Réalisation d'une silhouette par superposition avec des pièces dessinées.

Il est tout d'abord nécessaire de reconnaître la figure géométrique puis de l'orienter correctement. La superposition permet de traiter les pièces isolément.

2. Réalisation d'une silhouette avec des pièces dessinées mais sans superposition.

La nécessité d'analyser les relations entre les différentes pièces accroît la difficulté de la tâche.

3. Réalisation d'une silhouette avec des pièces dessinées, présentées à une autre échelle que la figure à réaliser.

L'association entre le dessin et la construction nécessite la reconnaissance des formes et la compréhension de leurs relations au-delà de la simple reproduction. Il s'agit de se référer à une image mentale du carré, du triangle... qui ne prend en compte ni l'orientation de la figure (ce qui était également le cas dans les étapes précédentes), ni les dimensions de la figure.

4. Reconstitution de la silhouette sans indication sur l'agencement des pièces, soit par superposition, soit à partir d'un modèle à échelle réduite.

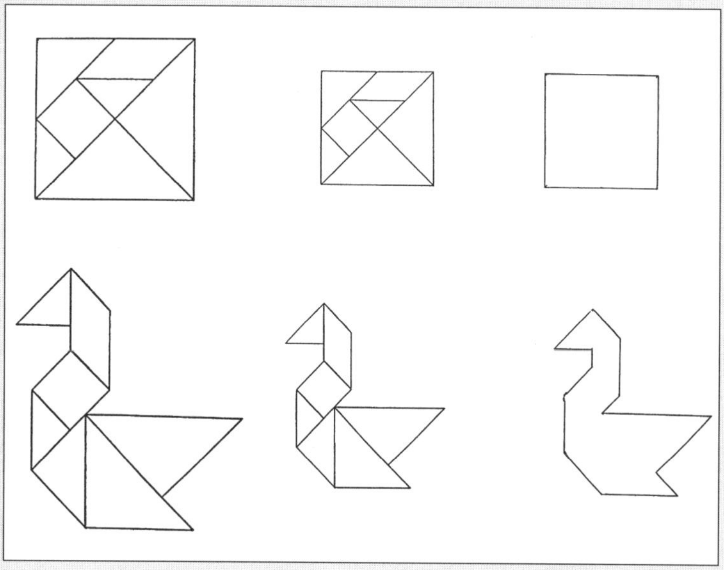

Les gâteaux d'anniversaire
(petite section)

d'après une idée de : *Activités numériques à l'école maternelle*, CRDP de l'Aube, 1992.

• Compétence mathématique

- Dénombrer de petites collections

• Déroulement

Le but du jeu est de placer sur trois gâteaux (rouge, vert, jaune) trois bougies de la même couleur que le gâteau.

Chaque joueur lance successivement un dé de couleur (deux faces de chaque couleur) et un dé avec les constellations 1/2/3. Le dé de couleur indique la couleur des bougies à prendre, le dé numérique, le nombre de bougies.

Si le tirage fournit plus de bougies que celles qui sont nécessaires, l'élève passe son tour (c'est le cas par exemple du tirage de 3 bougies bleues alors qu'il ne reste plus que deux places sur le gâteau bleu).

Le jeu est terminé quand chaque joueur a complété ses trois gâteaux. Le remplissage du gâteau peut évidemment se faire en plusieurs tirages, ce qui conduit l'élève à tenir compte des bougies manquantes.

Les paniers d'œufs
(petite et moyenne section)

- Compétence mathématique

  - Dénombrer et comparer des collections

- Déroulement

En petite section, on dispose, au centre de la table, dix paniers contenant des œufs : deux paniers contiennent un œuf, deux paniers contiennent deux œufs, deux paniers contiennent trois œufs, deux paniers contiennent quatre œufs, deux paniers contiennent cinq œufs.

Chaque joueur lance à son tour un dé avec des constellations 1, 2, 3, 4, 5 et une face blanche.

Il peut prendre un panier contenant autant d'œufs que de points sur le dé.

S'il ne reste plus de paniers correspondant à son tirage, il passe son tour.

S'il tire la face blanche, il peut prendre le panier qu'il souhaite.

Le jeu est terminé quand tous les paniers sont retirés du plateau.

En moyenne section, les règles principales du jeu sont maintenues mais deux éléments nouveaux vont modifier la nature du jeu :

- il est possible de prendre tous les paniers dont le nombre d'œufs est inférieur ou égal au nombre de points du dé tiré. Par exemple ayant tiré [4], je peux prendre un panier contenant 1, 2, 3 ou 4 œufs ;

- chaque élève conserve les paniers ramassés. Le gagnant est celui qui a le plus d'œufs, ce qui peut entraîner la comparaison de collections importantes par des procédures non numériques.

Habillons le loup
(moyenne et grande section)

- Compétences mathématiques

  - Associer écriture chiffrée du nombre et constellation.
  - Calculer une somme.

- Déroulement

En moyenne section, chaque joueur dispose d'une silhouette de loup. Il doit habiller son loup avec un pantalon, un pull, un chapeau, une écharpe et des chaussures. Ces vêtements sont numérotés de 1 à 5.

Chaque joueur lance un dé traditionnel numéroté de 1 à 5 avec une face blanche. Il prend le vêtement correspondant au nombre obtenu. S'il tire la face blanche, il doit passer son tour.

En grande section, le loup doit mettre en plus des moufles, des lunettes, une ceinture et prendre un sac. Chaque vêtement ou accessoire est numéroté de 2 à 10.

Chaque joueur lance deux dés numérotés de 1 à 5 avec une face blanche. Il prend le vêtement correspondant à la somme des points obtenus. S'il tire une face blanche il peut la remplacer par le nombre (1/2/3/4/5) de son choix. S'il tire deux faces blanches, il doit passer son tour.

Le gagnant est celui qui a habillé son loup le premier.

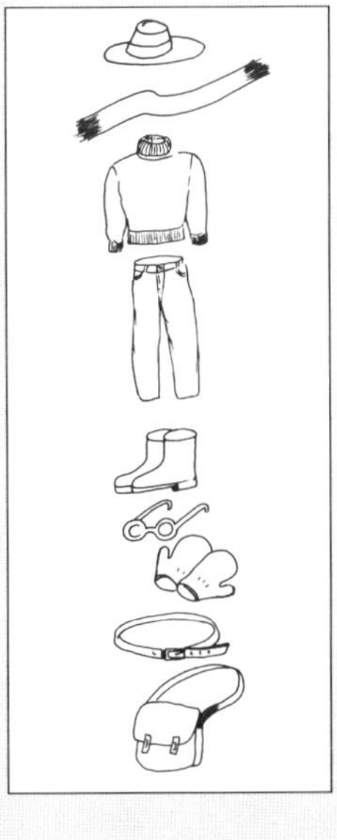

La bande numérique
(moyenne et grande section)

- Compétence mathématique

- S'approprier la bande numérique de 1 à 10 (reconnaître les écritures chiffrées des nombres et les replacer dans l'ordre).

- Déroulement

En moyenne section, on découpe devant les élèves une bande numérique portant l'écriture chiffrée des nombres de 1 à 10. Après avoir mélangé les cartes ainsi obtenues, on les distribue à deux élèves qui doivent reconstituer la bande initiale en commençant par 1.

Il est également possible de proposer un jeu de tirage. Chaque élève tire une carte et doit positionner le nombre tiré sur un support constitué de 10 cases. L'élève peut alors placer sa carte soit en recomptant toutes les cases, soit en prenant en compte les cartes déjà placées.

En grande section, on constitue un jeu de cartes ne comportant que des constellations de 1 à 10 complétées par quatre rois servant de jokers.

Chaque joueur dispose d'une bande numérique de 1 à 10.

A tour de rôle, il tire une carte du paquet et place, s'il le peut, un jeton sur le nombre correspondant de la bande numérique. Le tirage du joker lui permet de placer son jeton sur la case de son choix. Le gagnant est celui qui a recouvert le premier tous les nombres de sa bande numérique.

Le même jeu peut être mis en place en utilisant le complément du nombre tiré à 10 (si le joueur tire [2], il remplit la case [8]). Il est alors nécessaire d'éliminer les cartes et les cases [10].

Les bougies
(grande section)

- Compétences mathématiques

  - Dénombrer une collection.
  - Comparer deux nombres.

- Déroulement

Chaque élève dispose de cinq gâteaux sont représentés par des cercles tracés sur un grand carton.

Sur chacun des gâteaux, il doit placer un certain nombre de bougies dont l'emplacement est repéré : 4 bougies, 5 bougies, 6 bougies, 7 bougies et 8 bougies.

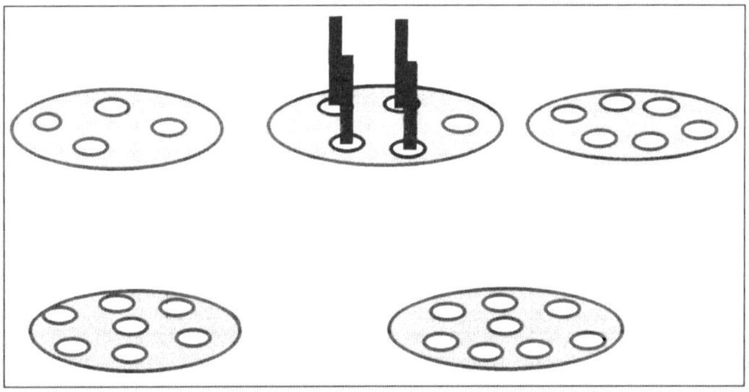

Chaque joueur lance un dé numérique comportant les constellations ou chiffres de 1 à 5 et une face blanche.

Le dé indique le nombre de bougies que le joueur doit prendre et placer sur un même gâteau (on n'accepte pas les essais successifs). Si un élève tire [4], il peut remplir le gâteau de quatre bougies ou placer les quatre bougies sur le gâteau de six bougies. Dans ce dernier cas, il ne pourra compléter ce gâteau que s'il tire [1] ou [2].

S'il tire la face blanche du dé, le joueur a le choix de prendre 1, 2, 3, 4, ou 5 bougies. Il s'agit pour lui de bien anticiper ses besoins afin de pouvoir compléter le plus rapidement possible ses gâteaux.

Le gagnant est le joueur qui le premier a rempli ses gâteaux.

Le même jeu peut être repris avec d'autres nombres et sans dessiner les emplacements des bougies.

On inscrit uniquement sur les cercles représentant les gâteaux le nombre chiffré de bougies qu'ils doivent supporter. L'élève se trouve alors dans une situation de recherche des sommes («il y a déjà trois bougies, puis-je en mettre encore quatre ?») et de complément («quel nombre choisir lors du tirage de la face joker pour compléter mes 10 bougies sachant qu'il y en a déjà 5 ?») sans bénéficier des supports dessinés précédents.

voir encart couleur

Progression

Les jeux de déplacement sur piste peuvent être présents de la petite section d'école maternelle au cours moyen (et même au-delà ...). La progression présentée vise à confronter les élèves à des jeux suffisamment complexes pour que le plaisir de jouer leur permette d'apprendre.

En petite section, avec l'aide de l'adulte, l'élève apprend à jouer à plusieurs. Il acquiert :

- la notion de tour de rôle (on joue chacun à son tour selon un ordre prédéfini) ;
- l'idée de tour de jeu (un tour de jeu est achevé quand tous les enfants ont joué) ;
- la nécessité de partage d'un matériel collectif...

Pour jouer, l'élève doit comprendre :

- l'existence d'un point de départ, d'un point d'arrivée, d'un sens de déplacement permettant de passer de l'un à l'autre ;
- la nécessité de se déplacer sur des cases situées sur un cheminement dont les bords représentent des frontières infranchissables (notion de frontière, d'intérieur et d'extérieur) ;
- l'existence de données (dés, cartes...) que, très souvent, on ne peut pas choisir ;
- l'utilisation de ces données pour effectuer un nombre prédéterminé de «pas» sur la piste à partir du point où l'on est arrêté (et sans recompter cette case !) ;
- la nécessité de repérer son matériel (le plus souvent un jeton) parmi d'autres ;
- la notion de règle indiquant ce qu'il faut faire, ce qui indique que le jeu est fini, ce qui définit le «gagnant».

En moyenne section, les élèves s'étant approprié les premières règles de jeu en petite section, cinq axes de travail peuvent alors structurer l'approche des jeux de pistes :

- **élargissement du champ numérique** utilisé pour déplacer les pions sur un jeu de piste (dés traditionnels de 1 à 6) ou l'introduction des nombres chiffrés en proposant par exemple des dés comportant les nombres 1, 2, 3 sur deux faces ;

- **mise en évidence de différentes formes de déplacements** sur la piste avec, par exemple, des indications conduisant à avancer ou reculer de « n » cases ou l'utilisation de dés « avance » et « recule » ;

- **complexification des règles** avec l'introduction de cases « bonu s» ou des cases « pièges » ;

- **définition de premières stratégies** (avec la notion d'anticipation) ;

- **introduction des jeux de trésor** à côté des jeux de course, qui nécessitent la gestion d'une quantité (recevoir, donner, comparer).

En grande section, on reprend les mêmes types de jeu qu'en moyenne section, en les enrichissant :

- **nouvel élargissement du champ numérique** grâce au jet de deux dés, à la comparaison des trésors amassés

- **introduction du calcul** (sommes, différences) ;

- **multiplication des règles** à respecter qui conduit à mettre l'accent sur les stratégies de jeu.

Suite 1-1

Suite 1-2

Suite 1-2-2

Coordination d'une suite de couleurs 1-2-1 et d'une suite de formes 2-1

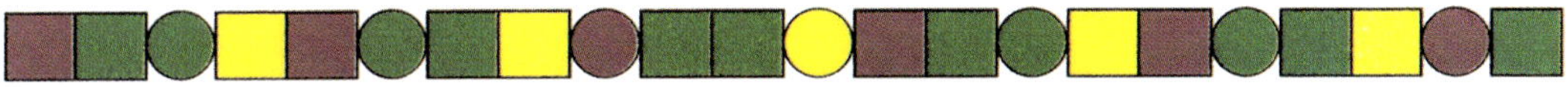

Pavage du plan par reprise d'une suite 1-2-3 en début de ligne

Pavage du plan par poursuite d'une suite 1-2-3 en début de ligne

Pavage du plan par reprise d'une suite de couleurs 1-1-2

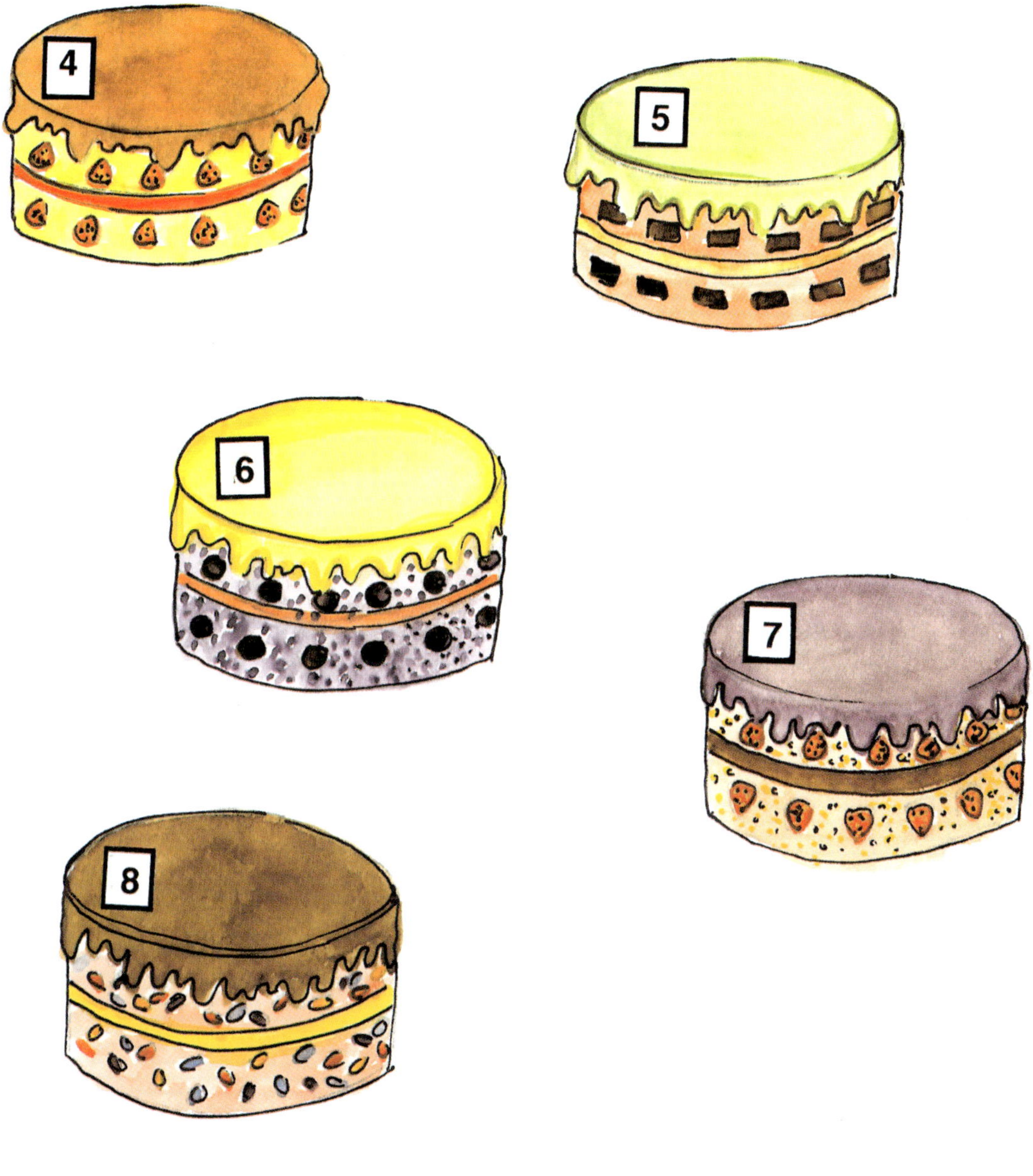
4
5
6
7
8

Arrivée
Départ

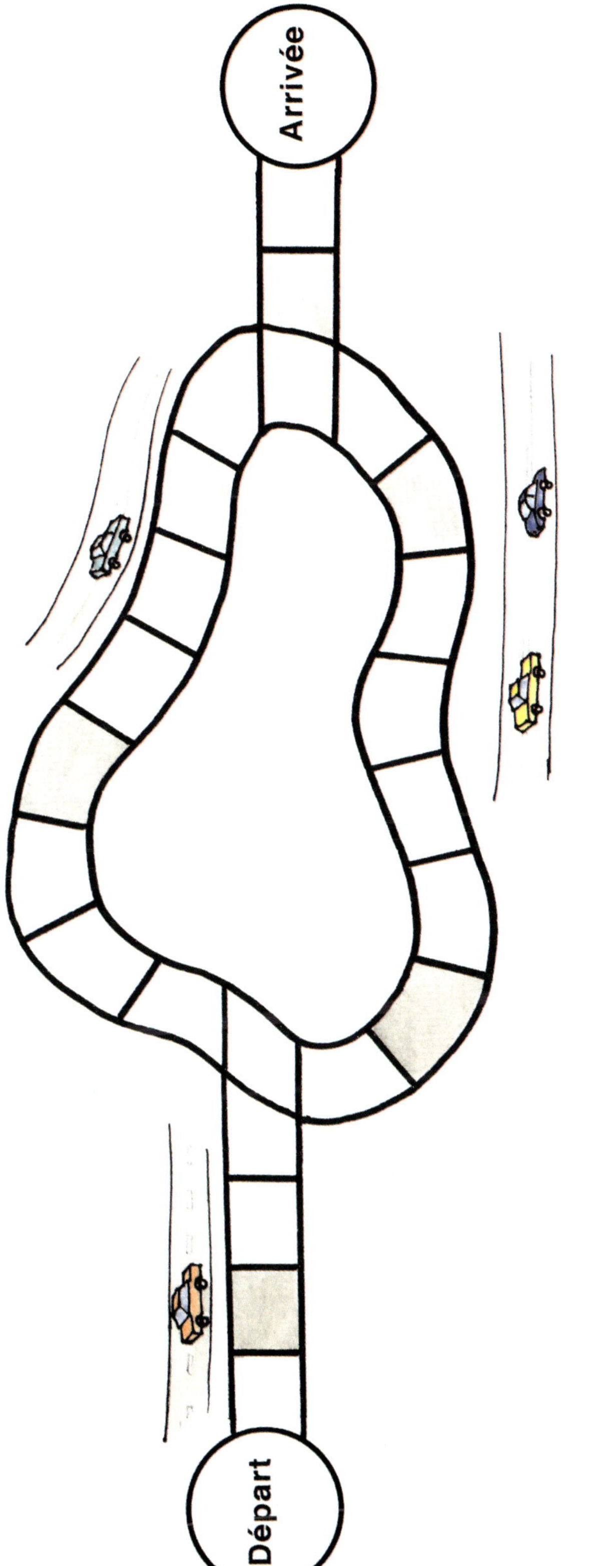
Arrivée
Départ

Arrivée
Départ

X

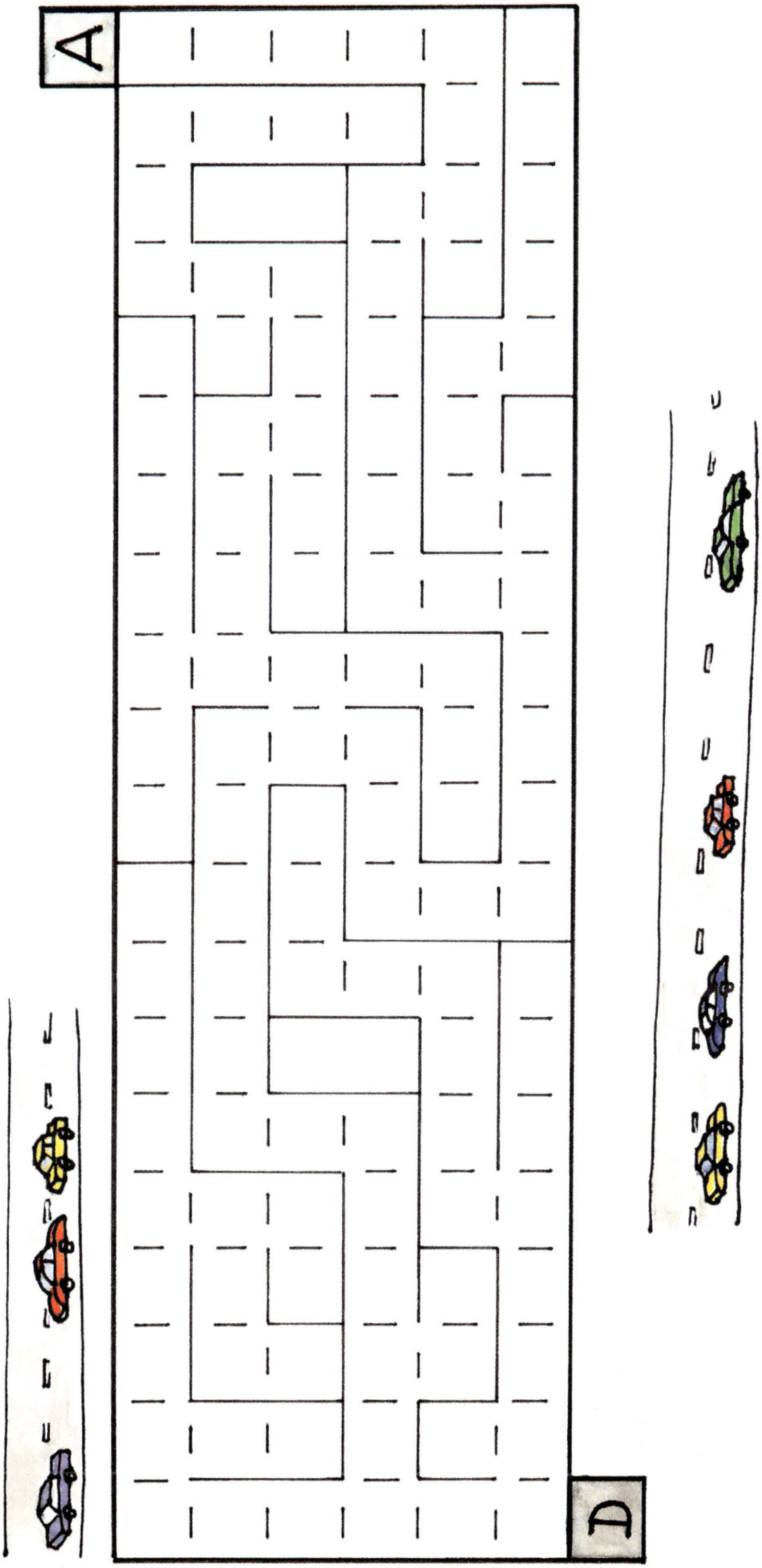
A
D

A
F
E
C
A
B
A
D

Le jeu des casiers
(petite section)

• Compétence mathématique

- S'approprier une piste de jeu

NB : Ce jeu de remplissage de cases qui ne nécessite ni le partage d'une piste entre plusieurs joueurs, ni les déplacements successifs d'un même pion. Il facilite la compréhension de la notion de case représentant et permet l'introduction du dé.

• Déroulement

Chaque élève joue sur une piste repérée par une couleur particulière (un joueur utilise la piste rouge, un autre la piste bleue...) et comportant un départ et une arrivée.

Chaque joueur lance à son tour un dé proposant deux fois les constellations 1, 2, 3. Il place les jetons gagnés dans ses casiers en respectant l'ordre de remplissage défini par l'orientation de la piste.

Quand les élèves ont compris ce cadre, il est possible d'envisager de poser des questions de comparaison :

- « Qui en a le plus ? », pour donner du sens à la notion de gagnant sachant que la comparaison des «gains» se fait de manière perceptive.

- « Qui est le plus près de remplir tous ses casiers », pour se référer au sens de remplissage et à la case d'arrivée

- « Combien faut-il de points sur le dé pour finir ? », pour inciter à compter les cases vides restantes et pour réaffirmer le lien entre les cases et les points du dé.

<table>
<tr><td rowspan="4">D</td><td>O</td><td>O</td><td>O</td><td>O</td><td>O</td><td>O</td><td>O</td><td>O</td><td>O</td><td>O</td><td>O</td><td>O</td><td></td><td></td><td rowspan="4">A</td></tr>
<tr><td>O</td><td>O</td><td>O</td><td>O</td><td>O</td><td>O</td><td>O</td><td>O</td><td>O</td><td>O</td><td>O</td><td></td><td></td><td></td></tr>
<tr><td>O</td><td>O</td><td>O</td><td>O</td><td>O</td><td>O</td><td>O</td><td>O</td><td>O</td><td>O</td><td>O</td><td>O</td><td>O</td><td></td></tr>
<tr><td>O</td><td>O</td><td>O</td><td>O</td><td>O</td><td>O</td><td>O</td><td>O</td><td>O</td><td></td><td></td><td></td><td></td><td></td></tr>
</table>

Jeux de déplacements

Le kangourou
(petite section)

- Compétence mathématique
  - Déplacer son pion sur une piste sans recompter la case de départ.
- Déroulement

Les joueurs déplacent leur kangourou sur des pistes parallèles, chacun utilisant seul sa piste.

Chaque joueur lance, à tour de rôle, un dé 1/2/3. Il place un jeton sur la case atteinte par le kangourou. Par exemple, si le dé indique [2], l'élève place un jeton deux cases après la case où il se trouvait précédemment. Ce jeton reste en place sur la piste, il représente l'empreinte du kangourou. On évite ainsi le recomptage de la même case.

L'élève qui franchit en premier la ligne d'arrivée a gagné.

		O			O	O		O		O	O			O	O
D			O	O		O	O	O		O	O	O			**A**
	O	O			O			O		O	O		O		O
	O	O	O			O	O	O		O		O			

Les papillons
(petite section)

• Compétence mathématique :

- Prendre en compte les indications données par les cases de la piste.

• Déroulement

Les pions sont des papillons que les joueurs déplacent sur une piste de fleur de couleur en fleur de couleur, selon les indications données par un dé comportant des faces de couleur (bleu, rouge, jaune, vert, rose) et une face blanche.

En progressant toujours vers la case arrivée, le papillon se déplace jusqu'à la case de la couleur du dé la plus proche.

S'il tire la face blanche, le joueur ne déplace pas son papillon reste.

• Variante 1 : jeu de coopération

On joue avec cinq pistes parallèles. Sur chaque piste se déplace un papillon dont la couleur correspond à une des faces du dé : le papillon vert se déplace sur une piste, le papillon rouge sur une autre, le papillon bleu...

On effectue deux tirages du même dé ; le premier tirage indique le papillon à déplacer et donc la piste sur laquelle l'on va jouer, le second la case où doit se rendre le papillon.

Chaque élève joue à son tour et contribue ainsi à la tâche collective puisque le jeu est terminé quand tous les papillons se trouvent dans la case arrivée.

voir encart couleur

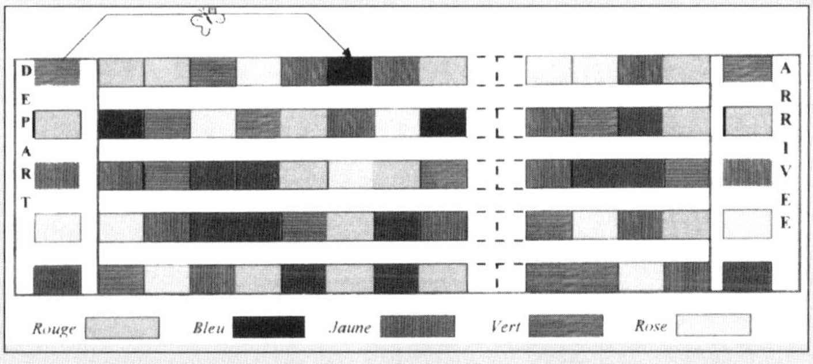

Exemple : le premier dé tiré est Vert, ce qui conduit à jouer sur la première piste où se trouve le pion vert, le deuxième dé tiré est Bleu ce qui amène le pion sur la première case bleue suivante.

• Variante 2 : jeu de course

On peut soit attribuer à chaque joueur une piste, soit utiliser la même piste pour plusieurs joueurs. Dans ce cas, les joueurs disposent de papillons de couleurs différentes qui se déplacent en fonction de la couleur du dé. Ce jeu peut alors être l'occasion de codifier une première règle : deux papillons ne peuvent se poser sur la même fleur, si le cas se produit le papillon est obligé d'aller se poser sur la fleur suivante non occupée de la couleur souhaitée. L'avantage ainsi donné ne privilégie aucun joueur puisque chacun peut successivement se trouver en dernière place.

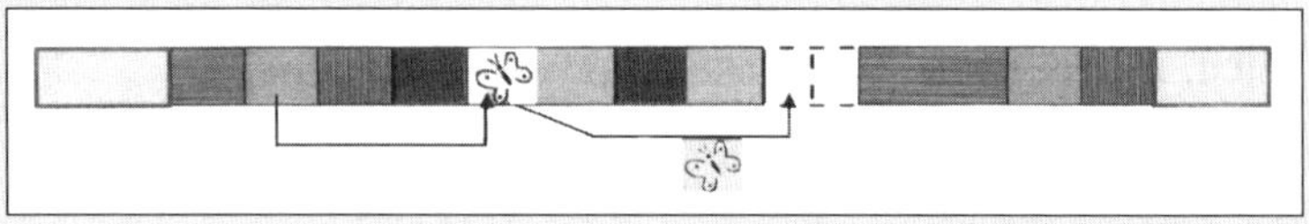

Exemple : le papillon est sur la case rouge. Le dé tiré est bleu. Le papillon ne peut s'arrêter sur la première fleur bleue qui est occupée, il poursuit donc jusqu'à la deuxième fleur bleue.

Les chevaux
(moyenne section)

• Compétence mathématique

- Comprendre la notion de jeu de course et de «retour à la case départ».

NB : Ce jeu permet d'introduire les premières situations de traitement des informations données par les cases que nous dénommerons cases pièges. Il permet d'introduire la notion de « retour à la case départ » à partir d'une information donnée par une case piège.

• Déroulement

Le jeu se joue à plusieurs (de deux à quatre élèves) sur une piste partagée. Le joueur doit amener le plus rapidement possible son cheval, représenté par un pion de couleur, du pré à l'écurie.

voir encart couleur

A tour de rôle, chaque joueur lance un dé traditionnel (ou un dé 1/2/3 en cas de difficulté des élèves) qui lui permet de faire avancer son cheval sur la piste.

Si la case est déjà occupée par un autre cheval, le joueur passe son tour.

Si le cheval tombe dans une des rivières représentées par des cases grises, il retourne à la case « départ ».

Comme dans tout jeu de course, le gagnant est celui qui arrive le premier.

Les bergers
(moyenne section)

• Compétence mathématique

- Comprendre la notion de jeu de trésor et de case «piège».

NB : Il s'agit d'un jeu de trésor puisqu'on compare le nombre d'éléments de plusieurs collections (les moutons rentrés à la bergerie par chaque joueur) et que l'ordre d'arrivée n'est pas pris en compte.

• Déroulement

Le jeu se joue à plusieurs (de deux à quatre joueurs) sur une piste partagée.

Chaque joueur dispose de 5 pions de même couleur, représentant 5 moutons qu'il doit ramener du pré à la bergerie.

A tour de rôle, chaque joueur lance un dé traditionnel (ou un dé 1/2/3 en cas de difficulté des élèves) qui lui permet de faire avancer l'un de ses moutons sur la piste.

Si un mouton s'arrête dans une case piège, il est mangé par le loup.

voir encart couleur

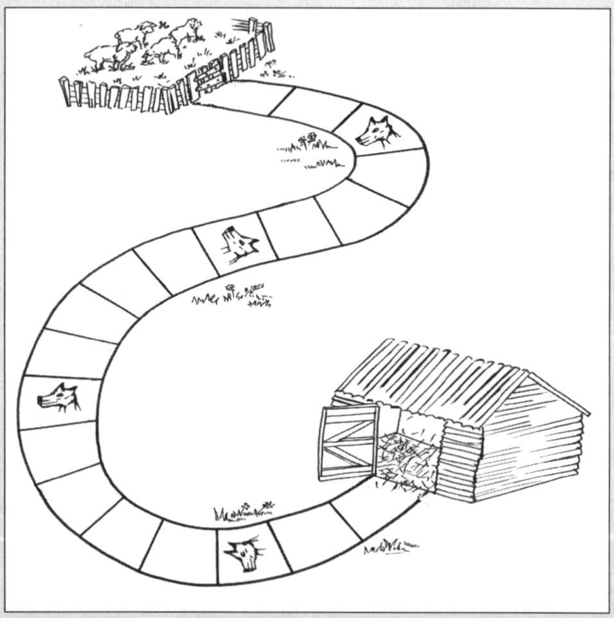

Le gagnant est celui qui a ramené le plus de moutons à la bergerie.

Le jeu peut s'envisager selon deux modalités :

- On engage chaque mouton successivement et le jeu est un jeu de hasard.

- On joue simultanément avec plusieurs moutons et le jeu devient un jeu de stratégie puisqu'il s'agit d'anticiper les déplacements possibles des moutons afin qu'aucun mouton ne soit mangé par le loup.

Choisis ton chemin
(moyenne section)

• Compétence mathématique

- Anticiper un cheminement.

• Déroulement

Ce jeu de course se joue à plusieurs (de deux à quatre joueurs) sur une piste partagée.

Chaque joueur déplace son jeton à partir des indications d'un dé traditionnel. Pour se rendre de la case départ à la case arrivée, le joueur a le choix entre plusieurs chemins (existence de carrefours).

Si le joueur s'arrête dans une case piège grisée, il retourne sur la case de départ. Il s'agit alors pour lui d'anticiper le déplacement de son pion afin de choisir un parcours lui permettant d'éviter les cases «pièges».

Le gagnant est celui qui pénètre le premier dans la zone d'arrivée.

Afin de favoriser la compréhension de la règle et donc la nécessité de choisir un itinéraire parmi plusieurs, on accepte d'abord que l'élève détermine effectivement les cases qu'il peut atteindre en suivant avec son pion les chemins possibles. Ce n'est que progressivement qu'il sera conduit à réellement anticiper les déplacements possibles, c'est-à-dire à se les représenter mentalement.

voir encart couleur

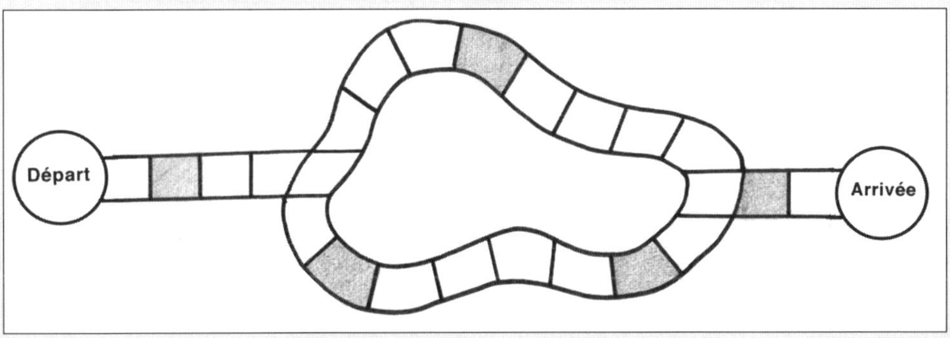

Jeux de déplacements

Fées et sorcières
(moyenne section)

• Compétences mathématiques

- Anticiper un cheminement.
- Elaborer une stratégie.

NB : Le jeu étant un jeu de course, les élèves doivent choisir les itinéraires les plus favorables à leur progression.

• Déroulement

Les joueurs (entre 2 et 5) déplacent leur pion sur le plateau jusqu'à l'arrivée à partir des indications données par un dé traditionnel.

Le plateau de jeu propose simultanément des cases «pièges» (les cases sorcières) et des cases « bonus » (les cases fées).

Quand un joueur s'arrête dans une case habitée par une sorcière, il passe un tour ; quand il s'arrête dans une case habitée par une fée, il avance de deux cases supplémentaires.

voir encart couleur

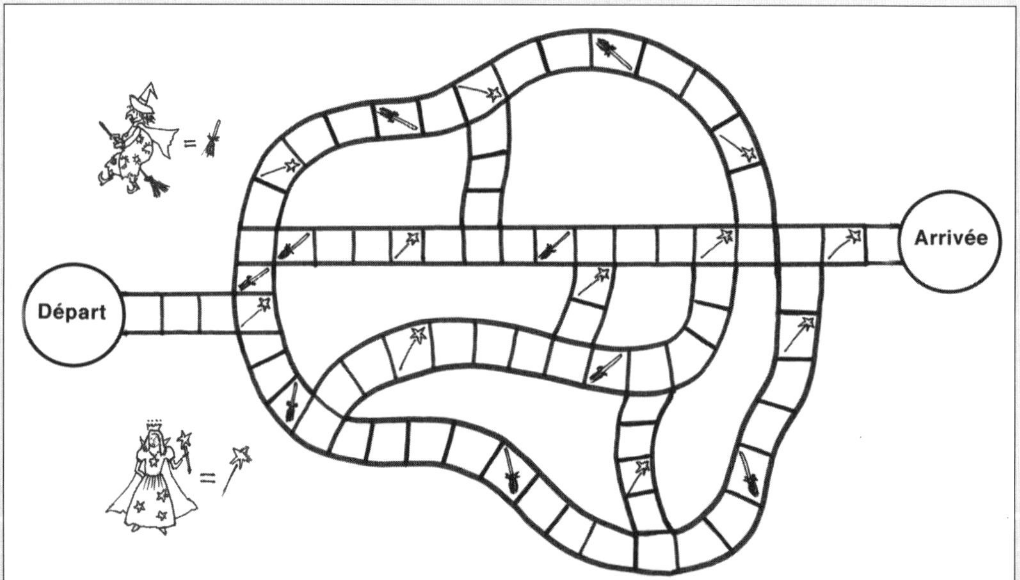

Ramassons les pommes
(moyenne section)

• Compétence mathématique

- Augmenter, diminuer, comparer des collections.

• Déroulement

Sur une piste simple ou ramifiée, des enfants doivent se rendre du verger à leur maison. Il possèdent au départ des pommes (entre 3 et 6 selon les compétences des élèves) dans leur panier.

Chaque joueur avance en fonction des indications données :
- soit par un dé traditionnel avec constellations ;
- soit par un dé chiffré (avec mise à disposition d'une bande numérique) ;
- soit par deux dés...

Si le joueur s'arrête sur une case «sorcière» (case piège), il donne un nombre fixé de pommes de son panier ; s'il s'arrête sur une «fée» (case bonus), il reçoit un nombre également fixé de pommes. La valeur des gains et des pertes doit être adaptée aux compétences numériques des élèves.

voir encart couleur

L'élève qui a gagné est celui qui, à l'issue de son parcours, ramène le plus de pommes. Il est cependant possible d'accorder des avantages à celui qui a parcouru la piste le plus rapidement possible, ce qui conduit alors à associer jeu de trésor et jeu de piste.

Pour comparer le nombre des pommes ramenés à la maison, les joueurs placent leurs pommes dans des paniers comportant, par exemple, six pommes et comparent ainsi le nombre de paniers remplis et, si nécessaire, le nombre de pommes restantes.

Jeux de déplacements

Les aimants
(grande section)

[On peut se référer par exemple au « Jeu des champignons » ou au « Jeu de la noce » proposés par CHAMPDAVOINE (L.), *Les mathématiques par les jeux*, grande section, Nathan, 1986.].

• Compétence mathématique

- Se déplacer selon le sens indiqué par un dé.

• Déroulement

Le point de départ se trouve au milieu de la piste qui comprend une extrémité rouge et une extrémité verte.

Chaque joueur lance un dé de deux couleurs qui lui indique le sens de son déplacement (vers le pôle rouge ou vers le pôle vert) et un dé traditionnel qui lui indique l'ampleur de son déplacement.

Le premier arrivé sur le pôle vert a gagné.

Si un joueur arrive sur le pôle rouge, il est éliminé.

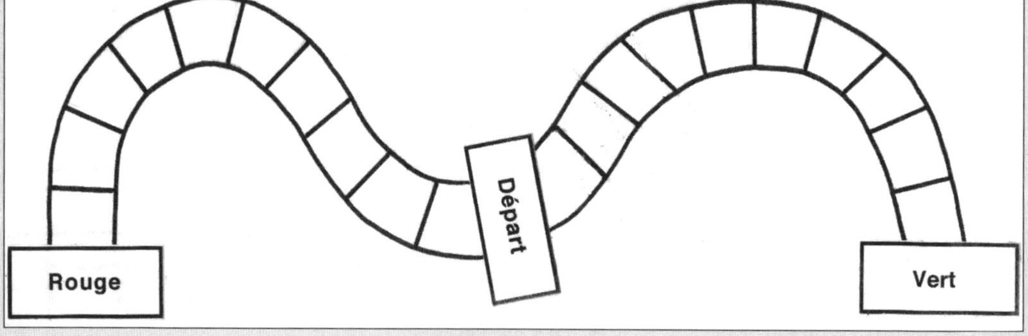

Le bouquet
(grande section)

• Compétence mathématique

- Anticiper ses déplacements.

• Déroulement

Chaque joueur doit rapporter à l'arrivée quatre fleurs de couleurs différentes.

Les joueurs déplacent à tour de rôle leur pion sur la piste en fonction des indications d'un dé traditionnel (ou d'un dé chiffré).

Ils peuvent choisir leur sens de déplacement (avancer ou reculer) afin de constituer leur bouquet.

S'ils s'arrêtent dans une case dont ils possèdent déjà la fleur, ils perdent cette dernière (ce qui induit la nécessité de tester les deux hypothèses «avancer» et «reculer» chaque fois).

Il est interdit de se trouver dans la case arrivée sans son bouquet de fleurs complété.

Le gagnant est celui qui arrive le premier avec son bouquet de fleurs complet à la case arrivée.

voir encart couleur

Course par équipe
(grande section)

• Compétences mathématiques

- Se déplacer sur quadrillage.
- Elaborer collectivement une stratégie.

• Déroulement

Trois équipes de trois joueurs sont constituées, elles disposent chacune de trois jetons.

Les jetons se déplacent en fonction des indications d'un dé traditionnel ou chiffré. Les pions ne peuvent se déplacer que vers la droite et vers le haut (pas de déplacements en diagonale).

Il est impossible de passer au-dessus d'une case occupée ou de la partager. En cas d'absence d'alternative possible, l'équipe passe son tour. L'équipe gagnante est celle qui a amené la première DEUX pions à l'arrivée.

Des stratégies sont évidemment possibles, elles concernent :

- le choix du jeton à déplacer en tenant compte de la position des autres pions ;

- le positionnement du jeton qui, immobilisé, peut fermer un itinéraire et obliger ainsi les autres joueurs à suivre des chemins plus longs.

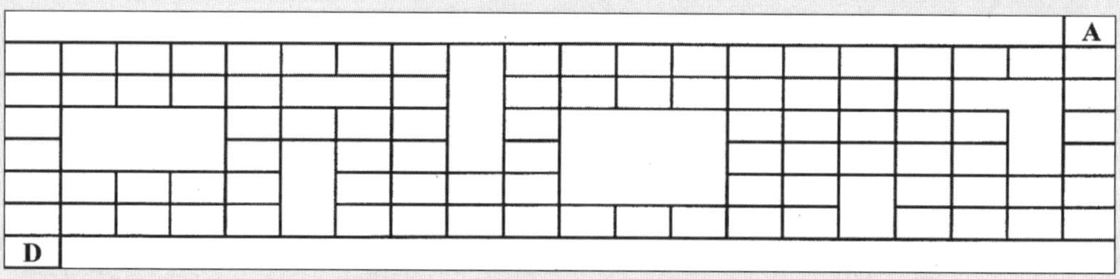

Le labyrinthe
(grande section)

• Compétence mathématique

- Anticiper des déplacements sur un quadrillage.

• Déroulement

Chaque joueur dispose d'un pion qu'il fait avancer dans le labyrinthe en fonction des indications données par un dé classique. Le pion ne peut être placé sur une case déjà occupée. Il est possible de le déplacer dans les quatre directions.

Tout déplacement effectué est considéré comme définitif afin d'inciter les élèves à parcourir mentalement les différentes voies possibles. Le risque réside en effet dans le fait de s'engager dans des voies fermées et d'être obligé de revenir en arrière.

Comme dans tout jeu de course, le gagnant est le premier arrivé.

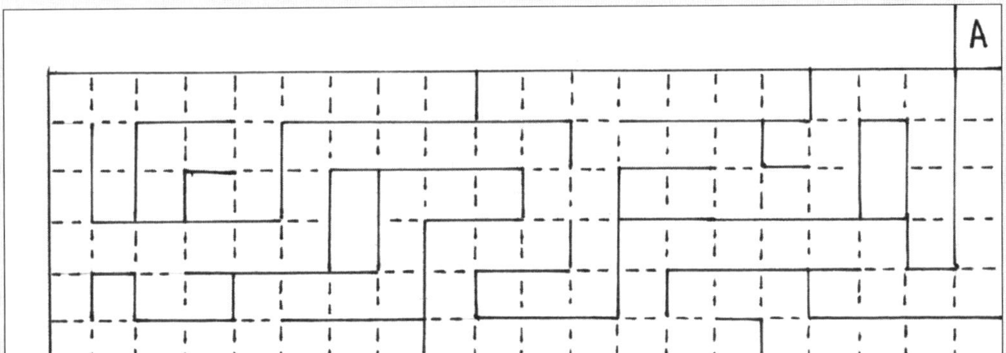

Le facteur fait sa tournée
(grande section)

• Compétence mathématique

- Anticiper des déplacements sur un quadrillage.

• Déroulement

Le facteur doit déposer six lettres marquées a, b, c, d, e, f dans six boîtes aux lettres (A, B, C, D, E, F) avant de terminer sa tournée.

Pour le déplacer, chaque joueur utilise les données fournies par deux dés de (un jaune et un rouge) comportant les nombres de 1 à 5 et une face muette. Le dé jaune caractérise les déplacements horizontaux : le joueur déplace son jeton du nombre de cases donné par le dé soit en allant vers la droite, soit en allant vers la gauche (il ne peut se déplacer dans les deux directions à partir d'un même tirage de dé). Le dé rouge caractérise les déplacements verticaux : le joueur déplace son jeton du nombre de cases donné par le dé soit en allant vers le haut, soit en allant vers le bas (il ne peut se déplacer dans les deux directions à partir d'un même tirage de dé). Tout déplacement s'arrête sur le bord du quadrillage.

Le tirage de la face blanche permet au joueur de choisir la longueur de son déplacement (entre 1 et 5 pas).

Le gagnant est celui qui a terminé sa tournée le premier.

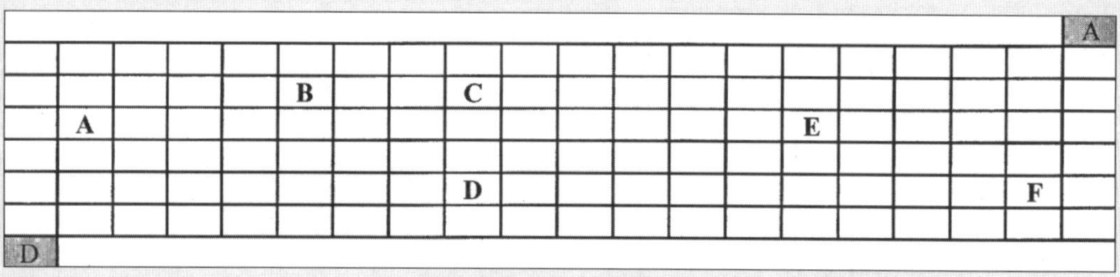

IV

Des projets pour apprendre

Introduction

Dans la partie I, nous avons différencié les différents temps de l'activité mathématiques à l'école maternelle.[1] Nous avons, en particulier, présenté l'importance de l'usage répétitif de connaissances utilisées comme des outils, que ce soit pour répondre à des exigences sociales dans le cas des rituels ou pour traiter les informations dans le cas des jeux mathématiques. Nous avons également insisté sur le fait que, au cycle 1 comme dans tous les cycles, les connaissances logiques et mathématiques se construisent par résolution d'un problème par l'élève grâce à son activité et aux interactions qu'ils nouent avec ses pairs et l'adulte. La conception, la mise en œuvre, la régulation de ces situations impliquent fortement l'enseignant qui doit prendre en compte le contexte particulier où il enseigne[2] et qui élabore ainsi de véritables projets pour apprendre.

(1) voir p. 31

(2) voir p. 26

Nous présenterons une succession de projets pour apprendre qui sont associés aux différents domaines mathématiques abordés à l'école maternelle.[3]

(3) voir partie II

Compétences logiques			
- Utiliser des listes	Les courses	PS	p. 147
- Coder des objets	La boîte au trésor		
- Utiliser un tableau à double entrée	Les bonshommes de neige	GS	p.151
Compétences spatiales et géométriques			
- Représenter un espace	La maquette de la classe	GS	p. 156
- Repérer des cases	La boîte au trésor	GS	p. 167
	La carte au trésor	GS	p. 175
- Reconnaître des figures géométriques	Le monde des formes	MS	p. 179
- Caractériser des polyèdres	Les emballages	GS	p. 184
Compétences dans le domaine de la mesure	La frise de Noël	GS	p. 189
Compétences numériques			
- Comparer des collections	Le goûter	PS	p. 194
	Les trois rois	MS	p. 198
	Les habits de carnaval	GS	p. 202
- Caractériser une collection	Le carrelage	MS	p. 208
par le nombre de ses éléments	Le bonhomme de neige multicolore	GS	p. 211
- Calculer sur les nombres	La tirelire	GS	p. 219
	Le bouquet de fleurs bicolore	GS	p. 224
	Les abeilles	GS	p. 228
	La carte d'invitation	GS	p. 234

Toutes ces situations ne sont que des exemples dont l'intérêt est de présenter une démarche. Chaque enseignant dans sa classe peut évidemment concevoir d'autres « habillages » mais aussi d'autres problèmes.

Les courses
(petite section)

• Présentation générale

Comprendre ce qu'est une collection, c'est d'abord savoir désigner les objets qui appartiennent à la collection. Ainsi, en parallèle avec le travail sur les propriétés des objets qui permet de créer des classements ou des rangements, il est nécessaire de proposer des situations de définition d'ensembles « par extension », c'est-à-dire par énonciation exhaustive des éléments qui les composent.

Mais si on considère que l'ensemble est stable, il est important d'en garder trace, ce qui suppose l'établissement d'une liste de tous les objets qui le composent. Il est donc indispensable de faire correspondre à chaque objet un élément qui le représente, le symbolise.

Il est nécessaire d'être capable d'utiliser la liste ainsi établie pour vérifier que tous les éléments sont présents, c'est à dire pour conserver l'ensemble dans sa permanence. Parmi les nombreuses activités possibles[4], nous avons choisi de nous référer à un vécu social de l'enfant (de certains enfants !) : l'utilisation d'une liste pour faire des courses.

(4) voir par exemple LOUBET M., SALIN (M.H.), « Elaboration et lecture de liste » in *Grand N spécial maternelle*, tome 1, IREM de Grenoble, 1999.

• Compétences visées

- Associer un objet à sa représentation.
- Etablir la liste des objets formant une collection.
- Associer un ensemble d'objets et la liste des objets.
- Utiliser une liste pour constituer une collection.

• Variables de la situation

- Le nombre d'objets de l'ensemble.
- Le code utilisé pour établir la liste (photo, image, dessin, symbole, mot écrit...).
- Le nombre d'objets à ramener lors des courses.
- Le(s) support(s) utilisé(s) pour mémoriser les courses à faire.

• Déroulement

Appropriation de la situation par les élèves

Lors d'une séance de langage en ateliers, les élèves ont pu découvrir des légumes et des fruits utilisés couramment à la maison, ils ont appris à les nommer et ils ont parlé de la manière dont on les mange.

A partir de la collection apportée, l'enseignante pose aux enfants le problème de la mémorisation des différents types de légumes et de fruits qui vont être rangés dans un placard.

Problème 1 : Etablir la liste des légumes et fruits

L'enseignante propose aux enfants de découper dans différentes brochures publicitaires les images des fruits et légumes qu'ils ont vus. A partir des images découpées, deux problèmes se posent :

- il ne faut garder qu'une image de chaque objet,

- il faut être sûr que l'on a bien une image de tous les objets et que toutes les images correspondent à des objets.

Le premier travail de tri se fait par ateliers de six ou sept enfants. Complétant la séance de langage, il vise à mettre ensemble des images différentes mais représentant le même objet et permet d'éliminer des images sans rapport avec la situation travaillée (une voiture, par exemple). Le groupe décide de ne garder qu'une image pour chaque type d'objet.

Lors d'un nouvel atelier, les images sont ressorties et le problème est posé de l'équivalence entre l'ensemble d'images et l'ensemble des légumes et des fruits. Un véritable problème est posé puisqu'il y a un intrus dans la collection d'images (un ananas) et qu'à un des légumes ne correspond pas d'image.

Les élèves regardent les images et manipulent les objets en donnant des réponses issues de leur approche perceptive : « il manque tel fruit » (l'enfant ne le voit pas), « il y a tout » (l'enfant en voit beaucoup)...

Une relance de l'enseignante qui montre en les mettant à part qu'il y a bien en même temps une carotte et un dessin de carotte, permet aux élèves de mettre en place une nouvelle procédure. Chaque enfant prend une image (répartition régulée par l'enseignante) et cherche le légume correspondant. L'image manquante et l'image intruse sont alors mises en évidence.

Lors d'un regroupement l'enseignante présente les deux collections en faisant correspondre au fur et à mesure image et objet représenté. Elle organise alors une double collection d'images : une qu'elle glisse dans des intercalaires transparents mis dans un classeur, l'autre qu'elle colle sur un poster affiché dans la classe.

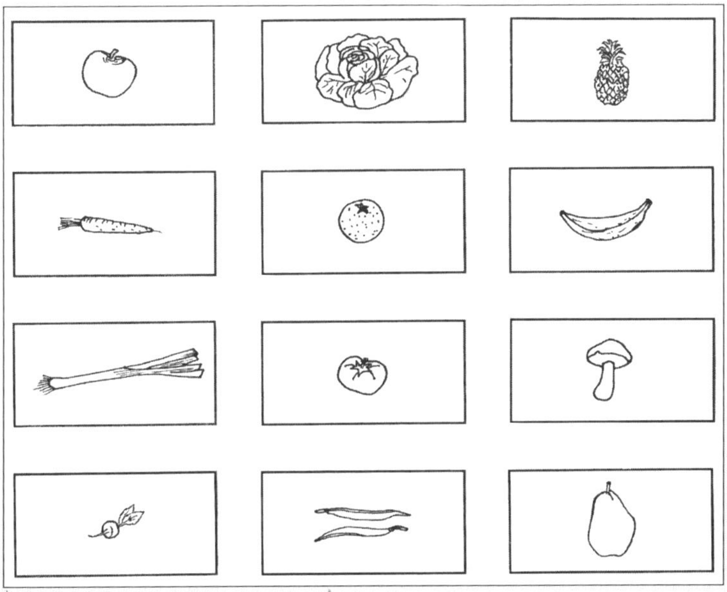

Problème 2 : Utiliser le poster pour vérifier que tous les légumes et fruits sont présents

Lors d'un autre atelier, l'enseignante demande que les élèves vérifient la présence de tous les légumes et fruits de la liste (la pomme a été retirée). L'activité se déroule au départ au hasard, chaque élève prenant successivement les objets pour rechercher son image dans la liste, le repose en prend un autre... Devant l'impossibilité de conclure, l'enseignante reformule le problème. Selon les groupes deux stratégies se dégagent :

- soit les enfants suivent l'ordre de la liste et recherchent au fur et à mesure le fruit ou légume : la stratégie est efficace car elle permet de mettre en évidence aussi bien les objets manquants – une image, pas d'objet – que les objets en surnombre qui restent après l'énonciation de la liste, si les enfants ont pris la précaution d'écarter les objets visés ;

- soit les enfants prennent un fruit et recherchent son image : la stratégie sans procédure complémentaire est perdante car si elle permet de déterminer les intrus, elle ne permet pas de déterminer les manquants.

Une séance complémentaire peut alors être conduite sur la nécessité de marquer les images des objets visés.

Problème 3 : Aller chercher quelques légumes ou fruits

Les élèves doivent maintenant aller chercher dans la collection des fruits et légumes, une sous-collection constituée de plusieurs objets.

L'enseignante donne à un élève un large panier et deux photos et lui demande de ramener les légumes représentés. Généralement les élèves remplissent sans difficulté cette tâche.

Puis l'enseignante donne à un élève six photos représentant six objets à aller chercher. Il est nécessaire de rejouer plusieurs fois la situation pour voir évoluer les procédures :

- certains prennent les objets dont ils se souviennent sans réellement utiliser les photos ;

- d'autres ne prennent en compte que les photos qu'ils voient ;

- d'autres essaient d'établir une relation entre les objets et les images mais sans ordre.

Dans tous ces cas les « courses » sont erronées (incomplètes mais comportant aussi parfois des intrus).

La procédure de validation mise en place dans l'atelier va influencer les procédures. En effet, pour valider ou invalider les courses, les autres enfants du groupe vont associer physiquement image et objet. De nouvelles procédures apparaissent alors :

- certains enfants sortent les photos, mettent l'objet correspondant à côté puis ils mettent le tout dans le panier ;

- certains enfants prennent les photos en pile et, pour chaque photo, ils recherchent l'objet et le mettent dans leur panier.

Les compétences construites sont utilisées ultérieurement pour la gestion d'autres listes.

Les bonshommes de neige
(grande section)

• Présentation générale

La situation des bonshommes de neige permet d'introduire le tableau à double entrée comme outil de dénombrement d'un ensemble de couples. Il est probable que les élèves ont déjà été confrontés, par exemple dans la gestion des activités de la classe, à la lecture d'un tableau à double entrée (codage d'informations) mais le problème proposé donne du sens à cet outil dans un autre contexte. Il s'agit de réaliser tous les bonshommes possibles en utilisant 4 chapeaux et 3 nœuds papillons différents.

L'activité peut être conduite avec les élèves de grande section au premier trimestre de l'année scolaire ou avec des moyens au dernier trimestre de l'année scolaire. Quel que soit l'âge des enfants, il est important que le nombre de combinaisons possibles soit élevé (il y a 12 bonshommes différents dans l'exemple proposé), afin de les confronter à une vraie recherche. L'activité est organisée sous forme d'ateliers dirigés réunissant des groupes de six élèves.

• Compétences visées

- Comparer et classer des objets en coordonnant deux critères.
- Utiliser, compléter, construire un tableau à double entrée.

• Variables de la situation

- Le nombre de critères : un seul critère conduit simplement à effectuer une liste, le choix de deux critères permet l'utilisation du tableau à double entrée, plus de deux critères conduirait à la mise en place d'arbres de choix.

- Le nombre de valeurs que peut prendre chaque critère : si les nombres de référence (en particulier leur produit) sont trop petits, une démarche par tâtonnement permettra de former tous les couples possibles ; si les nombres sont grands le problème change de nature puisqu'il ne s'agit plus alors de former tous les couples possibles mais de rechercher leur nombre.

- La possibilité de manipuler les bonshommes.

• Déroulement

Appropriation de la situation par les élèves

Dans le cadre d'une animation organisée dans l'école à destination des parents, les élèves décorent la classe en réalisant, entre autres, des guirlandes de bonshommes de neige portant des nœuds papillons et des chapeaux de différentes couleurs. L'objectif est de réaliser des guirlandes réunissant des bonshommes de neige différents, c'est-à-dire n'ayant pas le même nœud papillon et/ou le même chapeau

Après une présentation collective des bonshommes et la mise en évidence des éléments (chapeau, nœud papillon) qui permettent de les particulariser, l'enseignante met à la disposition des élèves, en atelier, un ensemble de chapeaux et un ensemble de nœuds papillons de toutes les couleurs possibles ainsi que des bonshommes à habiller.

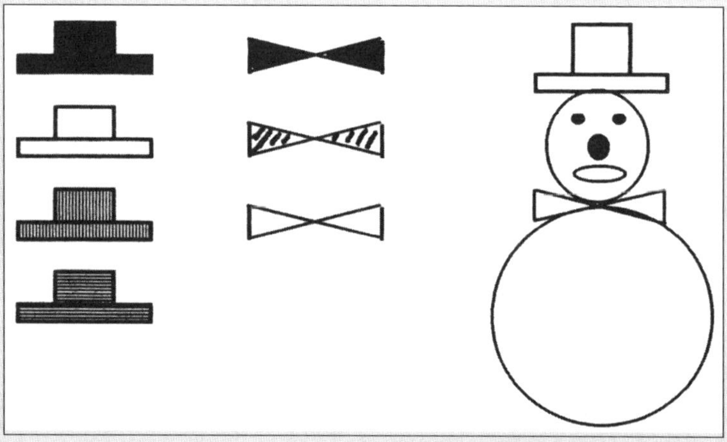

Les élèves doivent constituer des bonshommes différents. Ils s'approprient le matériel et travaillent séparément. Cependant, les bonshommes constitués sont tous mis dans une même corbeille (malgré les réticences de certains qui souhaitent conserver leurs créations !).

Problème 1 : Comment comparer les bonshommes de neige pour n'en garder qu'un de chaque sorte ?

L'enseignante présente le tas des bonshommes de neige réalisés et rappelle la consigne initiale « faire des bonshommes différents ». Sollicités par l'enseignante, les élèves se trouvent confrontés à une situation de classement. Le travail se fait en collectif au sein de l'atelier. Il est important de souligner que la maîtresse régule le travail du groupe de telle façon que les enfants ne puissent pas agir seuls mais qu'ils soient contraints de dire aux autres (et à elle) ce qu'ils font.

Ce choix de l'oral, qui gêne certains enfants, répond à la nécessité de les aider à élaborer leur approche d'un point de vue logique. Quand un élève considère que les bonshommes sont tous identiques, un autre élève lui montre deux bonshommes ayant le même chapeau et des nœuds papillons différents. Quand un élève considère que tous les bonshommes sont différents, un autre élève lui montre deux bonshommes identiques. L'enseignant confirme alors que deux bonshommes sont identiques s'ils possèdent le même chapeau ET le même nœud papillon, sont différents si UN de ces attributs est différent.

Certains élèves veulent regrouper les bonshommes de neige qui ont le même chapeau (quatre classes), d'autres ceux qui ont le même nœud papillon (trois classes), d'autres enfin proposent de comparer deux à eux les bonshommes et de rejeter un des deux bonshommes s'ils sont identiques. Cette dernière procédure est exacte même elle suppose une gestion complexe de l'ensemble des bonshommes de neige. Comme un enfant fait remarquer, exemple à l'appui, que parmi les bonshommes ayant des chapeaux rouges, il y a des bonshommes avec des nœuds papillons différents, une procédure collective de travail se dégage. Les élèves répartissent les bonshommes en quatre tas selon leur chapeau, puis les élèves par groupe de deux prennent la responsabilité d'une catégorie de bonshommes. Certains étalent leurs bonshommes et parcourent des yeux leur collection puis prennent un bonhomme et, à la demande de l'enseignant, le rapprochent de celui qu'ils ont perçu comme identique avant de le rejeter. D'autres prennent un bonhomme de neige et le comparent systématiquement à chaque bonhomme de neige restant de leur collection.

Ces tris après validation par le groupe d'enfants de l'atelier permettent de disposer d'un nombre assez important de bonshommes tous différents.

Problème 2 : Comment être sûr que tous les bonshommes de neige possibles ont été produits ?

Reprenant les bonshommes de neige tous différents conservés, l'enseignant (qui a vérifié au préalable qu'il manque des bonshommes, au besoin en en enlevant certains) pose aux élèves la question de l'exhaustivité de leur production.

Ce nouveau problème provoque des réactions différentes chez les enfants. Certains spontanément ou après avoir observé les bonshommes (en fait, ils vérifient que des bonshommes ne sont pas identiques et reprennent donc le problème résolu précédemment) déclarent que, comme il y a beaucoup de bonshommes, tous ont sûrement été faits. Il est alors aisé pour le maître, soit en s'appuyant sur une remarque d'élève ayant repéré un bonhomme manquant, soit en introduisant un nouveau bonhomme préparé à l'avance, de permettre aux enfants de comprendre le problème.

Plusieurs procédures peuvent apparaître :

- une procédure experte, rarement utilisée directement, qui consiste à répartir les bonshommes en quatre classes en fonction des couleurs des chapeaux, puis à placer, en fonction de leur nœud papillon, les bonshommes en colonnes, selon un ordre maintenu dans les quatre tas ;

- une procédure numérique rencontrée une fois qui consiste à faire des tas de bonshommes ayant même chapeau puis à dénombrer les tas et à en déduire qu'il en manque quand le tas ne contient pas les trois éléments différents présents dans au moins une des classes. Il faut souligner que cette procédure ne permet pas de déterminer la couleur du nœud papillon manquant et que, par ailleurs, elle suppose qu'au moins une des classes soit complète ;

- une procédure par essais successifs : réalisation d'un premier classement par type de chapeau, puis d'un second rangement pas type de nœud papillon, puis, à partir d'un de ces critères et en raison souvent d'un début d'alignement fortuit, mise en place d'une première ligne de bonshommes portant quatre chapeaux différents mais quatre nœuds papillons de même couleur, et enfin généralisation du procédé par alignement systématique des trois couleurs des nœuds papillons.

Le rappel de la tâche permet aux élèves de mettre en évidence les cases vides comme témoins de l'existence les bonshommes manquants. Cependant, la détermination des caractéristiques de ces bonshommes pose un nouveau problème lié à la lecture du tableau à double entrée et donc à l'explicitation des propriétés caractéristiques associées aux colonnes et aux lignes.

Trois stratégies peuvent être présentées :

- une procédure experte qui revient à déterminer la couleur du chapeau (colonne) puis la couleur du nœud papillon (ligne) ;
- une procédure de résolution mutuelle du problème en raison de la prégnance différente des lignes et des colonnes pour les enfants qui conduit certains à repérer la couleur du chapeau, d'autres à repérer la couleur du nœud papillon ;
- une procédure de type essais/erreurs consistant à essayer différents chapeaux et différents nœuds papillons et à arrêter le choix par prise en compte des similitudes de proximité (dans ce cas, la conceptualisation de la propriété commune caractérisant les lignes et les colonnes n'est pas réellement faite).

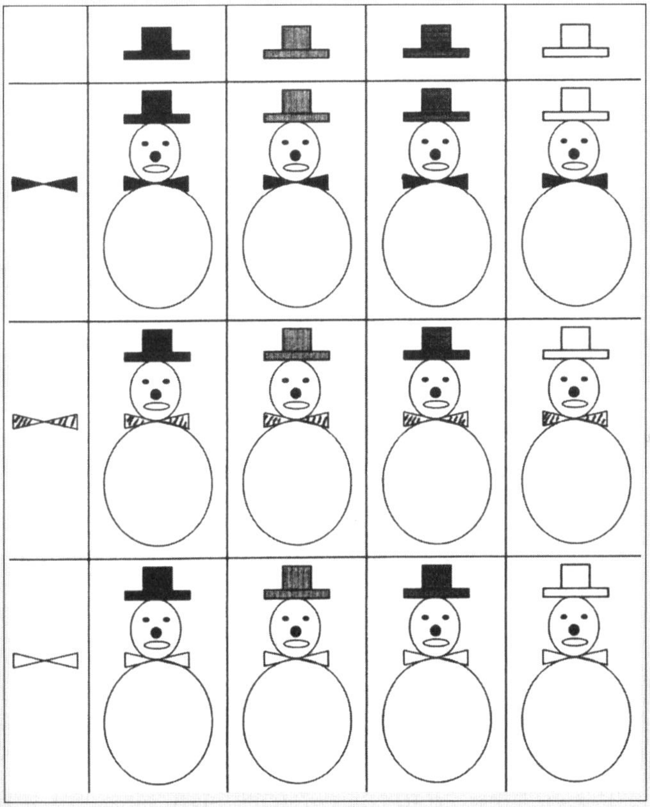

Une dernière situation est alors proposée : rompant avec la manipulation effective, il s'agit de compléter deux tableaux, l'un reprenant le contexte exploré, l'autre proposant une situation identique avec un autre contexte.

Plus des deux tiers des élèves remplissent correctement le tableau (à une erreur près).

La maquette de la classe (grande section)

• Présentation générale

Le projet porte sur l'établissement d'une relation entre un espace vécu et des espaces représentés, entre un méso-espace (l'espace de la classe) et un micro espace (celui de la maquette), entre un espace à trois dimensions et un espace en deux dimensions. Il s'agit de fabriquer une maquette de la classe puis d'en réaliser une représentation plane.

Cette situation complexe nécessite un travail de longue durée dans la classe si l'on souhaite que les élèves s'approprient réellement les relations spatiales induites et les contraintes des représentations abordées. Cette séquence d'enseignement /apprentissage se réfère à la compétence transversale de structuration de l'espace et mobilise les divers outils logiques du raisonnement (associer, représenter, coder, oricnter...), elle ne peut donc être considérée comme relevant exclusivement de la dominante mathématique. En raison de la spécificité de l'activité proposée, le plan adopté pour présenter les autres situations ne sera pas suivi : nous présenterons la suite des ateliers mis en place dans leur chronologie.

• Compétences visées

- Créer et utiliser des codes désignant des objets (solides pour la maquette, signes pour le plan).

- Passer de l'espace vécu à l'espace représenté en volume et inversement en mettant en correspondance les repères fixes de la classe et leur représentation, c'est-à-dire établir la correspondance entre le méso-espace et le micro-espace.

- Passer d'une représentation en trois dimensions à une représentation en deux dimensions, en établissant un lien entre des codes distincts.

- Etablir une correspondance entre l'espace classe, la maquette de la classe et le plan.

- Percevoir les avantages et inconvénients des deux types de représentation.

• Variables de la situation

- La taille de la maquette qui détermine le positionnement de l'élève par rapport à l'espace représenté.

- Le degré de figuration des objets utilisés : l'utilisation d'objets miniatures supprime le travail sur le code.

- Les modalités de tracé du plan vont déterminer les caractéristiques de la tâche cognitive de l'élève : existence ou non d'un cadre représentant l'espace classe, possibilité ou non d'utiliser des objets en trois dimensions, conservation ou non des dimensions entre maquette et plan....

• Déroulement

La réalisation d'une maquette s'inscrit dans un projet de communication entre la grande section de l'école maternelle et le CP de l'école élémentaire à la fin de l'année scolaire. Pour présenter leur future classe aux élèves de grande section, les élèves du cours préparatoire leur en ont fait parvenir une maquette, les élèves de grande section en retour souhaitent leur présenter leur propre classe. Selon les moments, la séquence est organisée sous forme d'activités collectives ou sous forme d'ateliers dirigés réunissant des groupes de quatre à cinq élèves.

• Appropriation de la situation par les élèves

Les élèves de grande section sont informés qu'ils vont recevoir un « envoi » de la classe de CP pour qu'ils se familiarisent avec leur future classe. L'enseignante leur propose d'anticiper sur cet « envoi » en montant aux élèves de CP l'organisation de la classe de grande section. Après discussion, il s'avère que seul le dessin paraît un moyen approprié aux élèves pour présenter leur cadre de travail. Les dessins obtenus rendent bien compte de la conception qu'ont les enfants de la notion de représentation d'un espace vécu. Certains se réfèrent à des activités (deux enfants jouant), d'autres à des objets (le mobile formé d'oiseaux), d'autres à ce qu'ils voient (la porte, le tableau, les objets placés en face d'eux). Certains utilisent les bords de la feuille comme référents associés aux murs de la classe (qui n'est pas rectangulaire), beaucoup ne placent que quelques éléments chargés d'un poids affectif spécifique pour eux (leur place, leur portemanteau, certains coins, éventuellement des décorations murales...). Par ailleurs, seul un commentaire oral permet de dégager l'intention des auteurs qui se trouvent très limités par leurs compétences graphiques.

Cette confrontation des dessins convainc les élèves de la nécessité de prévoir une autre forme de représentation de la classe. L'enseignante montre alors la maquette réalisée par les CP : classe rectangulaire meublée de tables, armoires, étagères..., sur les murs de laquelle sont placés le tableau et divers affichages. Les enfants sont tout de suite enthousiasmés par cette réalisation, certains font référence à des maquettes utilisées à la maison (des maisons de poupée). Ils envisagent évidemment une représentation figurative et veulent « fabriquer » des tables, des chaises, des armoires... L'enseignante montre alors la difficulté d'une telle fabrication et les amène à l'idée qu'il est possible de représenter la réalité de manière simplifiée.

Problème 1 : Comment reconnaître les meubles ?

En collectif, le projet de maquette est à nouveau évoqué. L'enseignant montre le support utilisé pour positionner les meubles (maquette de l'espace classe réalisée en polystyrène comprenant le sol et les murs avec des ouvertures, portes et fenêtres, découpées). Après exploration du support de la maquette et reconnaissance de ses portes et fenêtres, l'enseignant introduit des solides découpés à l'échelle dans du polystyrène (parallélépipède rectangle de diverses tailles pour les armoires et le canapé, prisme droit pour le chevalet, cylindre à base ovale pour les tables...). Avec les élèves, il élabore un lexique qui, affiché, restera visible de tous durant toute l'activité.

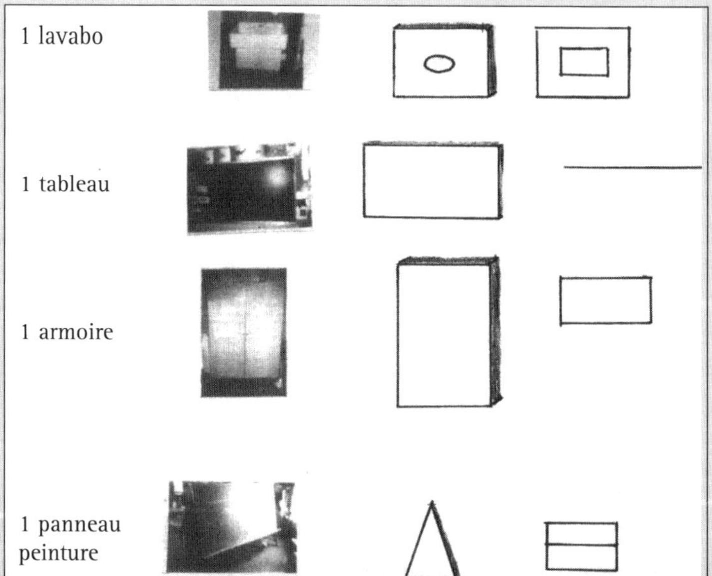

Le panneau ressource ainsi constitué associe le nom de l'objet, la photo de l'objet, sa représentation arbitraire en volume (il sera ultérieurement complété par le code de la représentation plane de l'objet).

Problème 2 : Comment organiser la maquette ?

Les élèves réalisent huit maquettes différentes : une maquette par groupe de trois. Cette réalisation se fait par demi-classe, c'est-à-dire que quatre maquettes sont réalisées en parallèle.

Au départ, les élèves choisissent les pièces aux caractéristiques affirmées : tableau à coller au mur et tables ovales. Ce n'est qu'ensuite, en raison de désaccords, qu'ils utilisent le panneau ressource. Au fur et à mesure qu'ils trouvent les éléments, ils les positionnent en fonction de leur environnement immédiat. Ce travail par voisinage qui privilégie les repères fixes (fenêtres, porte, tableau) les amène à travailler par îlots spatiaux non coordonnés entre eux. Ce qui conduit à des contradictions quand il faut placer la ou les dernières meubles.

On peut remarquer des dynamiques de groupe très différentes :
- un élève reconnu comme expert réalise le travail avec une simple aide technique des autres qui approuvent une réalisation en général correcte ;
- les élèves travaillent en parallèle et se trouvent confrontés à la nécessaire coordination de leurs placements partiels ;
- une vraie coopération se met en place dont les interactions verbales rendent compte.

Dans tous les cas, des conduites de régulation permettent, après placement de la plupart des « meubles », d'obtenir une représentation correcte de l'espace.

Les diverses maquettes réalisées sont présentées à la classe qui valide les productions.

exemple de représentation en volume

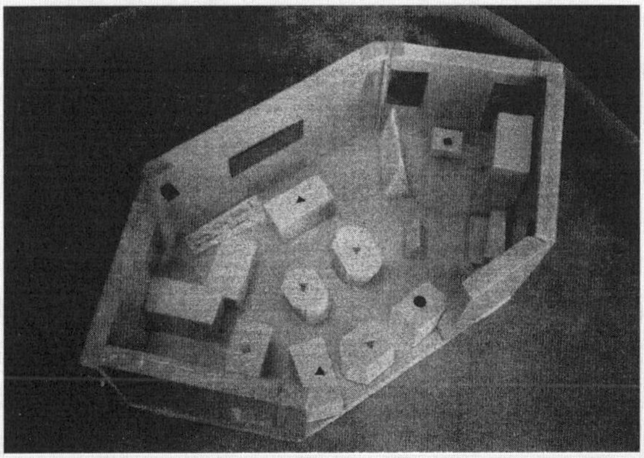

Problème 3 : Comment passer de l'espace classe à la maquette et inversement ?

Afin de vérifier que la relation est bien établie entre l'espace classe et sa représentation, les élèves par groupe de six sont invités à positionner un objet dans la classe, en fonction d'une indication donnée dans la maquette. Ils doivent effectuer un déplacement dans la classe et aussi le simuler dans la maquette (et réciproquement).

Les élèves ne rencontrent aucune difficulté importante à réaliser ces exercices, quelle que soit l'orientation de la maquette par rapport à la classe. Ils montrent ainsi qu'ils ont parfaitement intégré la relation existant entre la classe et sa représentation, relation qui nécessite la définition de repères fixes et la gestion d'un espace orienté.

Problème 4 : Comment représenter la classe en deux dimensions ?

Après avoir montré l'intérêt des maquettes réalisées par rapport aux dessins initiaux de la classe, leur fragilité et leur encombrement sont également mis en évidence en particulier en raison des contraintes de la correspondance scolaire. Il est donc nécessaire de rechercher des modes de représentation sur une feuille, de la classe qui soient compréhensibles par tous.

Les élèves regroupés par équipe de trois avec leur maquette et une grande feuille de papier réalisent donc leur premier « plan ».

Plusieurs stratégies se dégagent

- pour représenter l'espace de la classe, certains groupes représentent les limites de la classe en traçant le contour de la maquette, d'autres identifient les bords de la feuille et les limites de la classe ;

- pour représenter les meubles, des élèves les dessinent à main levée, d'autres utilisent les meubles de la maquette dont ils dessinent le contour ;

- pour placer le mobilier, certains positionnent arbitrairement les premiers meubles puis complètent leur dessin par voisinage, d'autres utilisent les repères fixes (mur, fenêtre, porte...).

Il est d'ailleurs intéressant de constater que les élèves procèdent à plusieurs essais donnant lieu à de nombreuses discussions. Présentons trois représentations obtenues :

Plan 1

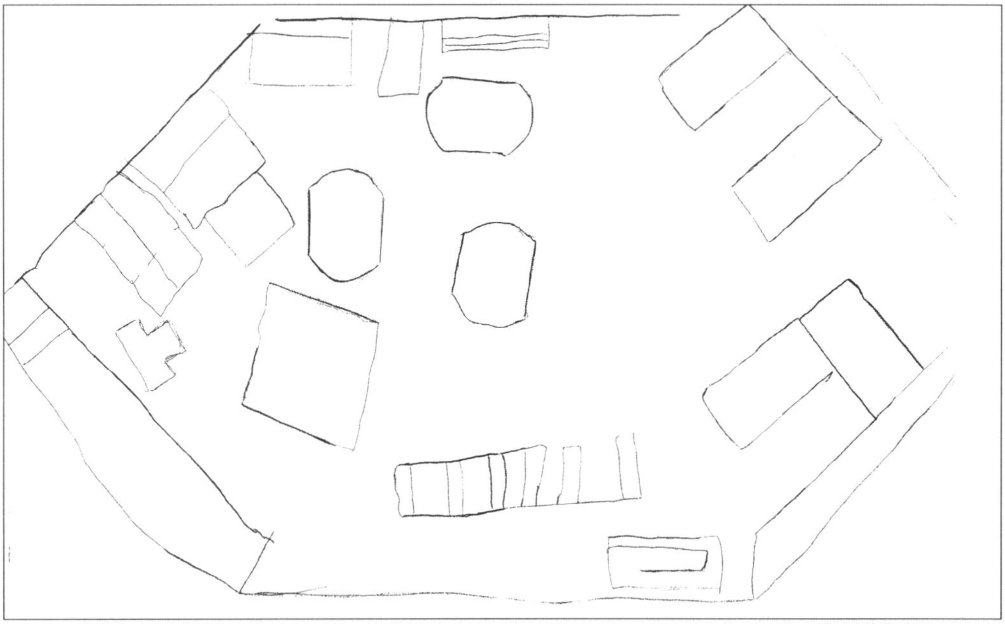

Le « plan » 1 a été obtenu en utilisant le contour de la maquette pour représenter les murs de la classe et les meubles, en réalisant le contour des pièces de la maquette.

Le positionnement des meubles est à peu près correct même si on peut noter une gestion globale imparfaite de l'espace.

Plan 2

Le « plan » 2 ne représente pas les limites de la classe mais les élèves dessinent avec les pièces de la maquette les contours des meubles en les positionnant par îlot de voisinage sans coordination globale.

Plan 3

Sur le « plan » 3, on constate un essai de représentation à main levée des limites de la classe. Si le contour des pièces est correct, le nombre de meubles dessinés est beaucoup plus important que nécessaire. On note par ailleurs la persistance d'un mélange de figuratif (les pieds des tables) vue de côté et de schématique vue de dessus.

Les différentes réalisations des groupes sont présentées, commentées et critiquées. Les élèves expliquent leur démarche. Plusieurs points sont mis en évidence :

- la nécessité de repérer les murs ;
- la nécessité de représenter exactement les contours des meubles ;
- l'importance de ne pas mettre de meubles en trop ;
- la nécessité de bien repérer les éléments fixes (portes, fenêtres, tableau, lavabo...) pour placer les meubles non pas uniquement par voisinage mais par prise en compte de plusieurs repères fixes.

Une ambiguïté est mise en évidence : comment quelqu'un ne connaissant pas la classe peut-il reconnaître les meubles à partir de leur contour ? Il est alors décidé de compléter le lexique en singularisant les contours de même type par une gommette de couleur.

Les élèves sont alors confrontés à la réalisation d'un nouveau plan. Ils disposent de formes découpées et d'étiquettes écrites, conformes aux modèles du panneau ressources. Les élèves ne disposent en revanche plus des maquettes et doivent donc reconstituer le plan directement à partir de la disposition de l'espace classe (légèrement modifié par rapport à l'organisation représentée précédemment). Après des phases de tâtonnement plus ou moins longues, les élèves réussissent à produire des plans acceptables.

Seul un groupe se trouve en difficulté et doit passer par la maquette pour réaliser son plan.

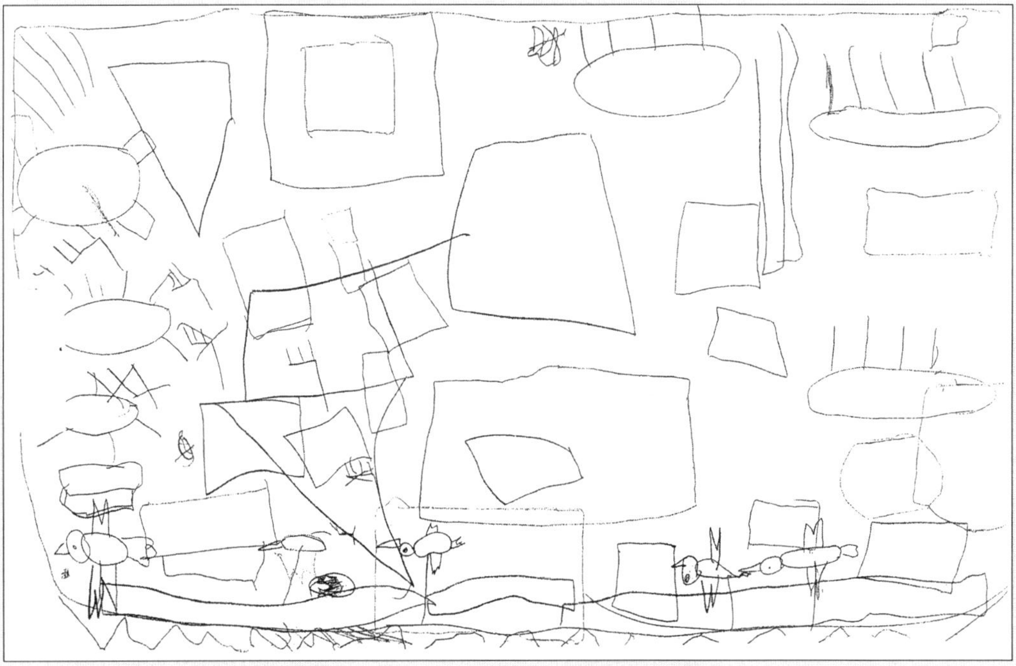

Problème 5 : Peut-on réaliser une maquette et un plan d'un autre espace ?

Afin de vérifier la transférabilité des savoirs construits, une nouvelle situation est proposée aux élèves. La salle de motricité bien connue des enfants a été pourvue de meubles sortis de la salle de classe. Il leur faut compléter la maquette de la classe (fond et murs sont fournis), puis le plan en deux dimensions. Les élèves disposent des pièces à placer (en surnombre et avec des intrus) ainsi que du panneau ressources. Globalement les maquettes obtenues sont fidèles à l'organisation de la pièce.

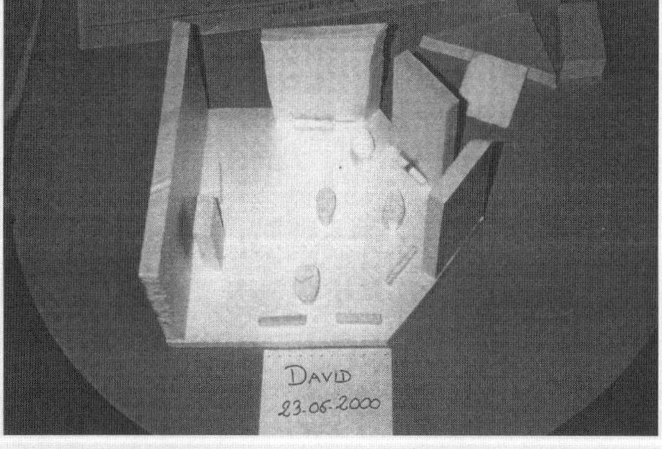

Les plans réalisés témoignent tous d'une très forte évolution des conceptions et des compétences : il n'y a plus de représentations figuratives, l'espace de la salle est généralement totalement occupé, le lexique placé à côté des enfants est bien utilisé.

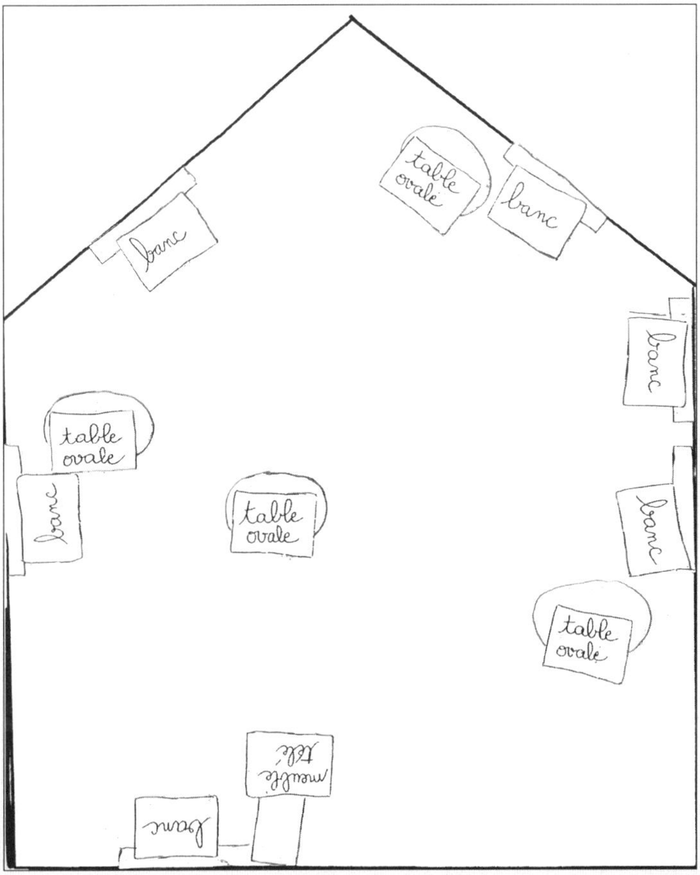

Cependant, la gestion globale de l'espace n'est correctement rendue que par quelques enfants. La plupart reviennent à une représentation par îlots après avoir repéré un élément qui leur paraît essentiel.

Le travail réalisé montre que les élèves de grande section peuvent accéder progressivement à la notion de représentation d'un espace vécu. S'appropriant sans trop de difficulté une représentation en trois dimensions de type maquette, ils rencontrent plus de difficultés pour construire la notion de plan, même si le travail conduit témoigne de compétences en cours de construction.

La boîte du trésor
(grande section)

• Présentation générale

L'activité consiste à communiquer la position d'un objet situé dans une case d'un espace quadrillé. Elle nécessite un double codage

- codage de l'espace puisqu'il s'agit de repérer les positions qu'occupent des objets dans un espace quadrillé et de les communiquer[1] ;

- codage des objets afin que tous puissent les reconnaître dans une représentation graphique.

La situation ludique proposée n'induit ni la nécessité de reproduire le quadrillage pour structurer l'espace, ni l'utilisation de couples définissant des coordonnées.

L'activité est conduite en grande section au cours du premier semestre. Les élèves n'ont pas travaillé précédemment sur les quadrillages et le problème posé n'est associé à aucune situation connue. Elle mobilise tous les élèves de la classe simultanément : chaque demi-classe encode la disposition des objets puis décode le message réalisé par les élèves de l'autre demi-classe. Ce dispositif permet d'articuler dans une même séance des temps d'action et des temps de mutualisation qui jouent ici un rôle essentiel.

(1) Sur ce point, on peut également utiliser les situations présentées par ARGAUD (H.-C.) et al., « Placer des jetons » et « Où placer le jeton ? » in *Grand N spécial maternelle*, tome 2, IREM de Grenoble, 1999.

• Compétences visées

- Encoder et décoder une liste d'objets, en utilisant des signes imagés compréhensibles par tous.
- Organiser un espace quadrillé.
- Repérer une case dans un espace quadrillé.

• Variables de la situation

- La répartition des objets dans l'espace quadrillé
- Le mode de communication de la position des objets dans les cases (avec des gestes, à l'oral, à l'écrit).
- Le support du message (papier blanc ou papier quadrillé).
- Le mode de représentation des objets (dessin, image, code, mot...).
- Le nombre d'objets à placer.

• Déroulement

• **Appropriation de la situation par les élèves**

L'activité a été présentée comme un jeu mettant en concurrence des équipes de deux enfants. Chaque équipe possède un trésor composé de trois objets, communs à toute la classe, facilement reconnaissables, répartis, selon une disposition spatiale aisément mémorisable, dans les 30 (6x5) alvéoles d'une boîte d'œufs. Il s'agit pour chaque enfant de trouver un moyen de communiquer à un autre enfant la disposition spatiale des objets. Chaque trésor convenablement reconstitué donne lieu à l'attribution d'un jeton. Très vite, les élèves s'impliquent dans la situation et le prétexte du jeu peut être abandonné.

A					B
C					

Après avoir localisé les objets, ces élèves doivent aider un autre élève à reconstituer le trésor. Les enfants récepteurs disposent du support alvéolé et des différents objets utilisés. Aucune contrainte n'est formulée. Les enfants émetteurs indiquent l'objet à prendre et le plus souvent montrent où se situe l'objet, parfois en oralisant. La communication est efficace, le trésor est reconstitué.

La même situation est reprise (les objets sont placés dans des cases très facilement mémorisables de nouveau) avec la contrainte supplémentaire de ne pas « montrer » (on garde les bras derrière le dos). Cette phase d'oralisation est importante car elle oblige les enfants à énoncer les objets et à utiliser un vocabulaire spatial. De réelles difficultés apparaissent : le vocabulaire est peu précis («le bonbon se trouve presque à côté de la bille» ou n'est pas partagé (utilisation de droite/gauche non connu ou dépendant de l'orientation des enfants).

• Diverses stratégies apparaissent

- partir d'un coin et faire des déplacements (relation de voisinage) ;
- essai de toutes les cases et recherche d'approbation.

Après cette phase de tâtonnement, les trésors sont de nouveau bien reconstitués.

Problème général : Comment représenter la situation dans un message écrit ?

On reprend la situation mais ce ne sont plus trois objets qui sont à localiser mais huit objets. Une nouvelle contrainte est par ailleurs imposée : l'émetteur et le récepteur ne se rencontrent plus. Il faut émettre un message écrit. Le même dispositif est remis en place. Les élèves émetteurs ont toute liberté pour utiliser leur matériel (feuille/feutres).

Plusieurs types de représentations sont obtenus :

- des élèves utilisent leur feuille sans quadrillage, soit en repérant topologiquement les objets sur la feuille (considérée comme une représentation de la boîte), soit en dessinant le cadre du support.

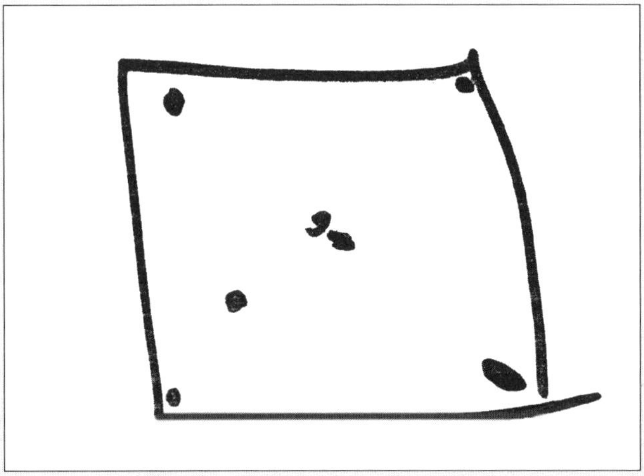

- des élèves ne représentent que les cases où se trouvent des objets ;

- des élèves quadrillent la feuille mais ne tiennent compte ni du nombre de cases, ni de la position relative des objets dans la grille ;

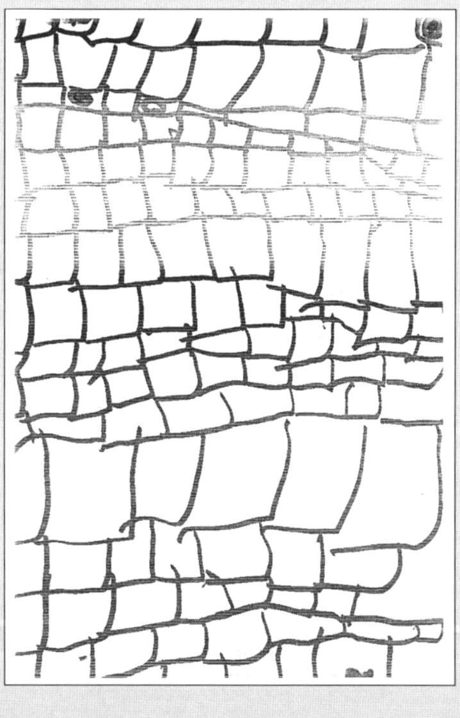

- des élèves tentent avec leurs moyens propres de représenter la grille (on peut noter une prise en compte du nombre de lignes et du nombre de colonnes) et essaient de placer leurs objets en fonction de leur localisation réelle

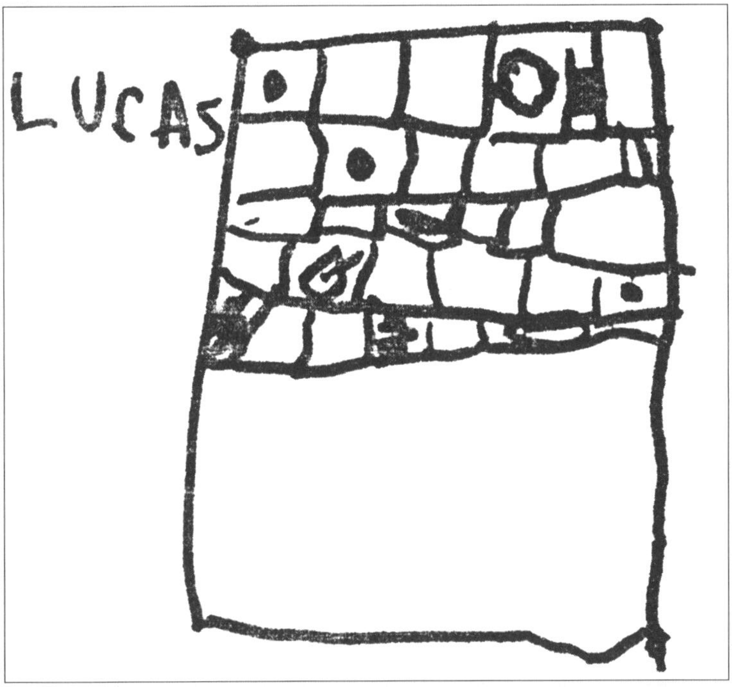

D'une manière générale, tous les objets ne sont pas représentés, certains objets sont dessinés en gros, d'autres en petit (influence du rapport affectif à l'objet). Les dessins des objets ne sont pas reconnaissables. La validation qui consiste à associer un trésor initial et sa reconstitution montre que tous les élèves sont en échec.

Problème 1 : Comment faire pour que les objets soient reconnus ?

Lors de la mise en commun, deux problèmes sont énoncés par les élèves :

- la représentation ne permet pas de savoir où sont placés les objets ;
- il n'est pas possible de reconnaître les objets dessinés par un autre élève (comme tous les élèves ont été émetteur et récepteur, il y a peu de protestations) ;
- tous les objets ne sont pas dessinés.

On se pose d'abord le problème de la représentation exhaustive de la collection. Si certains élèves proposent leur représentation, la plupart sont conscients de la nécessité de définir un code imagé commun. Un lexique est alors constitué associant sur une même affiche l'objet et sa représentation. Il sera disponible durant toute la suite de l'activité.

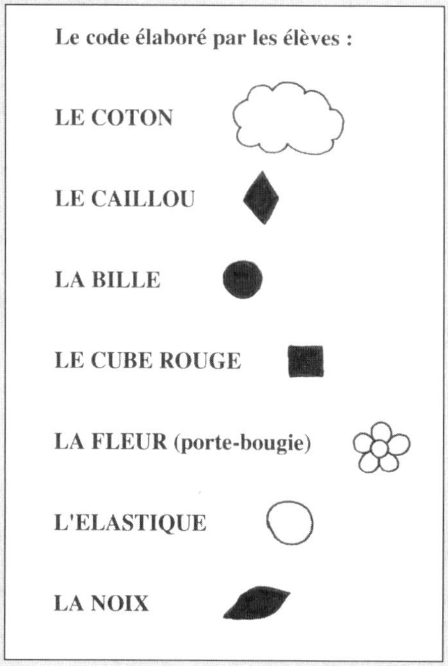

Pour l'enseignant, divers choix sont possibles.

- Il peut proposer des représentations schématisées mais figuratives (ce qui a été le cas dans cette classe) mais les élèves encore malhabiles dans le domaine du graphisme peuvent avoir du mal à les reproduire (taille, forme). Il est alors souhaitable de proposer des images à coller.

- Il peut inciter les enfants à utiliser un code arbitraire mais peu d'enfants peuvent se l'approprier.

- En fin d'année, il peut également utiliser les mots écrits pour désigner les objets (soit sous forme d'étiquettes à coller, soit sous forme de mots recopiés).

Problème 2 : Comment coder le positionnement des objets ?

Une nouvelle situation d'encodage/décodage conduit à de nouveaux échecs, les procédures de représentation du support n'ayant pas évoluées.

Lors du regroupement, des élèves commentent leurs productions et l'enseignante valorise l'utilisation d'un quadrillage. Un accord se fait sur la nécessité de faire un quadrillage qui comporte autant de cases (non dénombrables par la plupart des enfants) que le support.

Afin d'éviter le tracé des quadrillages par les élèves, l'enseignante propose lors du jeu suivant des feuilles quadrillées et des feuilles blanches à tous les émetteurs. Certains enfants prennent la feuille quadrillé par conviction (1/3), d'autres par imitation (1/3), d'autres ne prennent que la feuille blanche. Ces derniers, quand ils constatent la différence de leur choix vont très souvent échanger leur feuille blanche contre une feuille quadrillée.

L'encodage peut reprendre. Un nouveau bilan est réalisé. Il apparaît clairement que certains élèves ont obtenu un résultat presque satisfaisant (mais il peut y avoir incompréhension de celui qui décode !) alors que d'autres ne savent pas encore utiliser le quadrillage.

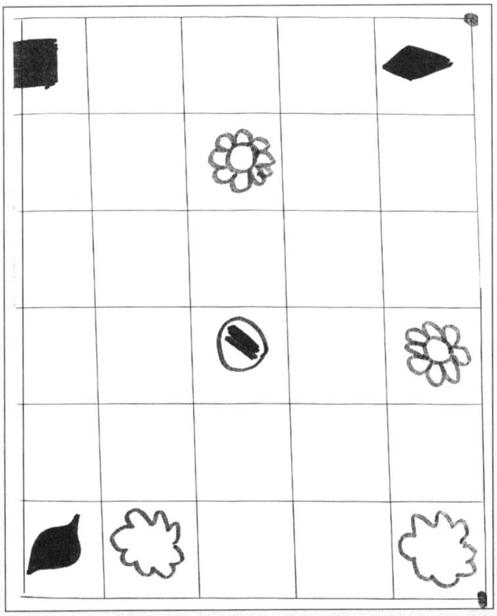

Correction de l'évaluation

Les procédures sont confrontées :

- les objets sont positionnés à partir d'une appropriation globale de l'espace, ce qui conduit à de faibles erreurs de repérages des colonnes et des lignes ;

- les objets sont positionnés les uns par rapport aux autres : un premier objet est placé (par exemple le cube rouge dans le coin en haut et à droite) puis les autres par voisinages successifs.

- un décompte des lignes et des colonnes est effectué (par exemple, la bille, troisième colonne et quatrième ligne).

Cependant, une nouvelle difficulté liée à l'orientation du support survient (aucun enfant n'en est conscient). Les élèves sont répartis autour d'une table (voir schéma), leur feuille est orientée selon le sens traditionnel : l'orientation du quadrillage dessiné sur la feuille et celle des casiers à œufs ne coïncident pas.

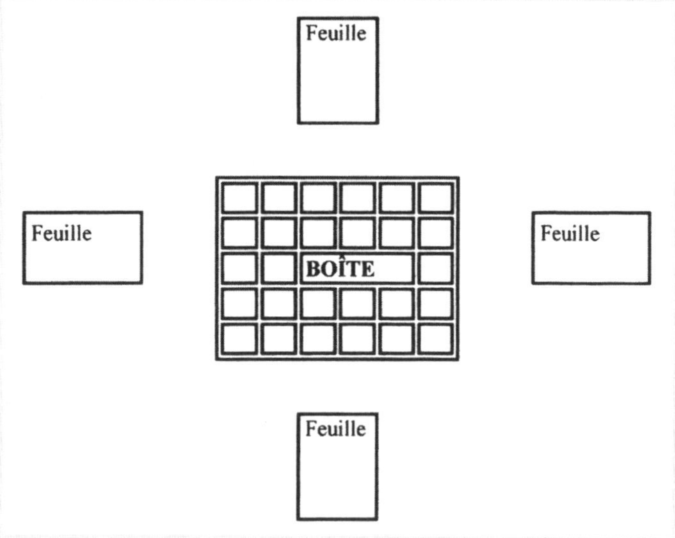

Le quadrillage 6 x 5 choisi crée en même temps le problème (qui n'existerait pas pour une boîte carrée) tout en n'induisant pas son dépassement par la perception immédiate de la différence de ces mesures (longueur/largeur). Ce nouveau problème, révélé par le fait que trésor et reproduction du trésor ne se superposent pas, pose clairement la nécessité d'orienter l'espace. Cette approche est concrétisée par la mise en place de points de couleurs sur les bords des boîtes à œufs et sur les bords des quadrillages. Il sera plus systématiquement repris lors d'une séance ultérieure sur le déplacement sur un quadrillage.

La carte au trésor
(grande section)

• Présentation générale

La situation proposée permet d'associer des codages de déplacement sur une feuille quadrillée (micro espace) et des déplacements corporels sur un quadrillage dessiné sur le sol dans la classe (méso-espace). Il s'agit de décoder et d'encoder des déplacements sur quadrillage grâce à un système de flèches et de communiquer les messages ainsi rédigés sous forme orale, en prenant en compte les contraintes d'orientation de l'espace. L'activité est conduite en grande section au mois de janvier. Elle est organisée sous forme d'ateliers dirigés réunissant des groupes de quatre élèves (deux élèves émetteur et récepteur et deux élèves observateurs).

• Compétences visées

- Utiliser le vocabulaire lié aux positions relatives d'objets entre eux.
- Repérer une case dans un quadrillage.
- Coder un déplacement sur quadrillage à l'oral et à l'écrit.
- Prendre en compte des contraintes de déplacement pour imaginer un trajet.

• Variables de la situation

- Le positionnement de l'élève qui encode ou décode le message (hors du quadrillage, dans le quadrillage).
- La nature du message (écrit, oral).
- La position de la case arrivée et des cases interdites (définition de l'itinéraire).
- Le nombre de cases interdites.

• Déroulement

Appropriation du projet par les élèves

Pour les élèves, le problème est présenté dans les termes suivants :

« Un trésor est caché dans la cour de récréation de l'école. Sa position est repérée sur un plan découpé en

morceaux formant un puzzle. Il est donc nécessaire pour retrouver le trésor de rassembler les morceaux du puzzle. Pour ce faire, il faut découvrir chaque pièce du puzzle en se déplaçant sur une carte au trésor quadrillée à partir de messages. Attention il y a des cases pièges ! »

Parallèlement aux activités proposées, un album est travaillé en classe pour donner un cadre culturel aux notions de carte aux trésors, de pièges...

La situation proposée est une situation de communication. Un élève dispose de la carte au trésor comportant la case du trésor et les cases pièges, il doit indiquer à un autre élève un itinéraire permettant d'aller chercher le trésor sans tomber dans un piège.

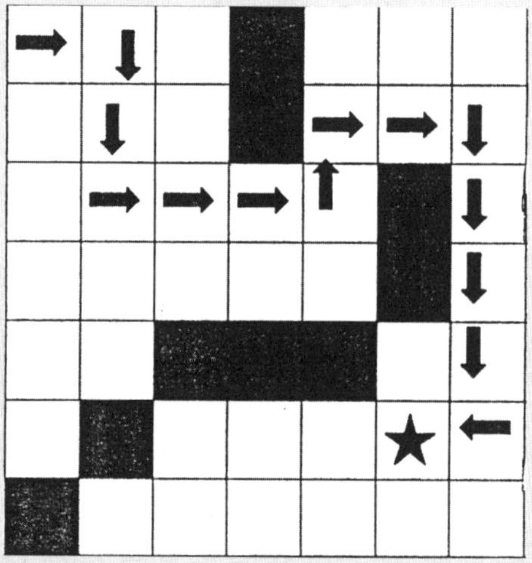

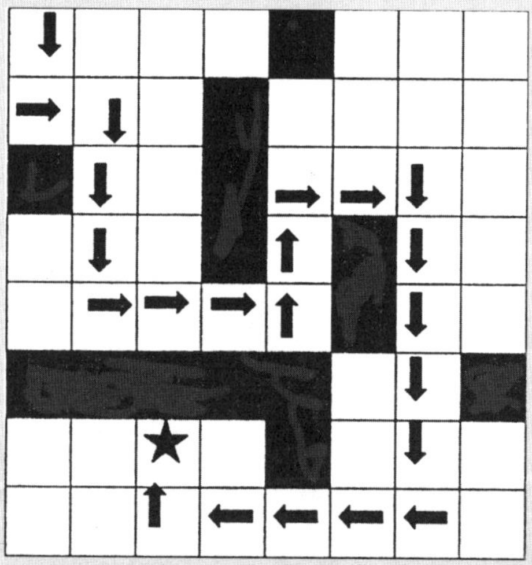

Quand un enfant tombe dans une case piège, l'enseignante émet un signal sonore qui l'en informe, quand il arrive à la case trésor, il reçoit sa pièce de puzzle. Il est important de proposer des quadrillages dont les bords sont repérés par des couleurs afin d'éviter que l'orientation des déplacements fasse référence à des points fixes mal définis de la classe (aller vers la porte) ou mobilise un vocabulaire spatial (à droite...) non maîtrisé par la très grande majorité des élèves. Il est par ailleurs indispensable de bien repérer la case départ comme case du quadrillage afin d'éviter toute ambiguïté sur le début du message.

Problème 1 : Indiquer, à un camarade que l'on voit, le déplacement nécessaire pour aller à la case trésor

L'élève émetteur est placé devant le quadrillage et doit guider son camarade sur le quadrillage.

Beaucoup d'élèves ne rencontrent pas de difficulté à indiquer un bon chemin, la relation entre l'espace représenté et l'espace réel se révèle ne pas être un obstacle. Il est à remarquer qu'ils n'utilisent pas les couleurs orientant le quadrillage dans leurs messages mais des déictiques (là, devant...) ou des gestes. L'interaction entre émetteur et récepteur est constante : le second interrogeant le premier avant de faire un déplacement.

Quelques élèves cependant rencontrent des difficultés. Certains émetteurs ne parviennent pas à se décentrer et ne comprennent pas que leur camarade ne voit pas la carte : « tu fais comme ça » dit un enfant en montrant du doigt sa carte. Certains récepteurs ne comprennent pas la situation de communication et se déplacent sur le quadrillage, sans prendre en compte les indications données par l'émetteur. La répétition de l'exercice permet le dépassement de ces premières difficultés.

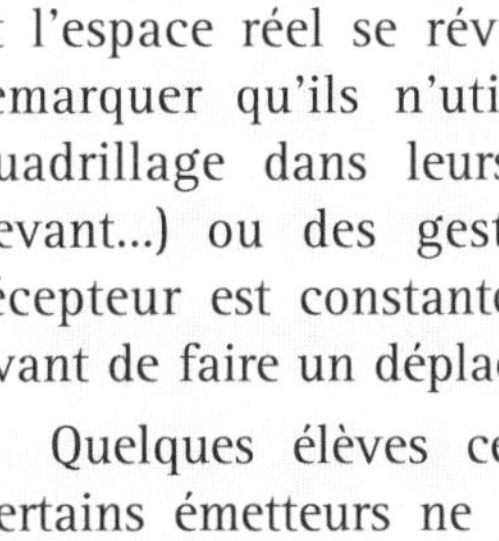

Parcours à communiquer

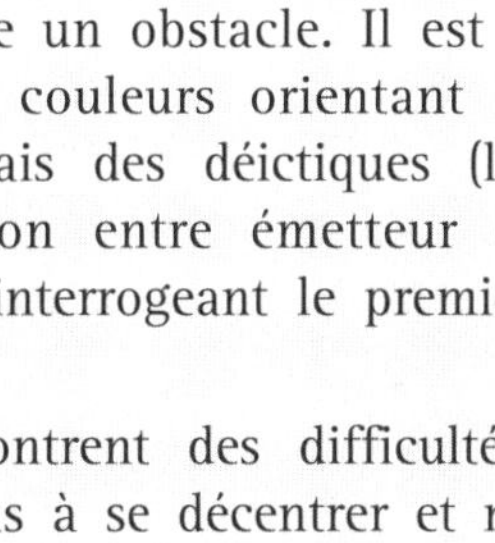
Itinéraire qu'il fait suivre à Nicolas

Problème 2 : Indiquer à un camarade que l'on ne voit pas le déplacement nécessaire pour aller à la case trésor

L'élève émetteur est maintenant placé derrière un rideau : il ne voit pas l'élève récepteur qui ne le voit pas non plus. Les modes de communication précédemment utilisés sont alors inopérants. Le codage couleur s'impose puisque l'émetteur n'a aucune idée du placement de l'élève récepteur. La plupart des élèves mettent en œuvre la procédure experte : un ordre par déplacement d'une case, une direction donnée par une couleur (vers le rouge, vers le bleu...). Cependant certains procèdent par anticipation des mouvements et utilisation d'autres repères. Par exemple « va vers le rouge, avance et tourne vers la droite » veut dire pour l'émetteur d'avancer d'une case vers le rouge et de se tourner vers la droite dans cette même case alors que le récepteur décrypte le message comme un déplacement de deux cases.

Problème 3 : Coder un déplacement sur un quadrillage

Des situations complémentaires sont proposées aux élèves :

- effectuer sur une grille un déplacement défini à l'oral ;
- coder sur une grille le déplacement de l'enseignante.

Elles ne leur posent pas de difficultés particulières.

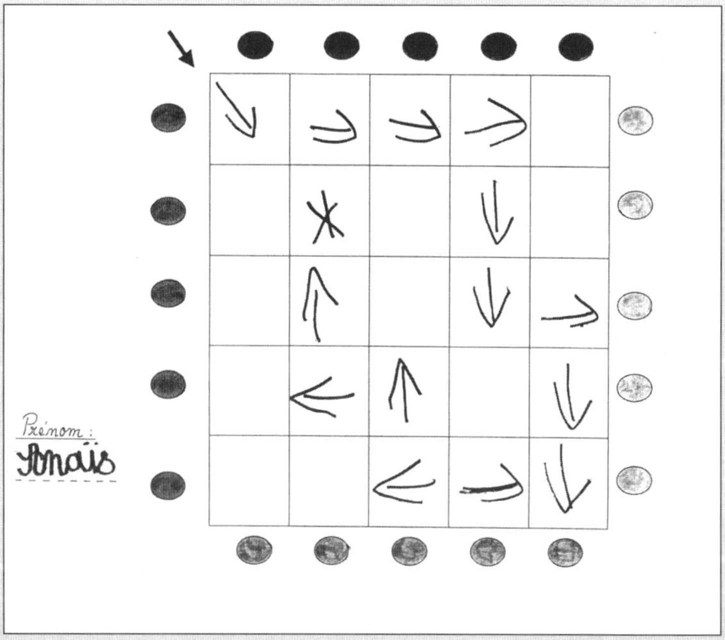

Le monde des formes
(grande section)

• Présentation générale

Proposer aux élèves des activités de classement de figures présentant les mêmes caractéristiques favorise au-delà de ce travail sur les similitudes et les différences de formes géométriques, de favoriser la construction par l'enfant d'une image mentale de certaines de ces formes, ce qui renvoie, ici, à sa capacité à reconnaître une forme quelles que soient sa taille et son orientation dans le plan.

Les élèves doivent ainsi progressivement construire une représentation abstraite prototypique de chaque figure à partir de sa trace.

Cette suite d'activités proposées à des élèves de moyenne section, durant le premier semestre de l'année scolaire, utilise toujours les mêmes formes géométriques, c'est-à-dire des figures connues des enfants (le triangle, le carré) et des figures insolites pour eux (le trapèze, l'hexagone).

• Compétences visées

- Différencier et classer des objets géométriques en fonction des caractéristiques liées à leur forme.
- Reconnaître, classer et nommer des formes simples.
- Associer des objets géométriques et leur empreinte par mise en évidence du contour.
- Associer une classe de figures géométriques à un dessin géométrique.
- Reproduire un assemblage d'objets géométriques à partir d'un modèle.

• Variables de la situation

- Le nombre de figures différentes.
- La couleur des figures.
- La taille des figures.
- L'orientation des figures.

• Déroulement

Appropriation de la situation par les élèves

Après présentation du matériel en collectif, chaque groupe d'élèves manipule librement les figures géométriques de différentes tailles et de différentes couleurs placées sur la table. Les enfants reconnaissent les carrés et les triangles : cette reconnaissance est globale, perceptive et ne correspond pas à une approche analytique de la figure (pas de décompte des côtés, par exemple), elle est souvent associée a une manipulation qui permet aux élèves de placer les figures selon leur orientation stéréotypée (une base horizontale). En revanche, l'hexagone est défini comme un rond, puis comme « ayant plein de pointes » après confrontation avec un disque, le trapèze est confondu avec un rectangle, puis comme étant «de travers» quand un rectangle est présenté.

Problème 1 : Mémoriser la boîte où sont rangées les différentes formes.

Les figures géométriques sont placées sur la table de l'atelier ainsi que cinq boîtes vides disposant de couvercles (Il faut prévoir plus de boîtes que de formes pour ne pas être trop inducteur mais il faut également ne pas mettre à disposition autant de boîtes que d'élèves de l'atelier pour éviter des phénomènes d'individualisation du matériel).

Les élèves doivent mettre de l'ordre dans le matériel mélangé. Rapidement ils s'attribuent des formes (il faut veiller à ce que la répartition soit assez égalitaire !). Plusieurs comportements se font jour :

- certains prennent une boîte et mettent « leurs » figures dedans ; pour eux, « leurs » objets sont rangés ;

- certains mettent des formes identiques dans une boîte et cherchent à « échanger » les figures qui ne vont pas dans «leur» boîte avec des camarades ;

- certains essaient de répartir des figures (sans réelles distinctions de formes) dans les cinq boîtes ;

- certains essaient de placer leurs figures dans des boîtes différentes ;

- certains observent.

Après ce premier essai, une phase de mutualisation permet de reposer le problème. Aucun enfant n'a une boîte à lui, les boîtes sont les boîtes du groupe. Il faut mettre ensemble les formes qui sont les mêmes. A la demande de l'enseignante, chaque élève classe un de ses objets dans une des boîtes collectives.

Le groupe refuse les propositions de placement de deux objets différents dans la même boîte ou de deux objets identiques dans des boîtes différentes et le classement se poursuit alors collectivement sans réelles difficultés. On remarque deux stratégies :

- certains prennent successivement les objets placés devant eux et les comparent avec les objets placés dans la boîte (tri) ;

- certains prennent d'abord toutes leurs formes de même nature et les placent dans la boîte appropriée (classement).

Très souvent, dans les divers ateliers, des attitudes de tutelle se mettent en place : les enfants ayant fini aidant ceux qui hésitent.

L'enseignant ferme le couvercle de la boîte et déplace les boîtes. Tout à coup, il « se souvient » qu'il a oublié de mettre toutes les figures sur la table. Il faut mettre ces nouvelles figures dans la bonne boîte. Alors que rien ne les distingue des autres, des enfants proposent certaines boîtes mais, prenant conscience de l'absence de consensus sur leurs propositions, ils reconnaissent qu'il faut ouvrir toutes les boîtes.

Afin de résoudre le problème posé (Comment classer des formes sans ouvrir les boîtes ?), les élèves proposent le repérage des boîtes.

Plusieurs procédures sont évoquées

- coller la forme géométrique ;
- dessiner la forme géométrique ;
- écrire le nom de la forme (mais « je sais pas lire » !) ;
- faire le tour de la forme (indication donnée par geste).

Les enfants sont invités à réaliser leur marquage. Certains dessinent la forme, d'autres tracent le contour de la forme. Une question se pose : quelle production choisir sachant qu'on ne peut en coller qu'une sur la boîte ? Si les dessins sont rapidement rejetés car non reconnus par tous, le problème de la taille de l'empreinte divise les élèves. Cependant, après essais, les enfants considèrent que mettre le plus petit « c'est plus joli » et que de toute façon « ça dit aussi pour les grands ».

Problème 2 : Associer forme et contour quelle que soit l'orientation du contour

L'atelier suivant est organisé sous la forme d'un jeu de loto. Chaque élève a une carte regroupant trois formes différentes dont certaines ne sont pas orientées conventionnellement.

Tous les dessins sont d'une taille inférieure à la taille des figures manipulées.

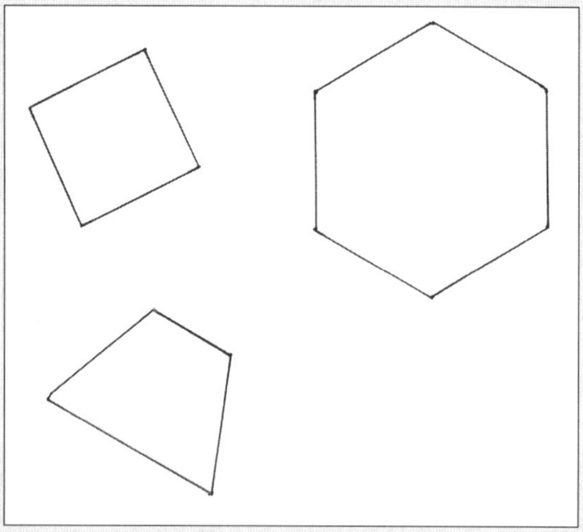

Dans un premier temps, chaque enfant sort une figure géométrique d'un sac et détermine s'il doit la garder. A de rares cas près, les élèves ne rencontrent pas de problème pour associer figures et dessin puisqu'en cas de doute ils orientent la pièce tirée comme le dessin de leur carte de loto.

Dans un second temps, l'enseignant tire lui-même la figure géométrique et demande à l'élève de lui dire s'il la prend ou s'il ne la prend pas. De plus nombreux échecs (mauvaises réponses ou refus de réponse) apparaissent vite dépassés quand l'enfant peut orienter la pièce.

Problème 3 : Réaliser une puzzle avec les figures

Les élèves doivent identifier les contours des formes géométriques et prendre les formes correspondantes afin de réaliser le puzzle.

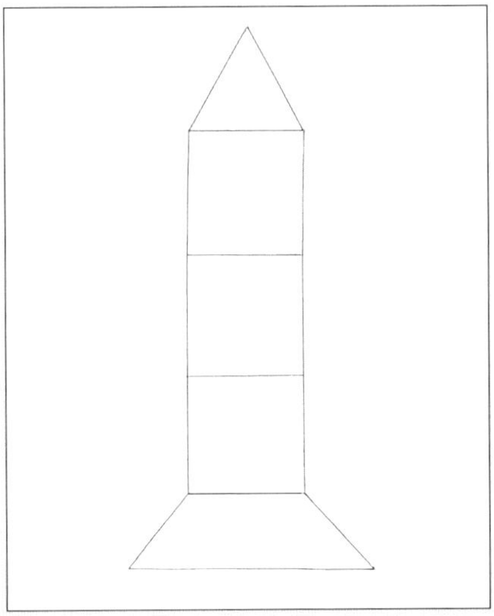

Il s'agit dans un premier temps de superposer des figures disponibles sur la table avec celles constituant le puzzle. Le plus souvent les élèves ne rencontrent pas de difficulté :

- soit ils anticipent les formes nécessaires, en suivant le plus souvent un ordre ascendant (prise du trapèze qui constitue la base de la figure puis d'un rectangle qui se trouve juste au dessus...)

- soit ils tâtonnent en suivant l'ordre ascendant (prise d'une pièce, mise en place, rejet ou acceptation...) ;

- soit ils procèdent par essais-erreurs sans ordre de construction (prise d'une pièce, superposition avec un dessin...).

Pour éviter ces stratégies efficaces d'essais/erreurs, une nouvelle organisation du travail est proposée. Les formes sont placées sur une table éloignée de la table de travail, les élèves doivent aller les chercher. Ils peuvent faire autant de voyages qu'ils le souhaitent mais doivent exactement ramener les formes nécessaires (les formes excédentaires sont collées sur la feuille). Cette activité nécessite que l'élève définisse clairement le dessin comme signifiant d'une forme géométrique signifiée.

Les emballages
(grande section)

• Présentation générale

Il s'agit de présenter à des élèves des polyèdres divers et de les inciter à établir une relation entre un solide en trois dimensions et ses développements, c'est-à-dire à des représentations de ce solide en deux dimensions. Dans ce but, les élèves doivent envelopper leur boîte cadeau, ce qui nécessite qu'ils en tracent au préalable un patron.

L'activité est conduite en grande section durant le deuxième semestre de l'année scolaire. Elle est organisée sous forme d'ateliers dirigés réunissant des groupes de six élèves travaillant deux par deux. Les enfants ont une bonne connaissance préalable des figures géométriques simples qu'ils savent différencier et nommer.

• Compétences visées

- Différencier des solides, les classer.
- Déterminer les caractéristiques d'un polyèdre.
- Associer empreintes et faces d'un polyèdre.
- Associer un polyèdre et son développement conçu comme assemblage de ses empreintes.

• Variables de la situation

- Les caractéristiques des polyèdres. Deux séries de polyèdres ont été définies : la première série comporte des solides constitués de cinq faces (pyramides, prismes droits), la deuxième comprend des solides constitués de six faces (pavés, pyramides tronquées). Le développement des premiers peut s'obtenir par simple « ouverture », le développement des seconds nécessite une double « ouverture ».

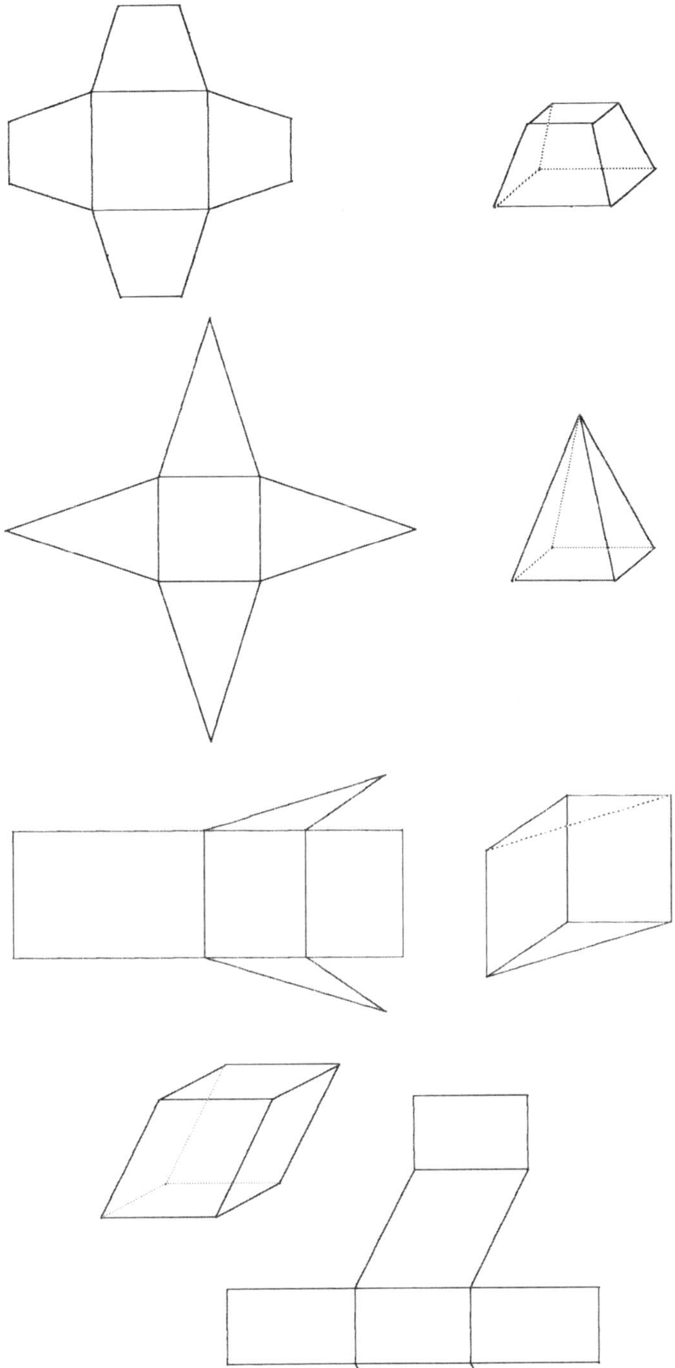

- La possibilité de manipuler les polyèdres. Si le lien entre l'empreinte et la face du solide peut être vérifié concrètement par superposition, la tâche est plus aisée. En revanche, si ce travail doit être conduit sans manipulation, la tâche est beaucoup plus complexe puisqu'elle suppose la capacité mentale de se représenter un solide en mouvement. De même, « déplier » concrètement un polyèdre pour obtenir un patron renvoie à une activité beaucoup moins exigeante que d'associer mentalement patron et solide.

• Déroulement

Appropriation de la situation par les élèves

Pour la fête des mères, des boîtes de différentes formes sont utilisées pour présenter les cadeaux. Il faut les « emballer » avec du papier décoratif. Le dessin de la forme sur le papier décoratif doit être d'un seul tenant (pas de morceaux séparés, pas de morceaux reliés uniquement par un sommet). Le «patron» du solide étant réalisé, il suffit d'envelopper le solide pour le valider ou l'invalider. Cet habillage de la situation a réellement motivé les élèves et a justifié les différentes étapes de la séquence d'enseignement/apprentissage.

Les enfants sont confrontés en grand groupe aux différentes « boîtes » (les polyèdres choisis) et l'enseignant leur présente des « cadeaux » recouverts de papier décoratif (cubes et parallélépipèdes rectangles). La nécessité de recouvrir les « boîtes » est mise immédiatement en évidence puisqu'elle s'inscrit dans la logique du projet.

Problème 1 : Comment réaliser l'emballage cadeau ?

Chaque équipe de deux enfants dispose d'un solide et de papier. Les premiers essais consistent à essayer de replier le papier en le chiffonnant largement autour du polyèdre. Outre que les feuilles de papier fournies ne sont pas assez grandes, les enfants constatent, lors de la confrontation des essais que cette approche ne donne pas des résultats satisfaisants. Un élève suggère que l'on colle du papier sur les faces des polyèdres.

Le groupe classe est alors confronté à un premier problème, d'autant que l'enseignant demande que les formes à apposer sur les faces du solide soient dessinés avant tout découpage. Très rapidement les élèves adoptent la procédure utilisée spontanément par certains d'entre eux qui consiste à réaliser avec un crayon le contour de l'objet posé sur une face (influence d'activités précédentes de représentation de figures planes).

Dans leur repérage des faces, beaucoup oublient une face, en particulier la face supérieure dans le cas des polyèdres à six faces, certains recopient deux fois la même face.

Le découpage puis le collage des figures planes sur les faces permettent aux enfants de constater leurs erreurs éventuelles.

Une réflexion collective permet de rechercher une solution au problème posé par l'oubli de faces : il suffit de «marquer» les faces dessinées. Les productions obtenues sont alors, le plus souvent, correctes.

Un travail inverse est alors proposé : les élèves doivent retrouver le solide à partir des empreintes de ses faces. Il s'avère que les élèves s'approprient rapidement les formes présentes sur la feuille et déterminent ainsi le solide sans avoir besoin de travailler par superposition.

Problème 2 : Comment réaliser l'emballage cadeau en « un seul morceau » ?

Une nouvelle contrainte est présentée : le papier d'emballage ne peut être la juxtaposition de papier collé, aussi bien pour des raisons esthétiques (les réalisations précédentes laissent beaucoup à désirer !) que pour pouvoir « récupérer » la boîte. Le choix est fait par l'enseignant, en raison de l'âge de ses élèves, de présenter un modèle de travail (un autre choix impliquant une plus grande phase de tâtonnement et favorisant une autoconstruction de la notion de patron serait possible à partir du CE1) : Il présente le parallélépipède enveloppé et déplie le papier d'emballage en mettant bien en évidence les «plis» et en faisant repérer les différentes faces.

Les élèves produisent à leur tour les empreintes du solide en utilisant la technique du contour. Certains trouvent rapidement la technique de la rotation du solide à partir de sa base permettant de relier les faces adjacentes. Les représentations sont correctes pour les solides à cinq faces. En revanche la face supérieure des polyèdres à 6 faces pose problème :

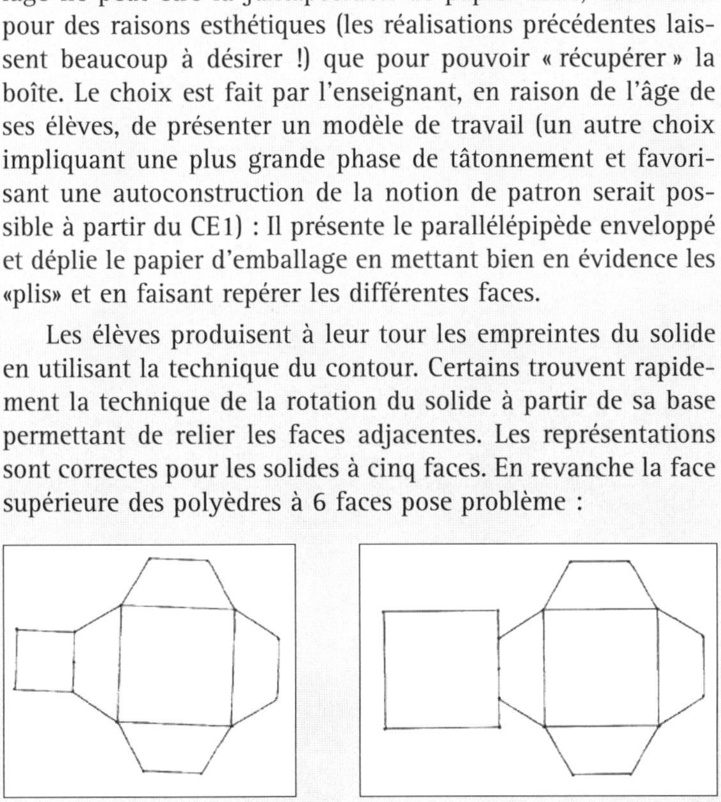

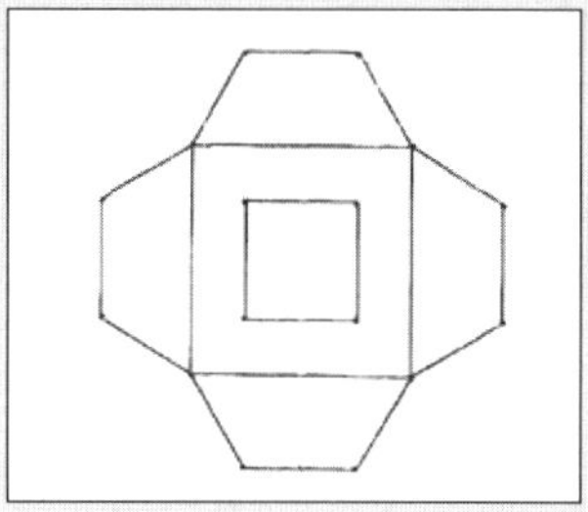

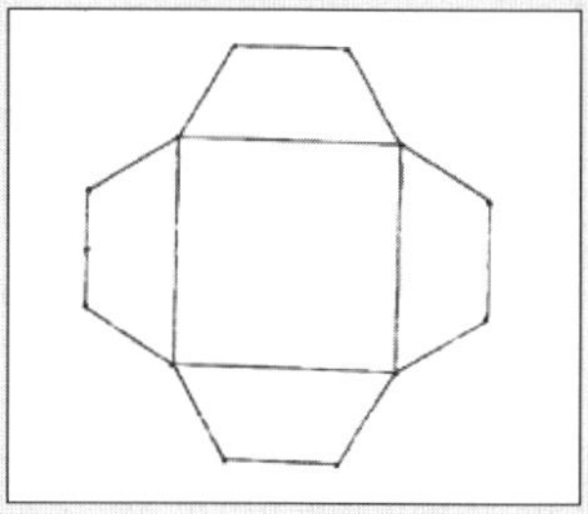

- certains oublient la face supérieure et c'est à partir d'une sollicitation du maître concernant le nombre de faces qu'ils prennent conscience du manque ;

- certains projettent cette face supérieure sur la face inférieure (retour à une vue de dessus du point de vue de l'observateur) ;

- certains élèves la positionnent correctement mais ne conserve pas ses dimensions (reprise de la base) ;

- certains réalisent une double rotation et obtiennent un développement correct de leur polyèdre.

La frise de Noël
(grande section)

• Présentation générale

La situation frise permet de familiariser les élèves avec les problèmes de mesure de longueur, en les amenant à définir un étalon pour pouvoir reporter «n» fois un motif. Les élèves doivent réaliser une frise faite de motifs répétitifs à placer sur un mur du hall d'entrée de l'école. Une bande de papier de référence leur est donnée. Ainsi, ils n'ont pas à déterminer la longueur de l'étalon, c'est-à-dire pour eux la longueur du papier support de leur motif. Ils doivent toutefois comprendre la relation existante entre la bande de papier de référence et le mur, pour déterminer le nombre de frises à construire.

L'activité est conduite en grande section au mois de décembre. Elle est organisée sous forme d'ateliers dirigé réunissant des groupes de quatre à cinq élèves.

• Compétences visées

- Utiliser la longueur pour caractériser une dimension d'un objet.
- Utiliser des procédures personnelles pour comparer les longueurs de deux objets non superposables.
- Utiliser un étalon pour caractériser la longueur d'un objet.

• Variables de la situation

- La longueur de la frise.
- La relation entre la longueur de la frise et la longueur du mur.
- La nature et la longueur des objets outils mis à disposition des élèves.
- L'éloignement du mur à décorer et du lieu de fabrication de la frise.

• Déroulement

Appropriation de la situation par les élèves

Cette activité à dominante mathématique s'inscrit dans la réalisation d'un projet. La classe est chargée de décorer un mur du hall d'accueil de l'école pour Noël. Après observation de papiers peints présentant des frises répétitives, les élèves ont décidé de réaliser à leur tour des frises qui seront présentées aux parents lors de la fête de Noël.

Chaque groupe de quatre enfants réalise une ou deux frises selon des modalités qui donnent lieu à un travail important en arts plastiques. Les frises sont mises bout à bout et doivent exactement remplir le mur (Pratiquement le mur mesure 3m50 et l'étalon 50 cm, il faut donc effectuer 7 reports).

Une première frise est réalisée en mettant bout à bout les feuilles sur lesquelles les élèves ont réalisé un collage prédéfini. C'est alors qu'est présenté le motif de la frise : un fond de même couleur que la couleur du groupe d'appartenance de l'enfant et un collage selon un algorithme simple de sapins et de boules prédécoupés.

La classe se rend dans le hall pour observer le mur, l'enseignant a précédemment affiché sur un mur opposé (pour ne pas inciter à des approches perceptives) la bande de papier à décorer, bande qui ne peut être déplacée. La question du nombre de bandes à réaliser est alors posée.

Problème 1 : Comment déterminer le nombre de bandes d'une longueur donnée à décorer pour remplir le mur ?

En collectif, différentes propositions sont faites rendant compte des conceptions élèves.

Certains tentent de répondre directement en proposant une estimation de la quantité :

- il en faut « beaucoup », « peu », « plusieurs » ;

- il en faut « 5 », « 6 », ce qui renvoie à un essai d'estimation perceptive révélant une première compréhension de la notion de report ;

- il en faut « 100 », « 1000 », ce qui traduit une adhésion au contrat didactique (on attend un nombre) sans réelle signification attribuée à la réponse.

D'autres répondent non pas à la question « Combien ? », mais à la question « Comment ? ».

Ils proposent :

- des procédures corporelles (l'écart des bras, les doigts, les pas...) ;

- des procédures utilisant un objet report (bande de papier, règle, autres objets).

Le travail se poursuit en atelier. Il est intéressant de voir l'importance des interactions verbales élèves-élèves et élèves-maître dans l'élaboration progressive de la solution.

Elève 1: *On n'a qu'à prendre la bande.*

Maître : *On ne peut pas. Elle est collée au mur, on va la déchirer.*

Elève 1 : *On peut découper les coins et l'enlever.*

Elève 2 : *Y faut pas faire ça, parce qu'après c'est plus pareil.*

Maître : *C'est plus pareil ?*

Elève 3 : *Ben, oui. C'est plus court !*

Maître : *Tu as raison, si on coupe la bande elle n'aura plus la même longueur. Alors, comment faire ?*

Elèves : ....

Maître : *Comment faire pour savoir combien il faut de bandes comme celle-ci pour notre frise ?*

Elève 1 *: Ah ! On en met une ici, une ici, jusqu'au bout.* (il montre avec l'écartement des bras le long du mur)

Elève 3 : *La bande, elle est collée !*

Maître : *Oui la seule bande que l'on a est collée au mur, alors comment faire pour faire ce que dit X* (élève 1) ?

Elève 2 : *Alors, on prend un mètre pour mesurer* !

Maître : *Tu veux un mètre ?*

Les élèves : *Y saura pas* !

Le maître donne un mètre pliant à l'Elève.

Maître : *C'est ça ? Prend le.*

L'élève prend le mètre et essaie de le mettre contre le mur. Un autre élève va l'aider.

Maître : *Dis-nous ce que tu fais*

Elève 2 : *Je mets là (sur la bande de référence) et puis je mets là (le mètre non repéré sur le mur)*

Maître : *Oui. Alors combien de bandes ?*

Elève 2 : *Mon papa, il fait comme ça.*

Elève 1 : *Tu sais pas faire !*

Elève 4 : *Maître, tu nous dis.*

Maître : *On ne peut pas utiliser le mètre. Comment faire alors pour trouver le nombre de bandes de cette longueur (il montre la bande référence) pour mettre sur le mur (il montre le mur) ?*

Elève 5 : *On va prendre une grande bande de papier* (elle écarte les bras) *et on va tenir là et là* (elle montre l'extrémité des murs)

Maître : *C'est une bonne idée mais on n'a pas une bande de papier assez longue.*

Elève 3 : *Ah, je sais ! Si on peut pas la prendre* (la bande) *on n'a qu'à la décalquer.*

Maître : *C'est une bonne idée. Alors comment on va faire avec une bande décalquée ?*

Elève 5 : *Ben, tu prends la feuille, tu marques le bout de la bande* (elle effectue la manipulation en même temps qu'elle parle) *et puis tu mets ici* (en venant sur le bout du grand mur).

Cette transcription de dialogue met simultanément en évidence les interactions du groupe groupe vis-à-vis de la tâche, comme le montre la continuité remarquable des propos, et le rôle du maître qui maintient l'attention des élèves sur la tâche en ne refusant aucune proposition. L'épisode avorté de l'usage du mètre est important car il met en défaut une représentation partagée de la mesure. On évite ainsi que le travail sur l'étalon conduit en classe ne soit pas raccordé aux activités de mesurage hors de l'école.

Une bande report est découpée par les élèves dans la grande bande de papier par superposition avec la bande de référence. Ils se demandent alors comment procéder pour répondre au problème.

Lors de l'atelier suivant, ils se remémorent le travail fait et se posent le problème de l'utilisation de la bande découpée, après avoir constaté qu'elle est bien aussi longue que la bande référence. Si la quasi totalité des élèves comprend alors qu'il faut reporter la bande, plusieurs manipulations sont nécessaires pour adopter une procédure efficace.

Dans un premier temps, des élèves mettent la bande contre le mur et la font glisser sans repère. C'est la multiplicité des résultats obtenus qui met en défaut cette méthode.

Dans un second temps, les élèves se mettent à deux pour tenir les deux bouts de la bande (comportement valorisé par le maître) mais ne repèrent qu'approximativement son extrémité, par ailleurs ils ne suivent pas une horizontale. Pour éviter ce dernier obstacle qui parasite la situation, le maître trace à la craie une ligne droite horizontale sur le mur. Ce tracé conduit un élève à faire une proposition : repérer les bords de l'étalon à la craie.

Problème 2 : Comment découper dans le rouleau de papier le nombre de bandes nécessaires.

Les élèves disposent maintenant d'un étalon qu'ils ont utilisé pour déterminer la nécessité de prévoir 7 bandes à décorer. Il s'agit maintenant de retour en classe de découper les 7 bandes à décorer. Cette situation suppose un réinvestissement de la notion d'étalon. Les élèves ne rencontrent pas de difficulté d'autant que la situation est matériellement plus simple (manipulation à plat, recouvrement possible du rouleau de papier).

Le goûter
(petite section)

• Présentation générale

Le goûter collectif est un moment rituel en maternelle. Dans cette classe, il est considéré, depuis le début de l'année, comme un moment éducatif important : il concourt à la socialisation des élèves et favorise progressivement le développement de leur autonomie. Les activités mathématiques proposées s'inscrivent donc naturellement dans la prise en charge progressive par les élèves de l'organisation et la gestion des différents temps du goûter. Elles ont été régulièrement mises en place tout au long du second semestre et ont été intégrées au fur et à mesure comme des responsabilités sociales à assumer à tour de rôle par les élèves. Les élèves résolvent des problèmes qui tous participent à la compréhension de la notion de comparaison de collections et qui favorisent l'acquisition du vocabulaire

Il s'agit, dans un premier temps, de vérifier à partir d'une situation d'appariement la compréhension de la relation associant un objet de la collection A et un objet de la collection B et d'utiliser en situation les mots « plus », « moins », « autant » (ou « pareil »). Il s'agit ensuite de constituer deux collections ayant le même nombre d'objets soit directement, soit grâce à une collection intermédiaire.

• Compétences visées

- Associer des objets à partir d'une relation ayant un sens fonctionnel.

- Utiliser « plus » (« il y en a en trop »), « moins » (« il en manque »), « autant » (« c'est pareil »), pour parler de deux collections.

- Etablir une correspondance terme à terme pour comparer deux collections.

- Coder par des symboles une collection d'objets.

- Associer un nombre à la quantité d'objets d'une collection.

- Utiliser le nombre pour comparer deux collections.

• Variables de la situation

- Le type de problème posé selon que la réalisation de la correspondance terme à terme est le but de l'activité ou le moyen de la réaliser.

- Les objets des deux collections qui peuvent plus ou moins induire la mise en relation.

- Le nombre d'objets des deux collections.

- La situation spatiale des deux collections (comparaison directe ou comparaison indirecte).

- La nécessité d'anticiper pour constituer des collections équipotentes.

• Déroulement

Les élèves sont répartis dans la salle du restaurant scolaire par tables de cinq. L'enseignante s'occupe successivement (le même jour et d'autres jours) des différentes tables pour faciliter la résolution des problèmes posés.

Les situations proposées sont mises en place à des moments différents de l'année. Non vécues comme des situations de travail par les élèves, elles ne nécessitent pas un temps spécifique d'appropriation.

Problème 1 : Apparier deux objets

L'enseignante pose sur la table des cuillers. Il s'agit de savoir si tous les enfants peuvent en avoir une pour mélanger leurs céréales. Chaque enfant se précipite alors pour prendre une cuiller. Le petit groupe constate qu'un enfant n'a pas de cuiller : il n'y a pas assez de cuiller, il y en a moins que d'enfants. Pour éviter la bousculade, en introduisant un nouveau tas de cuillers, l'enseignante propose qu'un seul élève s'en occupe. Celui-ci effectue une répartition associant une cuillère à chaque bol : il y a autant de cuillers que de bol. Ce premier problème est aisément résolu par tous les élèves qui perçoivent que l'association un/un permet de savoir si la répartition est possible.

Problème 2 : Comparer directement deux collections

Les élèves doivent aller chercher des assiettes et des fourchettes sur un meuble placé à l'écart des tables. Les assiettes sont regroupées par piles et les fourchettes sont regroupées dans des boîtes. Pour les élèves, il s'agit de prendre, en une seule fois, les assiettes et les fourchettes de leur table. Une première question de pose : une pile d'assiettes et une boîte de fourchettes sont-elles autant d'éléments ?

L'enseignante refuse la procédure qui consiste à « aller voir », c'est-à-dire à effectuer directement la répartition aux élèves attablés. Après l'expression d'avis non justifiés (« oui », « oui, c'est mis pour ça », « non »...), et le rejet de l'affirmation «on ne peut pas savoir», un élève propose l'égalité des quantités car «il y en a plusieurs». L'enseignante rappelle qu'il est possible de déplacer les objets ce qui déclenche alors la mise en place d'une correspondance terme à terme : une assiette avec une fourchette (Dans certains groupes, cette procédure a été amorcée par l'enseignante qui a placé une fourchette dans une première assiette).

Problème 3 : Vérifier l'égalité de deux quantités

Des biscuits sont placés dans des corbeilles sur le meuble servant de desserte. Il s'agit pour les élèves de prendre la corbeille permettant à chaque élève d'un regroupement de deux tables d'avoir un goûter. La mise en place de 9 à 11 élèves regroupés répond à la volonté de ne pas induire l'utilisation de procédures numériques. Le problème est abordé avec un groupe de six élèves en l'absence des autres élèves : il s'agit de préparer les tables où les emplacements des élèves sont repérés par des serviettes en papier. La première procédure proposée est une procédure de distribution, c'est-à-dire une recherche de solution par essais/erreurs. Un enfant prend une corbeille, il met un gâteau aux dix places prévues et constate qu'il reste deux gâteaux : il y a plus de gâteaux que d'élèves. Après rappel du fait qu'il faut « juste assez » de gâteaux, les élèves proposent de prendre une autre corbeille et de recommencer. L'enseignante insiste sur le fait qu'il faut déterminer la bonne corbeille avant de distribuer sur les tables les gâteaux. Un enfant a l'idée de l'usage du nombre mais après essai déclare « je ne sais pas assez compter ». L'enseignante met en évidence que l'on met un gâteau à côté de chaque serviette et qu'il faut donc autant de gâteaux que de serviettes. Un enfant propose de ramasser les serviettes et de tester les différentes corbeilles sur la desserte ce qui résout le problème.

Le problème est repris le lendemain mais avec des places repérées uniquement par des chaises. Très rapidement des élèves ont l'idée de distribuer une serviette par chaise puis de ramasser les serviettes et d'établir la correspondance terme à terme serviettes/gâteaux sur la desserte.

Problème 4 : Aller chercher une commande

Lors d'un autre goûter, un nouveau problème est proposé aux élèves. Ils doivent à tour de rôle aller chercher un verre, une serviette, une cuiller, un yaourt, un biscuit pour chacun des cinq élèves de la table. Pour que les élèves comprennent bien la situation, on dispose devant l'un d'entre eux les éléments nécessaires au goûter. Puis on demande successivement à chaque élève d'aller chercher un type d'objet (par exemple, les yaourts) pour tous les convives de la table. Pour les petites sections, une fois le problème compris, des procédures de deux ordres sont apparues :

- mémorisation des prénoms des enfants de la table (avec oubli très souvent de l'enfant lui-même) et constitution de la collection des objets cherchés par une correspondance terme à terme prénom/objet ;

- utilisation du nombre en le gardant en mémoire lors du déplacement grâce aux cinq doigts de la main (collections intermédiaires travaillées dans la classe à propos de comptines).

Les trois rois
(moyenne section)

• Présentation générale

Les élèves doivent comparer deux collections. Ils comprennent tous au départ la notion de comparaison et sont capables avec un minimum de confusion de déterminer sur des petites collections (2 et 3 objets) celle qui a le plus d'objets. Ils ont déjà utilisé des procédures non numériques de correspondance terme à terme pour comparer des collections qu'ils ne savent pas dénombrer.

En raison de l'éloignement des collections puis de leur disposition, la situation des « Trois rois » induit l'utilisation de procédures numériques de comparaison de collections et rompt ainsi avec les procédures, précédemment utilisées dans la classe, de correspondance terme à terme.

L'activité est organisée en moyenne section à l'issue du premier semestre sous forme d'ateliers dirigés réunissant des groupes de six élèves.

• Compétences visées

- Caractériser la quantité d'objets d'une collection par un nombre.
- Utiliser des procédures adaptées au problème (appariement, correspondance terme à terme, ordre sur les nombres) pour comparer des collections d'objets.

• Variables didactiques de la situation

- Le nombre d'objets des collections.
- La possibilité de déplacer les collections (les vaches et les chevaux sont déplaçables) ou l'impossibilité de les réunir (les arbres et les maisons ne sont pas déplaçables).
- Le mode de présentation des collections (dispositions spatiales organisées sous forme de constellations permettant des comparaisons perceptives, étalement sans régularité des collections, empilement des collections...).

• Déroulement

Appropriation de la situation par les élèves

L'enseignant présente une histoire – Les Trois rois – qu'il a lui même rédigée. Un des rois est très gros, un autre est très grand et très maigre, le dernier est très petit. Ces deux premiers rois se disputent toujours pour savoir quel est le plus riche donc le plus puissant. A court d'arguments, ils décident un jour de comparer leurs vaches, puis leurs chevaux, puis... Chaque roi contestant tour à tour le résultat trouvé précédemment propose un nouvel animal ou une nouvelle catégorie d'objets.

L'appropriation de la situation se fait lors de la présentation de l'histoire. Pour l'illustrer, l'enseignant présente, en effet, les dessins des rois et de leurs châteaux et de diverses séries d'animaux. Dans la classe, deux coins nettement séparés sont mis en place : le coin du grand roi maigre et le coin du gros roi. Cette histoire est exploitée dans la classe dans de nombreux domaines (langage, arts plastiques, graphisme...) et en particulier en mathématiques où les élèves sont incités à comparer les collections d'animaux ou d'objets appartenant aux deux rois.

Problème 1 : Comparer deux collections déplaçables

Les élèves doivent comparer les vaches du premier roi (elles sont grosses et petites) et celle du deuxième roi (elles sont grandes et maigres). Chaque vache est dessinée sur une feuille. Chaque enfant dispose de sa double collection de 20 feuilles mélangées comprenant 9 vaches maigres et 11 grosses vaches. La reformulation de la question entraîne chaque élève à effectuer un tri, le plus souvent par imitation d'un de ses camarades. Plusieurs procédures sont utilisées.

- Certains élèves sont bloqués par le mélange des collections à comparer. Le problème posé nécessite en effet la réalisation de deux tâches différentes : séparer les deux collections et comparer les deux collections. Il est alors nécessaire de reprendre avec eux la question posée puis de commencer à effectuer la séparation des collections pour leur permettre de démarrer ;

- quelques élèves, même après avoir effectué le tri précédent, déclarent « ne pas savoir faire » ;

- certains élèves organisent spatialement les animaux en file (une file de vaches maigres avec en dessous une file de grosses vaches) puis concluent, soit en vérifiant la correspondance terme à terme ainsi mise en place, soit en utilisant uniquement une approche perceptive des longueurs des files,

- certains élèves constituent des couples (une vache maigre/une grosse vache) puis concluent en fonction des images restantes ;

- quelques élèves dénombrent les deux collections et concluent (ayant oublié le premier nombre, ils sont parfois obligés d'effectuer plusieurs dénombrements de la même collection).

Un temps de mise en commun au sein de l'atelier permet à tous les élèves de comprendre le bien-fondé des diverses procédures utilisées et même de se les approprier comme en témoigne leur réinvestissement, en particulier par les élèves ayant rencontré des difficultés, avec des images de chevaux.

Problème 2 : Comparer deux collections éloignées non déplaçables

Il s'agit de comparer maintenant le nombre de maisons des villages des deux rois. Les maquettes des maisons sont placées à côté du dessin des châteaux dans deux coins de la classe : elles ne peuvent être perçues visuellement en même temps. Les élèves ont été regroupés en ateliers différenciés en fonction de leurs compétences numériques et des procédures qu'ils ont mises en place dans l'activité précédente. Le choix du nombre de maisons de chaque collection tient ainsi compte des compétences des élèves (de 4 à 9 maisons).

Les collections sont étalées sur deux tables. Les enfants par groupe de deux doivent comparer les collections et donner leur conclusion à l'enseignante de telle façon que les autres élèves ne l'entendent pas. Ils ont le droit de faire autant de déplacements entre les deux lieux de présentation des collections qu'ils le souhaitent. Puis les différents résultats sont confrontés et les élèves expliquent ce qu'ils ont fait, éventuellement en présentant leur procédure.

Certains donnent le résultat de leur comparaison sans réellement le justifier : « ça se voit ». Il semble que cette affirmation recouvre deux procédures différentes : une estimation globale de la quantité largement dépendante de la surface utilisée par les deux collections, une comparaison par groupes de maisons regroupés spatialement qui conduit à la constitution d'images mentales.

D'autres utilisent des procédures numériques et dénombrent soigneusement les deux collections. La présence de deux élèves facilite le maintien en mémoire à court terme du nombre de la première collection chez l'enfant qui ne dénombre pas la deuxième collection car lorsqu'un seul enfant veut se charger des deux tâches, la prégnance du dénombrement le conduit à ne pas garder en mémoire à court terme le premier nombre et à proposer un nombre «inventé» lors de la comparaison. Leur conclusion (juste ou erronée) est directement liée à la position du dernier nombre dit dans la suite numérique orale comme le montre une intervention d'un élève : « Y a plus de grosses maisons. Tu vois, y a 7 maisons comme ça (il montre une grande maison) et après 8-9 pour les grosses maisons ».

D'une certaine façon la comptine orale des nombres s'avère un outil de comparaison puisque plus on dit de nombres plus le nombre est grand. De nouveau, les procédures doivent très souvent être réeffectuées pour être partiellement verbalisées devant les autres élèves de l'atelier. Cette mise en commun s'avère cependant efficace pour favoriser une appropriation de procédures par les élèves les plus en difficulté.

Afin de rendre impossible la comparaison perceptive, la même situation est alors reprise avec les arbres sous une nouvelle forme. Les feuilles représentant les arbres non déplaçables sont placées les unes sur les autres ainsi aucune approche perceptive n'est possible : pas de données sur « l'étendue », des piles non distinguables par leur épaisseur. Aucun élève n'envisageant d'organiser spatialement les collections, seules les procédures de comparaison numérique peuvent être mobilisées. A quelques exceptions près, les élèves comprennent que le nombre est un outil pertinent pour comparer deux collections. Si des erreurs sont commises, elles sont essentiellement dues au dénombrement ou à la manipulation.

Les habits de carnaval
(grande section)

• Présentation générale

La situation du bonhomme carnaval conduit les élèves à manipuler de très grandes collections d'objets (de l'ordre de deux cents objets) et à les répartir en trois parts égales. Les élèves ne pouvant mettre en œuvre aucune procédure numérique directe – à la fois parce qu'ils ne peuvent dénombrer des collections aussi grandes et parce qu'ils ne disposent pas de procédures leur permettant de rechercher le quart d'un nombre –, ils doivent créer des procédures de distribution plus rapides que celle qui consiste à répartir tous les objets un par un.

Une autre difficulté provient de l'existence possible d'un reste (il suffit pour que le reste ne soit pas nul que le nombre d'objets ne soit pas un multiple de trois), ce qui justifie la mise en place de procédures de validation des parts constituées.

Cette situation est proposée au deuxième semestre de l'année à des élèves ayant déjà été confrontés à plusieurs situations de comparaison.

• Compétences visées

- Constituer des parts égales.
- Distribuer ou répartir de manière équitable des objets.
- Utiliser des groupements d'objets (« paquets »).
- Comparer des collections d'objets déplaçables.

• Variables de la situation

- Le nombre d'objets à répartir.
- Le nombre de parts.
- La présence d'un reste.
- Les supports utilisés pour regrouper les parts.
- La possibilité de déplacer ou non les objets des parts constituées.

• Déroulement

Appropriation de la situation par les élèves

Pour décorer un bonhomme carnaval, chaque groupe de trois élèves dispose de multiples « boutons » de couleurs et de formes différentes qui doivent être collés sur son habit.

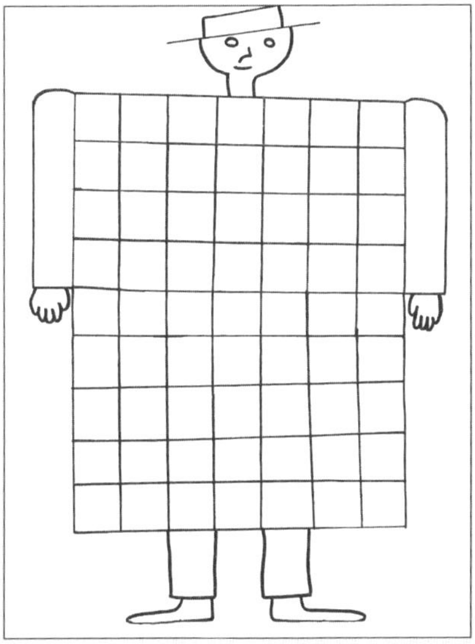

L'activité mathématique s'intègre dans un projet plus large de fête de l'école. Le bonhomme (silhouette) sera effectivement construit, habillé, décoré et promené dans les rues du quartier. Pour que tous les bonshommes soient identiques, il s'agit, pour les élèves, de répartir en trois parts égales le très grand nombre de boutons dont ils disposent collectivement.

Pour permettre aux élèves de bien comprendre la situation, l'enseignant leur propose, avant d'envisager le partage des boutons, de se répartir 15 gommettes pour décorer les sacs des bonshommes.

Très vite, chaque élève en prend quelques-unes. Le constat de l'inégalité des parts leur permet d'obtenir, par réajustements, trois parts de cinq gommettes. Il n'y a pas de véritable procédure collective mise en place.

Problème 1 : Peut-on toujours faire un partage en parts égales ?

L'enseignant propose au groupe-classe 26 gommettes complémentaires et intervient pour qu'une méthode moins aléatoire soit trouvée. Plusieurs procédures apparaissent alors.

- **Une procédure d'estimation globale** ne différant guère dans le principe de la précédente mais coordonnée dans sa réalisation : chaque élève prend le même nombre d'objets (par exemple 5) et les objets restants sont répartis. Cette procédure montre vite ses limites puisque l'estimation faite est parfois excessive (tous les enfants ne peuvent pas prendre le nombre prévu de gommettes) et surtout que la répartition des gommettes restantes se fait dans les mêmes conditions que précédemment.

- **Une procédure de distribution** qui conduit un enfant à donner successivement une gommette à chaque élève jusqu'à épuisement du stock. Une variante de ce dispositif consiste à ce que chaque élève prenne à son tour un objet. Quand les tours sont respectés, cette procédure est bonne mais elle conduit à une distribution totale, donc parfois inégalitaire, de tous les objets.

- **Une procédure de répartition** qui consiste à ce que les trois élèves prennent simultanément un objet jusqu'à ce que tous ne puissent plus en prendre un. Bien appliquée la procédure est pertinente mais elle suppose une coordination parfaite des individus. Or on constate que souvent cette procédure conduit à des prises d'objets non simultanées et donc à la création de parts non égales.

- **Une procédure numérique** qui fonctionne pour des nombres connus des enfants. Avec 26 gommettes, quelques enfants procèdent à des estimations numériques suivies de régulations : si on en prend chacun 5, on aura distribué 5-10-15, si on en prend 6, on aura 6-12-18...

Quelle que soit la procédure mise en place, et après rectification éventuelle, les élèves constatent que deux parts sont constituées de 9 gommettes, une part de 8 gommettes. Après discussion, les élèves réalisent qu'il est impossible de tout distribuer si l'on veut obtenir des parts égales.

Problème 2 : Comment répartir une grande quantité d'objets ?

Il s'agit maintenant de se partager les boutons qui vont décorer les habits. Après une phase d'émerveillement devant le stock de 178 « boutons », les élèves se trouvent confrontés au problème de leur répartition. Il s'agit de réaliser un partage en parts égales avec reste minimum et la procédure experte de division euclidienne ne sera pas disponible avant le cycle 3.

Ils essaient tout d'abord de répéter la procédure de distribution (chaque enfant prend à son tour un objet) précédemment mise en œuvre. Il s'avère que, malgré la persévérance de certains, la distribution est trop longue : la méthode est inefficace. Certains élèves renouent alors avec les premières procédures : chacun prend un tas de boutons et la validation de l'égalité des parts se fait de manière perceptive.

Un nouveau problème se pose alors.

Problème 3 : Comment comparer des grandes collections que l'on ne peut pas dénombrer ?

Pour vérifier l'égalité des parts :

- certains tentent de les dénombrer mais leur répertoire numérique s'avère insuffisant ;

- certains essaient de réaliser des correspondances terme à terme un/un mais le nombre de boutons et la présence de trois parts découragent cette initiative ;

- certains proposent des regroupements spatiaux : le matériel ne favorisant pas la mise en place de piles (les boutons ne peuvent se superposer),

- certains constituent des files. Cette procédure pose cependant deux problèmes : les boutons ne sont pas tous identiques et n'occupent pas tous spatialement le même espace, ce qui induit une confusion entre le nombre d'objets et la longueur de la file. Peu d'élèves comprennent la nécessité de faire des files comportant un nombre régulier de boutons afin de ramener le problème à une comparaison du nombre de files et non du nombre de boutons.

En collectif, après un constat d'échec, l'enseignante rappelle le but de l'activité : il s'agit de remplir l'habit des bonshommes carnaval de manière régulière en collant un même nombre de boutons sur chaque bonhomme. Elle montre que conformément au projet de construction précédemment élaboré, les boutons de différentes formes et de différentes couleurs doivent se répartir sur un quadrillage.

Lors de la phase suivante d'ateliers, les enfants disposent d'une grille rectangulaire 7x9 représentant le plastron. Ils doivent de nouveau comparer de grandes collections. Les élèves répartissent immédiatement les boutons sur le quadrillage. Celui-ci comportant plus de cases que de boutons, toutes les cases ne sont pas remplies et certains répartissent leurs boutons sur toutes les cases : l'élève A a rempli les cases régulièrement (elles sont grisées), l'élève B a d'abord rempli sa grille par ligne puis par colonne.

ELEVE A ELEVE B

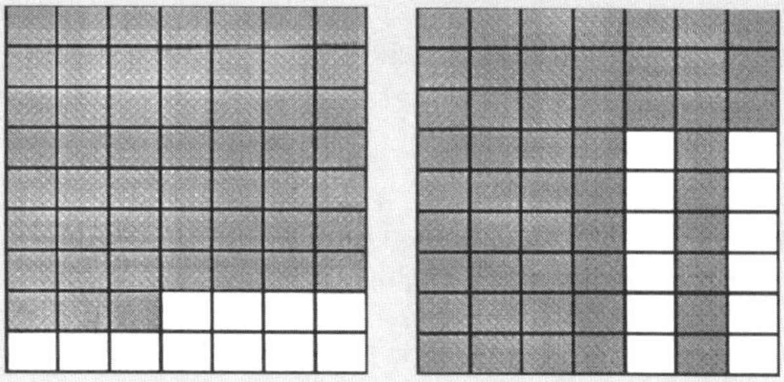

Pour comparer les collections, il est donc nécessaire de remplir les grilles supports de manière régulière. Ce travail étant fait, les élèves constatent que les grilles ne sont pas remplies de manière identique et comparent précisément les résultats obtenus. Ils mettent en évidence l'égalité des nombres de lignes remplies et constatent que les écarts sur la dernière ligne renvoient à l'impossibilité de répartir équitablement tous les boutons.

PART 1 PART 2 PART 3 PART 4

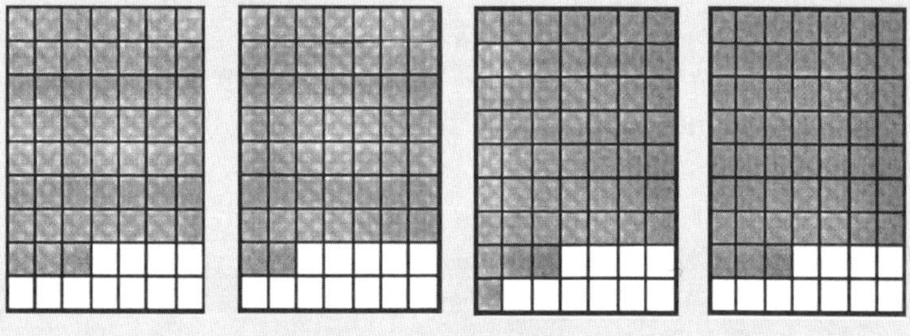

Problème 3 : Comment faire pour distribuer rapidement de manière équitable une grande collection ?

Après une présentation collective des résultats obtenus, le problème initial est repris en grand groupe : la classe dispose d'une procédure de comparaison de grandes collections et donc de validation des parts, comment faire pour obtenir une distribution rapide équitable ?

Immédiatement, des élèves proposent de remplir les grilles utilisées précédemment. L'enseignante demande à trois enfants de réaliser ce qu'ils suggèrent devant les autres, à partir d'une grande collection (167 boutons). Ils prennent les boutons et remplissent leur grille sans tenir compte les uns des autres malgré les protestations de certains spectateurs. Une comparaison des résultats obtenus montre que les parts (51-56-60) ne sont pas égales. Un des enfants est accusé d'avoir voulu prendre tous les boutons en remplissant sa grille trop vite ! Rapidement un consensus s'établit : il faut prendre chacun en même temps 7 boutons (une ligne) et répéter cette action aussi souvent que possible ; à la fin, il suffit de se répartir le petit nombre de boutons restants. Tous les élèves sont alors conduits à effectuer ce travail à leur table par groupes de trois et ne rencontrent pas de difficulté.

Lors d'un nouveau regroupement, l'enseignante pose le problème de la procédure à suivre en l'absence de grille. Les élèves indiquent immédiatement qu'il suffit de faire des tas de sept objets pour résoudre le problème et sur incitation de la maîtresse comprennent que le nombre « sept » peut être remplacé par n'importe quel autre nombre.

Le carrelage
(fin de moyenne section, grande section)

• Présentation générale

La situation « carrelage » est une situation du type « juste assez en un seul voyage ».[1] Elle est très proche des nombreuses situations qui permettent d'utiliser le nombre pour mémoriser une quantité.[2] Elle peut être proposée soit au dernier trimestre de moyenne section, soit au cours du premier trimestre de la grande section.

(1) voir p. 85

(2) Voir par exemple ERMEL, « le jeu des voyageurs », *Apprentissages numériques, Grande section de maternelle*, INRP-Hatier.eige

Il s'agit pour les élèves de compléter avec des « carreaux » (des gommettes noires) un carrelage composé de cases blanches et de cases noires.

• Compétences visées

- Enumérer et dénombrer une collection d'objets non déplaçables.
- Caractériser la quantité d'objets d'une collection par un nombre et utiliser ce nombre comme mémoire de cette quantité.

• Variables de la situation

- **Le domaine numérique mobilisé.** La tâche est impossible si l'enfant doit utiliser un nombre non maîtrisé, elle est allégée si, pour lui, les nombres utilisés sont des « petits nombres ». Le but de l'enseignant, en mettant en place cette situation de recherche, n'étant pas d'élargir le domaine numérique connu, les nombres de gommettes sont déterminés en fonction des compétences de chaque élève, ce qui justifie d'ailleurs que l'activité puisse être proposée en moyenne section et en grande section.

- **La répartition des formes sur le carrelage.** Le positionnement des carreaux rouges sur le carrelage détermine la difficulté de la tâche d'énumération initiale. Selon qu'ils sont regroupés, ou dispersés, les contraintes de l'énumération seront différentes.

- **Les modalités de mise à disposition des carreaux.** Les carreaux recherchés peuvent être obtenus de manières différentes. L'enfant peut prendre les « n » carreaux rouges nécessaires dans une boîte : il s'agit alors pour lui de constituer une collection de « n » objets, ce qui peut induire des erreurs. Il peut demander ses « n » carreaux à un « vendeur », ce qui nécessite l'installation d'une communication orale socialement compréhensible. Il est également possible de modifier le problème en exigeant une commande écrite.[3]

(3) Voir situation suivante du bonhomme de neige.

• Déroulement

Appropriation de la situation

La situation est mise en place par ateliers dirigés de six à sept élèves, chaque élève ayant son propre carrelage. L'atelier se présente ainsi initialement comme un travail en groupe, cependant les temps de mutualisation des résultats et des procédures jouent un rôle essentiel.

Dans un premier temps, les élèves réalisent effectivement le carrelage en collant sur le quadrillage de leur feuille des gommettes noires disponibles sur leur table. Il s'agit de comprendre l'activité (une gommette par case) et le code désignant les cases à recouvrir par des gommettes noires.

Les élèves se voient ensuite demander la même tâche mais les « carreaux noirs » sont maintenant éloignés. Aucune contrainte n'est formulée. A ce moment, les procédures des élèves sont différentes :

- certains font autant de déplacements qu'ils ont de « carreaux » à chercher ;
- certains procèdent à une estimation globale du nombre de carreaux à chercher puis complètent en cas de manque (le fait d'avoir trop de gommettes ne les inquiète pas) ;
- certains vont chercher le maximum de gommettes possible.

Problème : Comment faire pour ramener le nombre exact de carreaux en un seul voyage ?

A partir d'un bilan de la phase précédente portant en particulier sur le nombre de déplacements et sur l'existence d'excédents de gommettes, le problème est posé : il faut ramener les gommettes nécessaires pour recouvrir exactement le carrelage en n'effectuant qu'un seul déplacement.

Il est à souligner que la consigne, si elle met en évidence la nécessite de compléter le carrelage, ne fait jamais explicitement référence au nombre.

Phase 1

La plupart des élèves vont spontanément chercher leurs carreaux après une estimation rapide de la quantité. Les échecs sont donc nombreux et permettent au maître de reposer clairement le problème.

Phase 2

Face à une nouvelle grille, beaucoup d'élèves adoptent alors une attitude différente et repèrent les cases à remplir. Certains dénombrent les cases repérées par une croix et vont chercher les « carreaux noirs » en tentant de garder ce nombre en mémoire (utilisation des doigts, nombre répété à voix basse...). Il est à souligner l'importance du travail en groupes. En effet, si chacun a son carrelage, les procédures attendues sont identiques. Pour certains élèves, le fait de voir compter leur(s) voisin(s) les conduit à s'approprier cette procédure numérique par répétition (mais dans ce cas ils ne savent pas utiliser le nombre découvert) et surtout par imitation appropriative.

Phase 3

La comparaison des productions permet de verbaliser les stratégies et de mettre en évidence les difficultés rencontrées. L'enseignant dispose en effet des feuilles remplies par les élèves et les manques ou les excédents de carreaux apparaissent nettement. Diverses difficultés sont mises en évidence :

- difficulté de dénombrement des cases marquées d'une croix sur le carrelage initial (erreur de dénombrement ou erreur d'énumération) ;
- oubli du nombre pendant le déplacement ;
- difficulté de constitution de la collection des « carreaux noirs ».

La reprise de nouvelles grilles permet d'en dépasser la majorité.

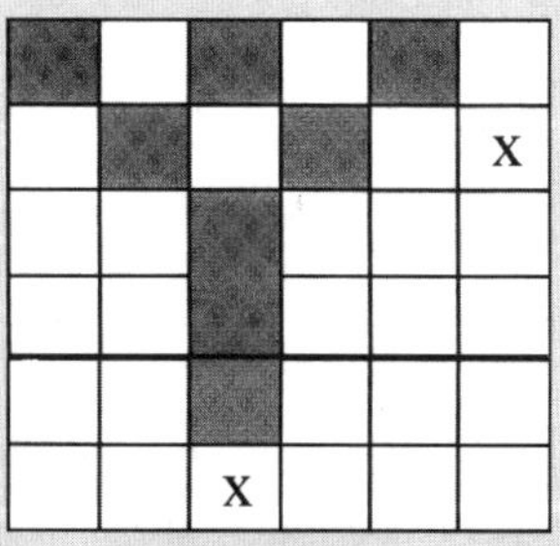

Deux oublis

Deux carreaux noirs en trop

Le bonhomme de neige multicolore
(grande section)

• Présentation générale

Les élèves doivent compléter, en utilisant des gommettes de différentes formes, des silhouettes de bonshommes de neige en fonction de figures géométriques pré dessinées.

Comme dans la situation précédente, il s'agit d'amener l'élève à utiliser le nombre pour caractériser la quantité d'objets d'une collection, en particulier quand celle-ci n'est pas directement visible. Mais, alors que dans la situation « carrelage » il suffisait à l'élève de mémoriser le nombre d'éléments (utilisation de la numération orale), la situation du « bonhomme de neige multicolore » nécessite un traitement complexe de plusieurs informations.

En effet, l'élève doit dénombrer quatre collections réparties sans ordre apparent, se rappeler au fur et à mesure de leur comptage le nombre de gommettes des formes dénombrées puis mémoriser quatre informations à restituer, en une seule fois, après déplacement chez le marchand. La nécessité de conduire simultanément plusieurs opérations cognitives rend la tâche impossible à réaliser sans allégement de la mémoire de travail : l'élève prend alors conscience du rôle d'un message écrit.

L'activité s'adresse à des élèves de moyenne et de grande section à la fin du premier trimestre de l'année scolaire. Elle est organisée sous forme d'ateliers dirigés, par demi classe. Les élèves travaillent par deux, les groupes ont été déterminés en fonction des compétences numériques validées auparavant (limite d'utilisation du nombre pour dénombrer une collection). Le choix de proposer un bonhomme à compléter pour deux élèves est justifié par l'importance qu'il est possible d'accorder à la verbalisation, qu'elle permette l'explicitation des procédures utilisées ou qu'elle favorise une validation de l'énumération et du dénombrement.

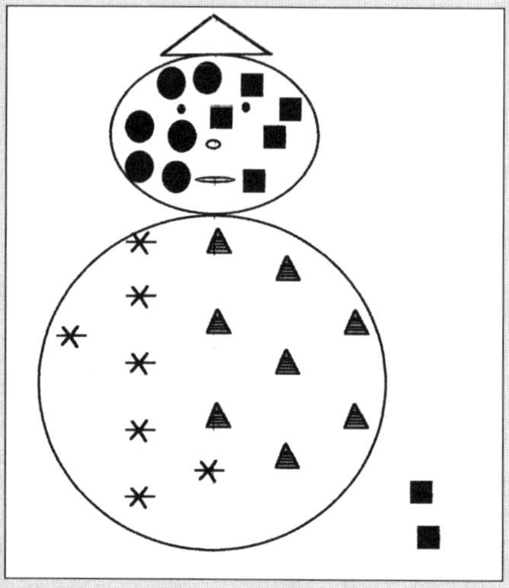

Quatre formes de gommettes. Répartition dans des espaces distincts. Deux gommettes en trop.

• Compétences visées

- Organiser l'énumération de collections d'objets mélangés.
- Caractériser la quantité d'objets d'une collection par un nombre.
- Dénombrer le nombre d'objets d'une collection non déplaçable.
- Mémoriser et communiquer des informations sur les quantités.
- Utiliser des procédures personnelles pour coder à l'écrit le nombre d'objets d'une collection.

• Variables de la situation

- Le domaine numérique mobilisé. La tâche est impossible si l'enfant doit utiliser un nombre non maîtrisé, elle est allégée si, pour lui, les nombres utilisés sont des « petits nombres ». En mettant en place cette situation de recherche, le but de l'enseignant n'est pas d'élargir le domaine numérique connu, c'est pourquoi les nombres de gommettes sont déterminés en fonction des compétences de chaque élève

- Le nombre de formes. Ce nombre détermine l'évolution des procédures. Avec une seule forme, on reprend le problème présenté dans la situation carrelage précédente, avec deux formes on reste dans une possibilité de mémorisation sans codage écrit. Il est possible de jouer sur cette variable en cours d'apprentissage pour tenir compte des niveaux de réussite constatés.

- **La répartition des formes sur le bonhomme.** Le positionnement des gommettes de différentes formes sur le support détermine la difficulté de la tâche d'énumération initiale. Si les gommettes de formes différentes sont séparées d'un point de vue perceptif, chaque collection peut être dénombrée de manière indépendante ; si les gommettes sont mélangées, leur énumération suppose que soient gérées simultanément d'une part les gommettes comptées et non comptées, d'autre part les gommettes de la forme prise en compte et les autres gommettes.

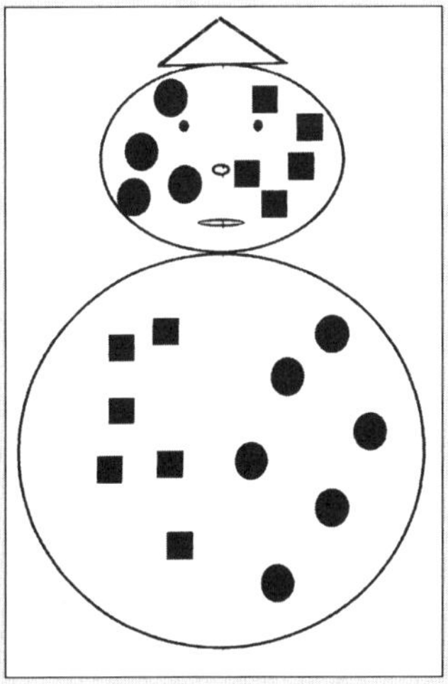

Deux formes de gommettes réparties sur les deux parties du bonhomme de manière groupée.

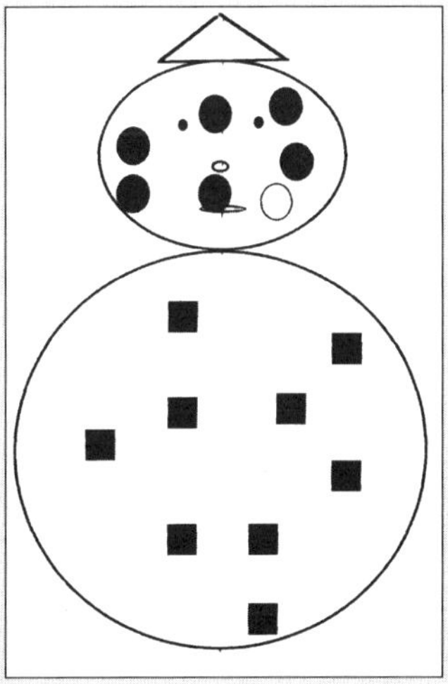

Deux formes de gommettes réparties dans des espaces distincts.
Une gommette ronde n'a pas été collée.

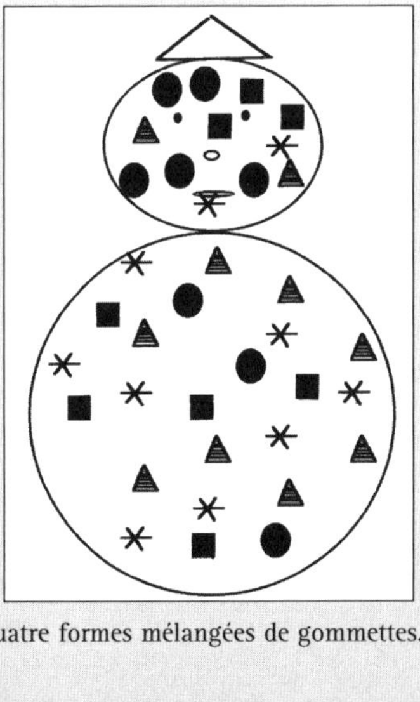

Quatre formes mélangées de gommettes.

- Les modalités de mise à disposition des gommettes. Le problème nécessite éloignement du marchand et temps différé. Le fait que l'enfant formule directement sa commande à un autre enfant allège sa tâche (il n'a pas à recompter les gommettes) mais crée la contrainte de la mise en place d'une communication orale ou écrite socialement compréhensible. Ainsi, une variable didactique de la situation étudiée est le mode de définition de la communication élève/marchand.

• Déroulement

Appropriation de la situation par les élèves

La résolution du problème posé s'inscrit dans un projet de décoration de la classe à l'occasion de la fête de Noël. Il s'agit de réaliser des bonshommes de neige multicolores qui associés constitueront des guirlandes. La démarche mise en place est une démarche de projet qui prévoit l'accueil d'une classe de même niveau d'une école maternelle voisine avec laquelle des échanges réguliers sont organisés.

En atelier, les élèves décorent une étoile en plaçant des gommettes disponibles sur la table sur des emplacements dessinés (compréhension du code), puis ils doivent aller chercher les gommettes auprès d'un vendeur (compréhension de la consigne « juste assez en un seul voyage »). Cette dernière partie de travail correspond à une réactualisation de procédures vues lors de la situation « carrelage ».

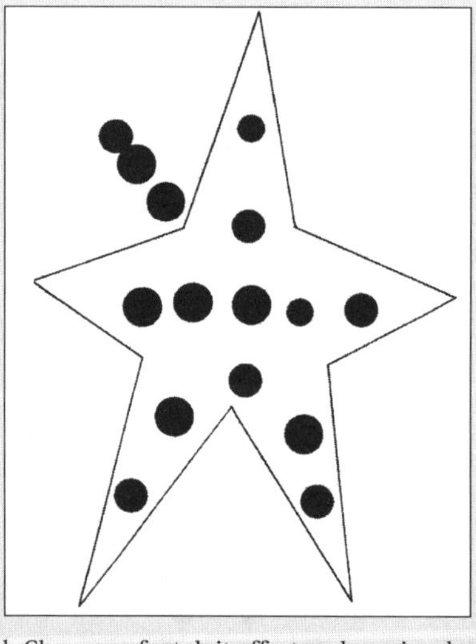

Travail individuel. Chaque enfant doit effectuer le moins de voyages possibles. Si l'élève rapporte trop de gommettes, il les colle sur le côté.

On propose alors des bonshommes de neige où sont dessinés des emplacements de gommettes : pour certains, les gommettes de formes différentes sont placées de manière séparée sur la tête et le corps, pour d'autres les gommettes sont placées sur les deux parties du corps symétriquement (par exemple, des « carrés » sur la partie droite du bonhomme, des « triangles » sur la partie gauche). Les élèves doivent demander leurs gommettes à autant de vendeurs qu'ils ont de formes différentes à ramener (ce dispositif facilite la tâche des vendeurs qui, dans toute la mesure du possible, ne doivent pas se tromper). Aucune consigne n'est donnée à propos de l'organisation du travail des deux enfants d'un même groupe.

L'influence de la réactualisation faite avec l'activité de décoration d'une étoile est à souligner puisque la plupart des d'enfants utilisent les nombres en réinvestissant une procédure considérée comme pertinente.

On constate plusieurs comportements des groupes :

- les élèves se partagent le travail (l'un compte les triangles, l'autre les carrés, par exemple) et chaque élève va chercher ses gommettes, ce qui peut entraîner des difficultés quand la répartition de la tâche n'a pas été explicite (les deux élèves ramènent les mêmes formes, par exemple) ;

- un élève définit une commande composée de deux nombres sous le regard de l'autre qui valide ou invalide les résultats ;

- un élève définit une commande composée de deux nombres, l'autre n'intervenant pas dans la tâche ;

- un élève compte toutes les gommettes sans distinguer les deux formes, l'autre élève ne s'investissant pas dans la situation.

Problème 1 : Comment s'organiser pour qu'un élève puisse effectuer seul sa double commande ?

Un bilan est alors fait et une contrainte organisationnelle nouvelle est présentée : la commande ne peut être passée que par un seul élève qui est le porte-parole du groupe.

Les interactions entre les élèves sont plus nombreuses, les désaccords plus fréquents (sur le dénombrement, sur la gestion des espaces à compter...).

Les élèves mémorisent leur double commande (par exemple 8 ronds, 6 triangles), beaucoup répètent ce message oral en allant voir les vendeurs, certains ont du mal à décomposer leur commande pour demander séparément les deux formes à deux vendeurs différents.

Un nouveau bilan collectif permet de faire le point sur les procédures utilisées. Effectué à partir des productions d'élèves, il propose à certains groupes de présenter leur procédure et de valoriser leur action.

Problème 2 : Comment s'organiser pour qu'un élève puisse effectuer seul sa quadruple commande ?

La situation précédente est reprise mais il y a quatre formes.

Les élèves ne parviennent pas à effectuer une commande correcte car il s'agit de gérer et de mettre en mémoire simultanément trop de nombres. Le problème posé invalide les procédures orales précédemment utilisées.

Lors d'un nouveau regroupement, un constat d'échec est fait et la nécessité de rechercher une nouvelle méthode est mise en évidence. Certains élèves réaffirment la nécessité de bien se concentrer pour mémoriser correctement les quatre termes du message mais leur proposition est repoussée par les autres, d'autres considèrent que le problème est trop difficile et sont prêts à abandonner.

L'enseignant rappelle alors qu'ils peuvent utiliser des feutres et du papier mais précise qu'on ne peut pas recopier le bonhomme puisqu'il s'agit d'effectuer une commande distinguant les nombres de différentes formes à commander. Un élève indique que sa maman écrit sur un papier la liste des commissions qu'elle va acheter quand elle part faire des courses. L'idée, valorisée par l'enseignant, est reprise par les élèves. Plusieurs solutions sont évoquées collectivement : dessiner, écrire, faire un tableau...

Pour rendre compte de cette phase de travail, nous présenterons les procédures de codage de la situation utilisées par les élèves. Plusieurs remarques sont à faire :

- il existe de forts phénomènes d'imitation, des élèves changent de procédures en fonction des démarches mises en œuvre par leurs voisins ;

- il est indispensable que les élèves disposent d'une bande numérique correctement placée face à eux (et qu'ils aient bien évidemment l'habitude de s'en servir aussi bien pour compter que pour rechercher le modèle de la graphie d'un chiffre).

Deux types de codage apparaissent :

- certains élèves utilisent des représentations des objets ; ils organisent des suites répétées de formes ; ils recomptent alors chaque ensemble ainsi constitué pour le vendeur ;

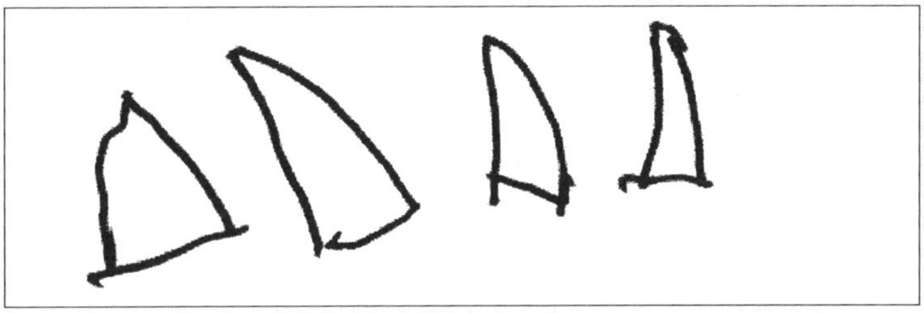

- d'autres élèves utilisent un code mixte en juxtaposant nombres et dessins ;

- d'autres élèves enfin n'utilisent qu'un code numérique.

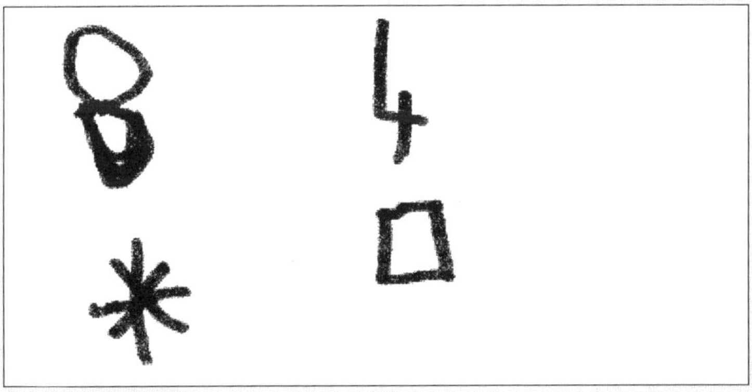

L'ensemble des productions est commenté lors d'un regroupement. Une nouvelle activité du même type clôt alors la séquence et sert d'évaluation. A la suite des remarques faites lors du bilan précédent, les élèves disposent dans cette dernière séance d'un bon de commande quadrillé. Si certains ont pleinement bénéficié de la mise en commun et modifient leur codage, d'autres, en revanche, conservent malgré la grille leur procédure imagée.

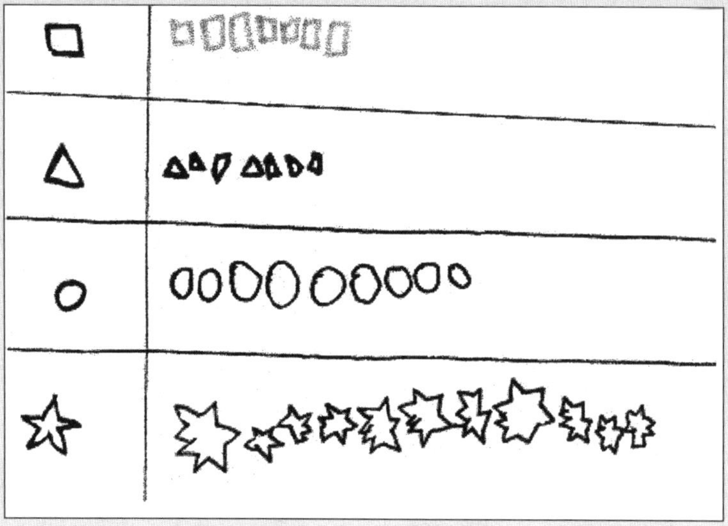

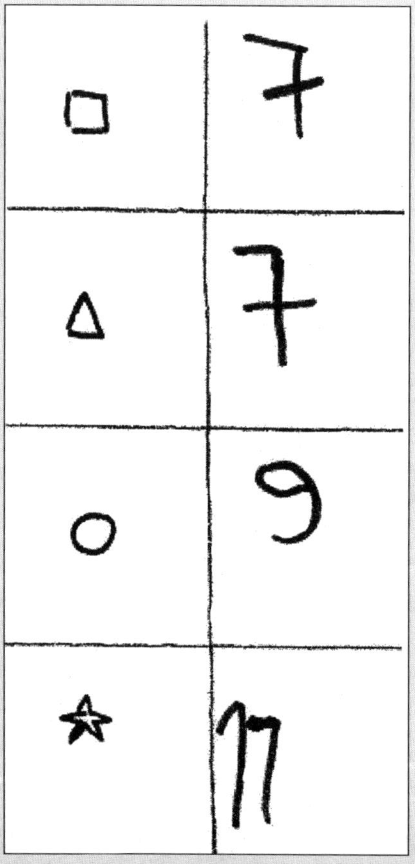
7
7
9
11

La tirelire
(grande section)

• Présentation générale

L'activité proposée est une activité de jeu. Reprise plusieurs fois avec une complexification progressive des règles, elle permet aux élèves de s'approprier les situations additives liées à des transformations positives d'état et de rechercher des procédures de calcul d'une somme. Dans sa forme la plus élaborée, le jeu consiste à déterminer celui qui, à l'issue de deux lancers de dé (éventuellement trois), a gagné le maximum de jetons sachant que ceux-ci sont placés, au fur et à mesure des tirages, dans une tirelire fermée. Le dispositif rend nécessaire le travail sur les écritures mathématiques et en particulier l'utilisation des nombres écrits.

L'activité est organisée sous forme d'ateliers dirigés associant huit élèves regroupés en deux groupes de quatre joueurs. La mutualisation des difficultés rencontrées et des procédures mises en œuvre joue un rôle essentiel dans l'évolution des stratégies et en particulier dans l'utilisation des codes numériques.

• Compétences visées

- Caractériser la quantité d'objets d'une collection par un nombre.
- Reconnaître des situations additives.
- Ecrire les graphies du nombre en utilisant éventuellement une bande numérique.
- Déterminer la somme de deux nombres.

• Variables de la situation

- Le type de dé choisi : configuration, dés chiffrés.
- Le nombre de lancers de dés effectués.
- L'intervalle de temps entre les lancers de dés.
- L'accès possible ou impossible aux collections de jetons.

• Déroulement

Appropriation de la situation par les élèves

Pour permettre aux élèves de s'approprier le jeu, on propose une première partie avec la tirelire ouverte. Chaque joueur lance le dé, prend le nombre de jetons défini par la configuration du dé et les place dans la boîte ouverte. Au bout de deux tours, chaque joueur dénombre les jetons qu'il a gagnés. La comparaison des gains permet de désigner le gagnant.

Une nouvelle règle est alors introduite : la boîte est fermée et joue son rôle de tirelire grâce à une fente découpée dans son couvercle. Le même jeu est mis en place sans consigne complémentaire de l'enseignante. Les élèves lancent successivement deux fois le dé et placent, à chaque lancer, les jetons gagnés dans la tirelire. Plusieurs attitudes peuvent être relevées à l'issue du jeu :

- des élèves reconnaissent ne plus se souvenir de leurs tirages ;
- des élèves formulent des scores fantaisistes, démentis lors de l'ouverture des boîtes ;
- des élèves ayant réalisé de petits tirages (1 et 2 par exemple) donne un total correct ;
- des élèves se rappellent de leurs deux tirages (4 et 6, par exemple) mais se trouvent en grande difficulté pour anticiper leur gain.

Problème 1 : Comment garder mémoire des lancers effectués ?

Après discussion la nécessité que chaque joueur garde une trace écrite de ses tirages est formulée. L'enseignante fournit feuilles et feutres aux élèves sans donner aucune consigne complémentaire.

Différents codages sont utilisés :

- **dessins des jetons** avec ou sans séparation des deux tirages (avec parfois un essai de représentation de la boîte) ;

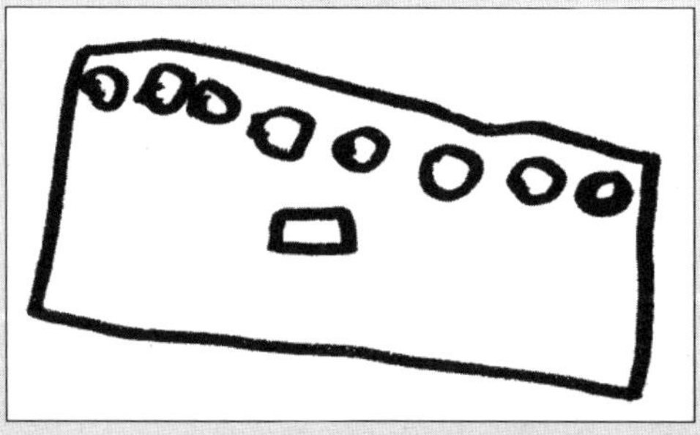

- **dessins de la configuration du dé** (avec parfois un dessin du dé) ;

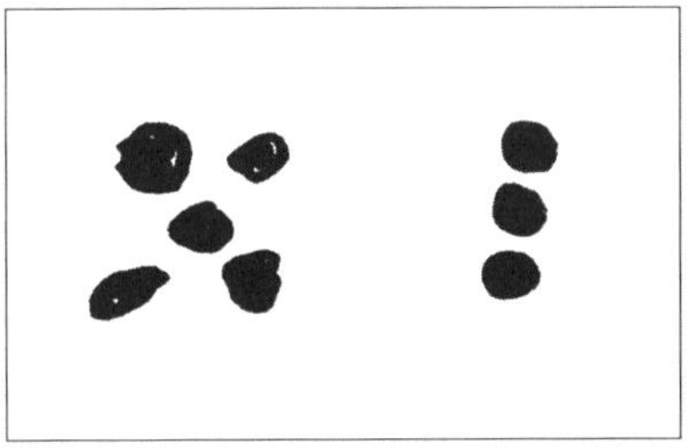

- **écriture des nombres** quand ces cadrages sont correctement mis en œuvre, ils permettent de garder une trace écrite pertinente de la situation. Les codages représentatifs permettent de garder la mémoire des tirages et donnent par comptage le nombre de jetons gagnés. Le dernier codage numérique pose le problème du calcul.

Si la mutualisation permet de valider toutes ces procédures, l'enseignante fait constater la difficulté de les utiliser et de contrôler le jeu, en particulier quand les deux tirages ne sont pas séparés. Une feuille de score est alors élaborée.

JEU 1	JEU 2	TOTAL

Problème 2 : Comment calculer les gains quand on utilise des dés chiffrés ?

Pour faire évoluer les procédures, l'enseignante introduit alors des dés chiffrés.

Chaque élève dispose d'une feuille de score qu'il remplit au fur et à mesure de ses tirages. La graphie du nombre est directement prise sur le dé.

Le problème est alors posé de déterminer le gagnant, c'est-à-dire de calculer la somme des deux nombres. Plusieurs élèves sont en difficulté. Cependant, plusieurs procédures sont mises en œuvre. Par exemple pour 4 puis 5 on trouve :

- **des procédures de comptage avec utilisation d'une représentation** (tirages séparés ou non séparés) ;
- **des procédures de comptage avec utilisation des doigts** (4 doigts de la première main, les cinq doigts de la seconde main) ;
- **des procédures de surcomptage** : 6-7-8-9 avec décompte en parallèle de quatre doigts de la main.

Pour d'autres résultats, on peut constater la mise en place de calculs mentaux élémentaires (« j'ai compté dans ma tête ») et l'utilisation de résultats mémorisés, pour des très petits nombres (2+1, 3+2 par exemple) ou pour certains doubles (3+3).

Les gagnants sont désignés et les boîtes ouvertes pour valider les résultats trouvés.

Spontanément aucun élève n'a utilisé la bande numérique pourtant disponible sur la table. Lors du regroupement, les différentes méthodes sont présentées et l'enseignante utilise la bande numérique pour les illustrer.

Lors d'une nouvelle phase de jeu, les règles du jeu sont différenciées. Quelques élèves visiblement très à l'aise jouent en semi autonomie et effectuent trois lancers. Les autres élèves reprennent le jeu avec les mêmes règles. L'enseignante incite les élèves à utiliser la bande numérique quand ils n'ont pas mémorisé les résultats.

Avec ce support :

- certains élèves comptent avec le doigt en repartant de 1 de la bande numérique : 1-2-3-4-5 pour le tirage [5] du dé, puis 6-7-8-9 pour le tirage [4] ;
- d'autres élèves surcomptent : ils repèrent le 5 sur la bande numérique puis désignent successivement 6-7-8-9 pour traduire le [4].

Dans les deux cas des erreurs surviennent dans le recomptage de la case 5, difficulté précédemment mise en évidence pourtant dans les situations de jeu.

Chaque élève complète sa feuille de score et vérifie la feuille de score d'un autre élève en ouvrant la boîte.

Le bouquet de fleurs multicolores (grande section)

• Présentation générale

La situation se caractérise par la nécessité de constituer des bouquets de fleurs de deux couleurs en connaissant le nombre total de fleurs. La réalisation d'un bouquet de fleurs bicolore permet aussi bien de travailler sur la recherche d'une somme, quand il s'agit de déterminer le nombre de fleurs d'un bouquet constitué de roses jaunes et de roses roses, que de présenter une situation de recherche de complément, quand il s'agit de compléter un bouquet de 9 fleurs sachant qu'il contient 4 roses jaunes.

Nous présenterons l'utilisation de la situation dans cette perspective : il s'agit d'amener les élèves à reconnaître une situation additive et à rechercher des procédures personnelles leur permettant de calculer une différence sans disposer de la représentation des fleurs à dénombrer.

L'activité est conduite en grande section durant le deuxième semestre de l'année scolaire. Elle est organisée sous forme d'ateliers dirigés réunissant entre 5 à 8 élèves.

• Compétences visées

- Caractériser la quantité d'objets d'une collection par un nombre.
- Reconnaître des situations additives.
- Ecrire les graphies du nombre en utilisant éventuellement une bande numérique.
- Déterminer la différence de deux nombres.

• Variables de la situation

- Le nombre de fleurs.
- La présentation du nombre de fleurs du bouquet (dessins, emplacements marqués, nombre).
- La présentation du nombre de fleurs d'une couleur (dessins, emplacements marqués, nombre).
- La possibilité ou non d'utiliser des procédures figuratives.
- Les relations existant entre les données numériques (double, successeur...).

• Déroulement

Appropriation de la situation par les élèves

L'enseignant demande aux élèves de colorier des bouquets de fleurs (9 fleurs) dessinés sur les feuilles distribuées, en respectant la consigne simple « utiliser deux couleurs ». Une fois le coloriage terminé, il fait valider les productions obtenues par rapport au respect de la consigne et fait constater que les élèves ont produit des bouquets différents : deux bouquets sont différents s'ils ne contiennent pas le même nombre de fleurs de la même couleur, l'ordre du coloriage ne comptant pas.

Une fois compris ce qu'est un bouquet bicolore, l'enseignant introduit le codage utilisé dans la suite de la situation. Il s'agit de compléter un bouquet en ajoutant des fleurs d'une autre couleur.

Par exemple un bouquet de 9 fleurs comporte 4 fleurs jaunes dessinées et 5 emplacements marqués non remplis réservés aux fleurs rouges. L'élève doit ainsi coller 5 fleurs rouges pour compléter son bouquet.

Problème 1 : Comment passer une commande écrite du nombre de fleurs rouges nécessaires ?

Nous ne développerons pas cette première approche du problème qui a été précédemment évoquée dans d'autres activités.[1] Un élève dispose par exemple d'un bouquet de 14 fleurs dont 5 sont coloriées en jaune. Il doit dénombrer le nombre de places réservées aux fleurs rouges puis écrire sur son bon de commande le nombre de fleurs rouges dont il a besoin.

(1) voir la situation carrelage, par exemple.

Problème 2 : Comment déterminer le nombre de fleurs rouges à commander quand les emplacements des fleurs ne sont plus pré dessinés ?

Une modification est apportée à la situation. Sur les feuilles distribuées aux élèves sont dessinées les fleurs jaunes mais le nombre total de fleurs du bouquet n'est plus donné que par un nombre écrit.

Les élèves sont confrontés à un nouveau problème puisque, en l'absence de traces dessinées, ils ne peuvent plus utiliser les procédures de dénombrement précédentes. L'enseignant choisit dans un premier temps des petits nombres (inférieurs à dix) facilitant la définition de nouvelles procédures.

Pour résoudre le problème :

- certains élèves dessinent les silhouettes des fleurs en utilisant la comptine numérique puis remplissent le bon de commande ;

- certains repèrent les relations arithmétiques simples existant entre les nombres (4 jaunes, 8 fleurs : il faut en ajouter 4 ; 6 jaunes, 8 fleurs, il faut en ajouter 2 car – en montrant avec les doigts – 7-8...) ;

- certains surcomptent en utilisant les doigts ou la bande numérique (6-7-8 : 3 fleurs), cette procédure est assez proche de celle utilisée pour calculer un écart entre deux nombres ;

- certains procèdent par tâtonnement en réinvestissant des procédures additives précédemment vues (pour 5 jaunes, 9 fleurs : si j'ajoute 5 fleurs, ça fait 10 fleurs – répertoire des doubles –, si j'ajoute 3 fleurs, ça fait 8 fleurs – comptage avec les doigts –, il faut 4 fleurs rouges), cette procédure est assez proche de celle mise en place dans le calcul d'une addition à trou.

Dans tous les cas, la commande est passée et le bouquet effectivement constitué permet de valider la solution trouvée.

Après une phase de mutualisation, l'activité est reprise en augmentant les nombres (le nombre total de fleurs ne dépasse cependant pas 20 et l'écart entre les nombres reste inférieur à 12). Comme dans la situation « tirelire » précédente, l'utilisation de la bande numérique est présentée avec insistance par l'enseignant qui repère le nombre total de fleurs (un aimant sur 9), le nombre de fleurs jaunes (un aimant sur 5) et fait calculer l'écart. Cette procédure est adoptée par le plus grand nombre.

Problème 3 : Comment déterminer le nombre de fleurs rouges à commander quand on connaît uniquement le nombre de fleurs jaunes et le nombre total de fleurs du bouquet ?

De nouveau, la situation est rendue plus complexe. Les élèves ne disposent plus que de deux données numériques (le nombre de fleurs jaunes, le nombre total de fleurs) pour déterminer leur commande. Certaines procédures précédentes ne sont plus utilisables.

Lors de la présentation des nouvelles contraintes, le maître fait interpréter le nouveau message en faisant représenter la situation. Même si on revient alors à des procédures dépassées par la plupart des élèves, cette approche permet de faire le lien entre ce qui a été fait lors des ateliers précédents et la nouvelle présentation de l'activité et de vérifier que tout le monde a compris le codage utilisé.

A une organisation individualisée des ateliers précédents se substitue alors une organisation du travail par deux afin de favoriser les verbalisations et les validations croisées. En effet, le bon de commande remplie par deux élèves est validé par deux autres élèves qui constituent effectivement le bouquet et indiquent le nombre de fleurs trouvées.

Les nombres proposés sont différenciés selon le niveau de procédure atteint par la doublette (par exemple 6 jaunes, 11 fleurs au total pour des élèves ne maîtrisant qu'imparfaitement la procédure utilisant la bande numérique ; 6 jaunes, 17 fleurs au total pour les autres). Il est important en effet de mettre à la disposition des élèves des procédures efficaces, mais il est inutile d'imposer l'usage de ces procédures qui ne sont pas un objectif d'enseignement.

Les abeilles
(grande section)

• Présentation générale

(1) Une activité sur les doubles est proposée par VALENTIN (D.), GANEM (M.), PLAMOND (I.), VERGNE (C.), « Deux oiseaux dans chaque nid » in *Grand N spécial maternelle*, tome 1, IREM de Grenoble, 1999.

Connaître les nombres à l'école maternelle, c'est également découvrir les relations qui les lient. Il peut être formateur de proposer aux élèves de grande section des situations d'utilisation des doubles qui sont toujours les premiers éléments connus du répertoire additif et d'articuler mémorisation de la suite des nombres pairs et réitération de l'ajout de deux éléments.

Les élèves doivent commander les ailes nécessaires pour constituer des abeilles. Dans la situation la plus complexe, il s'agit de passer une commande écrite du nombre d'ailes nécessaires pour compléter un ensemble d'abeilles dont on ne connaît que le nombre donné sous forme chiffrée.

Comme dans les situations précédentes (« Carrelage », « Bonhomme de neige multicolore ») il s'agit d'amener les élèves à utiliser le nombre pour caractériser la quantité d'objets d'une collection en particulier quand celle-ci n'est pas directement visible. Mais, la collection n'est plus la collection d'objets présentée puisqu'il faut associer deux objets (les ailes) à un objet de référence (le corps de l'abeille), c'est-à-dire qu'il faut constituer une collection dont le nombre d'éléments est le double du nombre d'éléments de la collection de référence.

L'activité est conduite en grande section durant le premier semestre de l'année scolaire. Elle est organisée sous forme d'ateliers dirigés réunissant des groupes de deux élèves, déterminés en fonction de leurs compétences numériques. Chaque doublette dispose d'un support différent, ce qui empêche toute reproduction.

• Compétences visées

- Dénombrer le nombre d'objets d'une collection non déplaçable.
- Utiliser des procédures personnelles pour déterminer le double d'un nombre donné.
- Mémoriser et communiquer des informations sur les quantités.

• Variables de la situation

- Le domaine numérique mobilisé. Le nombre d'abeille à compléter est déterminé en fonction des compétences numériques des élèves.
- La présentation de la collection d'abeilles.
- Les modalités de mise à disposition des « ailes ».

• Déroulement de la séquence d'enseignement/apprentissage

Appropriation de la situation par les élèves

La classe a commencé avec la lecture de l'album *La vie des abeilles* (Mini patte, Milan, 1999) un sujet d'étude sur les abeilles. L'activité mathématique, sans être reliée à ce travail, a utilisé l'engouement manifesté par les élèves pour ce sujet.

Les élèves disposent d'abeilles positionnées sur des pétales de fleurs (supports plastifiés). Il leur est demandé de colorier les deux ailes de chaque abeille puis d'indiquer le nombre d'abeilles et le nombre d'ailes. La recherche des ailes à coller sur le support, disponibles dans un autre coin de la classe, permet de réactualiser la consigne « juste assez en un seul voyage » vue précédemment.

Problème 1 : Comment déterminer le nombre d'ailes à aller chercher sans les dessiner ?

Le problème est posé puisqu'il s'agit de construire une collection double à la collection initiale. Les nombres sont petits (inférieur ou égaux à 5), la forme de la commande ne représente pas une contrainte puisque les élèves vont eux-mêmes chercher les ailes.

Des procédures diverses se mettent en place :

- certains élèves utilisent leur comptine numérique en dénombrant successivement les places fictives des ailes : 1-2 (abeille 1) 3-4 (abeille 2) 5-6 (abeille 3)... ;

- certains comptent deux fois les abeilles soit en pointant les ailes droites puis les ailes gauches, soit en ne pointant que le corps de l'animal : 1-2-3-4 (abeilles 1 et 2), 5-6-7-8 (abeilles 3 et 4) ;

- certains comptent le nombre d'abeilles puis prennent successivement deux collections d'ailes ;

- un élève enfin compte de deux en deux : 2-4-6-8.

La confrontation des procédures permet d'invalider la procédure de double prise successive en mettant en évidence la nécessité de passer une seule commande globale et permet de valoriser l'utilisation de la suite des doubles systématiquement présentée jusqu'à dix (2-4-6-8-10).

De nouvelles phases de travail sont alors proposées avec une augmentation du nombre d'abeilles et la mise en place d'une commande orale à un marchand. La procédure la plus fréquente est alors l'énonciation de deux nombres par abeille (1-2 3-4 5-6 7-8 9-10 11-12 13-14...). Certains élèves maîtrisent encore mal ce double comptage et des erreurs apparaissent. L'utilisation de la liste des doubles trouve rapidement sa limite car même l'élève qui l'a introduite ne sait pas réciter la comptine au-delà de 14.

Problème 2 : Comment passer une commande écrite ?

Lors d'un nouvel atelier, les élèves sont confrontés à une nouvelle forme du problème : il s'agit de passer la commande des ailes par écrit. Un bon de commande est introduit.

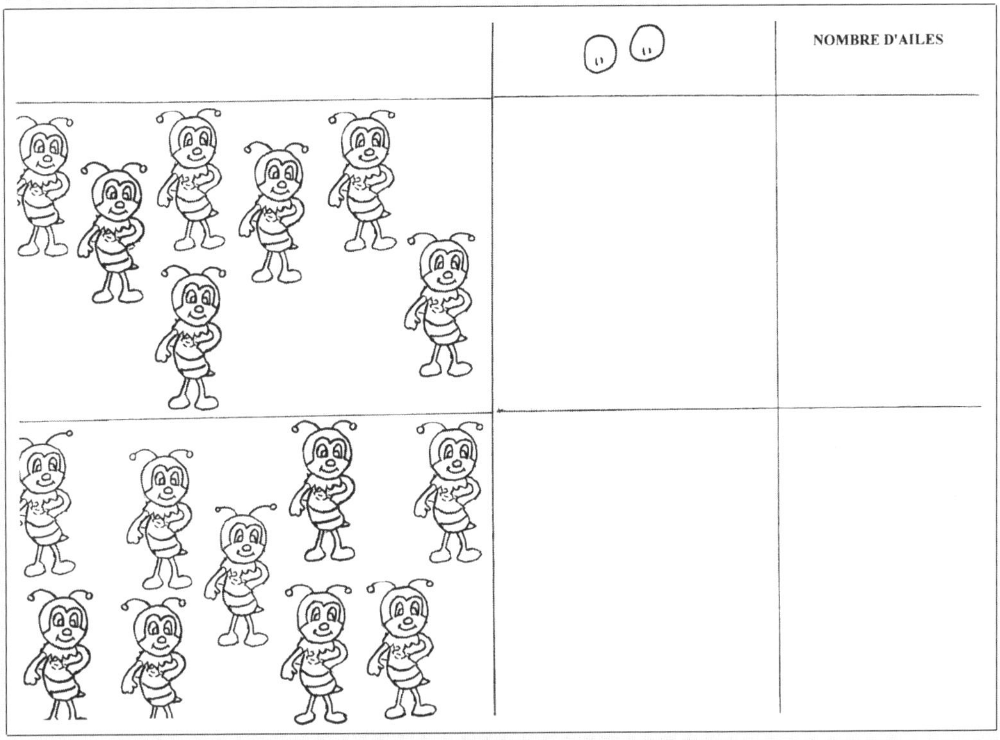

Il permet de mettre côte à côte le nombre d'abeilles et le nombre d'ailes commandées. Cependant, dans cette phase, les élèves disposent toujours du support imagé. Ils réinvestissent un travail mené en parallèle sur l'utilisation de la bande numérique et la graphie des nombres.

Lors de la comparaison des résultats obtenus, une association systématique du nombre et son double est faite. Pour répondre à la demande de l'enseignant, des élèves montrent comment utiliser la bande numérique pour compter de deux en deux : « tu prends quatre, tu comptes 1 pour cinq, deux pour six, donc le double après c'est six ».

Problème 3 : Comment déterminer sa commande sans dessin des abeilles ?

Ensuite, le corps des abeilles n'est plus dessiné et le nombre d'abeilles est seulement indiqué par un nombre présent dans le bon de commande.

Prénom : ________________	

3	
5	
8	

Les procédures majoritaires de dénombrement des élèves sont déstabilisées. Dans leur majorité, des élèves comprennent la généralisation de la situation. Plusieurs procédures apparaissent :

- certains dessinent des abeilles pour se ramener à la situation précédente ;

- certains essaient de dire la suite orale des doubles mais se trompent souvent ;

- certains utilisent la suite orale des doubles en associant l'énonciation de deux nombres à des abeilles comptées sur les doigts : 1-2 (un doigt), 3-4 (deux doigts)... Il s'agit pour eux de gérer en parallèle la suite des nombres pour dénombrer les abeilles (les doigts) et la suite des nombres des ailes. Cette coordination est difficile et la procédure est graduellement abandonnée ;

- certains utilisent la bande numérique en se déplaçant de deux en deux ;

- certains surcomptent en utilisant le plus souvent leurs doigts. Ainsi pour 6 abeilles, ils partent de 6 et rajoutent 6. Cette procédure, même si elle reprend implicitement une procédure vue initialement sous forme de double comptage successif des abeilles, n'était pas apparue sur le support dessiné qui ne l'induisait pas.

Problème 4 : Comment utiliser les procédures de calcul des doubles dans un autre jeu ?

Afin de décontextualiser les connaissances construites, une nouvelle situation est proposée. A chaque lancer de dé, l'élève gagne un nombre de jetons double de celui des points du dé.

Une présentation directe du jeu ne permet pas d'atteindre l'objectif visé : les élèves, n'établissant pas une relation entre le problème précédent et le nouveau jeu, ne réinvestissent pas les procédures élaborées précédemment. Seuls quelques élèves jouent efficacement en utilisant la liste mémorisée des doubles. Cette difficulté attendue permet de proposer un habillage du jeu facilitant la mobilisation des compétences construites : le dé indique le nombre d'abeilles dont on regroupe les ailes. Les élèves pouvant faire le lien avec la situation précédente réussissent beaucoup mieux à déterminer leurs doubles.

Les cartes d'invitation
(grande section)

• Présentation générale

Cette situation permet de familiariser les élèves avec les situations multiplicatives ou de proportionnalité simple (de type un/plusieurs) qu'ils interprètent comme des situations additives mais qui mettent en jeu des additions itérées.

Il s'agit de réaliser des cartes d'invitation à une fête de l'école, cartes décorées grâce à une organisation prédéfinie de gommettes sur son pourtour.

Par table de quatre, les élèves doivent réaliser des invitations individuelles. Ces invitations sont décorées avec des gommettes dont le nombre et les formes restent invariables : il y a par exemple 4 gommettes carrées, 5 gommettes triangulaires, 3 gommettes rondes et 6 gommettes étoilées par invitation. Chaque élève doit commander toutes les gommettes d'un même type nécessaires à la réalisation de toutes les cartes d'invitation de son groupe.

L'activité est conduite en grande section durant le deuxième semestre de l'année scolaire. Elle est organisée sous forme d'ateliers dirigés réunissant des groupes de quatre élèves.

• Compétences visées

- Utiliser des procédures personnelles pour coder à l'écrit des situations additives.
- Ecrire les graphies du nombre en utilisant éventuellement une bande numérique.
- Utiliser des procédures personnelles pour déterminer le résultat d'une addition itérée.

• Variables de la situation

- Le nombre de figures répétées.
- Le nombre d'invitations à faire.
- Les modalités d'obtention des gommettes.

• Déroulement

Appropriation du jeu par les élèves

Le projet de réalisation des invitations est introduit par l'enseignante qui présente des modèles de carte d'invitation. Dans un premier temps, il s'agit pour les élèves de reproduire le modèle présenté en prenant en compte aussi bien la disposition spatiale des gommettes que leur nombre. Ils disposent sur la table des gommettes nécessaires à la réalisation de leur tâche. Lorsque les élèves ont compris qu'il faut exactement reproduire la carte, les difficultés qui surgissent relèvent essentiellement de l'organisation spatiale de la carte (confusion droite/gauche et haut/bas).

Les élèves doivent ensuite réaliser une carte d'invitation à partir d'un code présenté sur leur feuille. Certains élèves comprennent rapidement le sens du message par analogie avec la reproduction faite précédemment, d'autres ne se mettent au travail que par imitation ou après une phase de verbalisation.

Problème 1 : Comment déterminer la commande des gommettes d'une forme donnée nécessaires à la réalisation des quatre cartes d'invitation du groupe d'élèves à partir d'un modèle ?

Les gommettes ne sont plus disponibles sur la table de travail, mais doivent être commandées auprès d'un élève dans un coin éloigné de la classe.

Le maître introduit le problème en donnant dans un premier temps des cartes où figurent les empreintes des gommettes à coller. Chaque élève a sa carte et se voit attribuer une forme ; il doit aller commander exactement le nombre de gommettes nécessaires à la réalisation des cartes des élèves de son atelier.

Même si le problème n'est pas complexe, la présence de l'adulte est indispensable pour faciliter l'organisation du groupe. En effet, chaque élève va successivement dénombrer les formes le concernant en manipulant les quatre cartes de sa table. Peu d'erreurs sont constatées, elles sont rapidement rectifiées par les autres élèves car la gestion des cartes n'est guère difficile et les nombres utilisés sont bien maîtrisés par les élèves (au maximum 6x4 = 24).

Problème 2 : Comment déterminer la commande des gommettes d'une forme donnée nécessaires à la réalisation des quatre cartes d'invitation du groupe d'élèves à partir de données numériques ?

Dans une deuxième phase, les élèves disposent de cartes vierges. Ils doivent les décorer en fonction d'un message indiquant par des nombres en chiffres le nombre de gommettes de chaque sorte à coller.

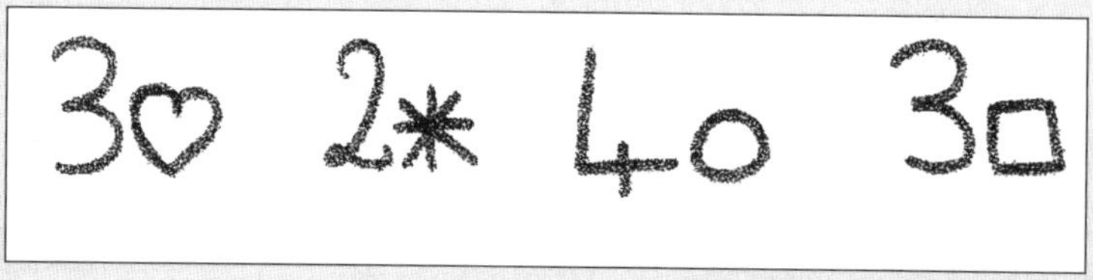

L'absence de cartes distribuées à tous les élèves avec le dessin des gommettes rend impossible l'utilisation de la procédure de dénombrement simple utilisée auparavant. Le travail est d'abord collectif, ce qui permet d'éviter l'erreur qui consiste à n'aller chercher les gommettes que pour la carte modèle.

Plusieurs procédures apparaissent :

- certains groupes dessinent sur leur carte d'invitation les formes des gommettes en cohérence avec les activités précédentes (reproduction et utilisation des empreintes). Il suffit alors à chaque élève de dénombrer les formes qui lui sont attribuées en regroupant les dessins ou en écrivant les nombres ;

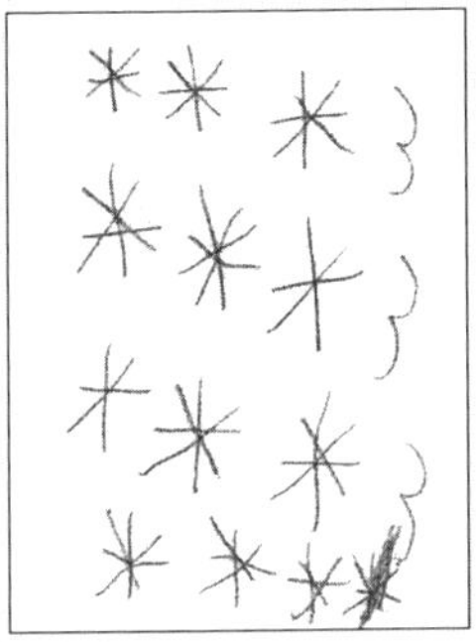 

- dans d'autres groupes, chaque élève dessine les gommettes de la forme dont il s'occupe correspondant à chaque élève du groupe. Il peut référer les gommettes à des noms (en oubliant d'ailleurs le sien), représenter les gommettes au fur et à mesure qu'il établit mentalement la correspondance avec un de ses camarades, ou uniquement les symboliser. Il dénombre ensuite les dessins réalisés ;

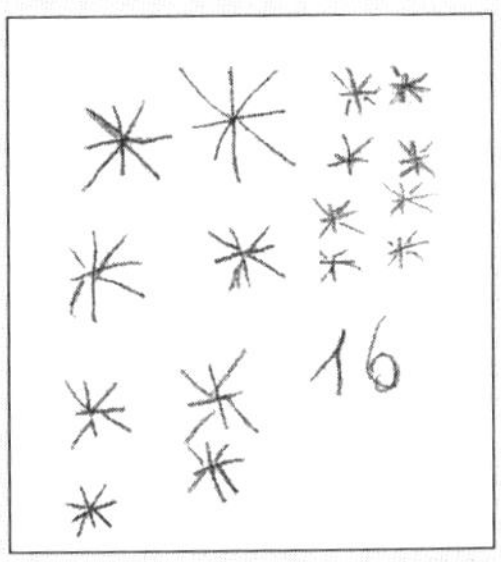

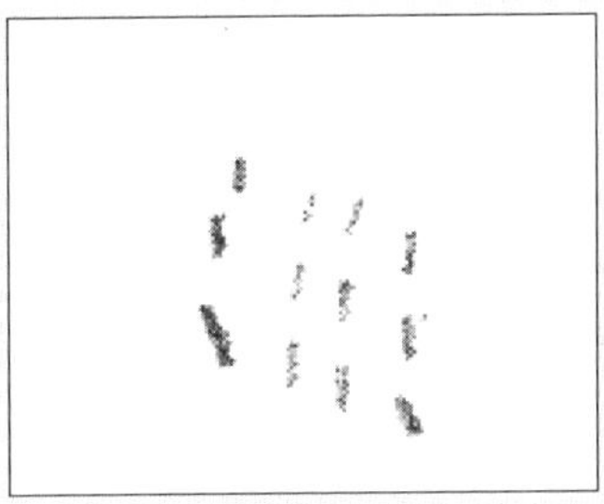

- certains élèves utilisent la comptine numérique en pointant le nombre de fois nécessaire chacune des cartes (1-2-3, 4-5-6, 7-8-9, 10-11-12) et indiquent le total.

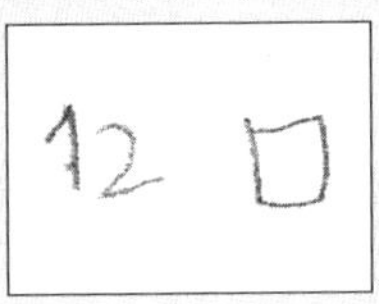

Par ailleurs, des élèves rencontrent de grandes difficultés à résoudre le problème. Différentes aides sont alors fournies par le maître dans une reprise de l'activité. Certains groupes disposent d'autant de messages que d'élèves et, après discussion avec le groupe, les messages sont découpés et regroupés par forme.

Dans d'autres cas, pour inciter les élèves à rechercher la somme des gommettes de chaque forme à commander, des sachets de gommettes constitués leur sont proposés et ils n'ont plus qu'à choisir le sachet qui leur paraît adapté. Par exemple, un enfant doit chercher 4 gommettes rondes pour quatre élèves (16), il doit prendre un sachet constitué de gommettes rondes parmi des sachets étiquetés 8, 14, 17, 16, 18, 20.

Problème 3 : Comment déterminer la commande des gommettes d'une forme donnée, nécessaires à la réalisation d'un nombre donné de cartes d'invitation ?

Chaque groupe reçoit alors un message se présentant sous une forme nouvelle.

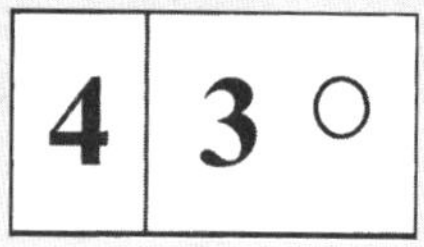

Pour certains, le message entraîne des confusions et les élèves cherchent à ajouter les données. L'enseignant fait remarquer qu'un nombre est isolé alors que les autres sont associés à des motifs. dans chaque groupe, la discussion permet de donner du sens au nouveau nombre introduit : il s'agit du nombre d'invitations. Chaque élève doit alors rédiger la commande pour une seule forme de gommettes (par exemple, faire 5 invitations nécessitant chacune trois ronds). La nécessité de demeurer dans un registre numérique connu des élèves ne permet pas une grande variation des nombres (de 3 à 6 invitations à réaliser) et les procédures précédentes sont adaptées :

- Représentation des gommettes de chaque élève :

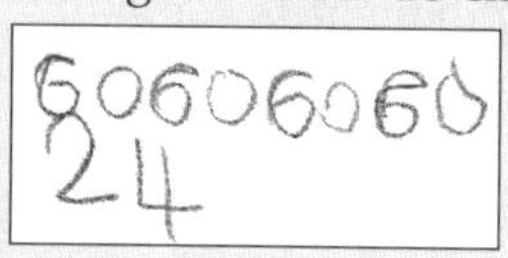

- Représentation du nombre de gommettes sans le total :

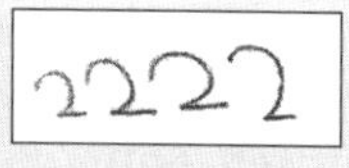

- Représentation du nombre de gommettes avec le total :

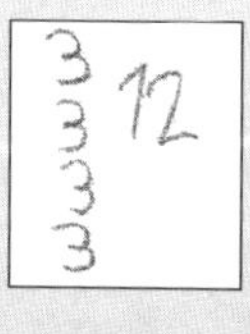

Il est à souligner que tous les élèves ne peuvent accéder à ce dernier problème en raison des difficultés rencontrées dans la résolution du problème précédent. Proposer ce prolongement relève ainsi d'une différenciation permettant à certains d'être confrontés à une gestion de code plus complexe alors que d'autres effectuent des exercices complémentaires de résolution du problème 2.

Conclusion

Les activités à dominante logique et/ou mathématique le plus souvent mises en œuvre aujourd'hui dans les classes s'inscrivent dans une logique d'appropriation des structures, héritées de la problématique ensembliste des années soixante-dix, ou dans une logique de l'exercice, sans doute issue de la pédagogie par objectifs des années quatre-vingt. Les apports de la psychologie des apprentissages sur l'importance de la résolution de problème dans la construction des connaissances et les travaux des équipes de recherche, en particulier l'équipe ERMEL de l'INRP, sur l'enseignement des mathématiques semblent ainsi largement méconnus. Or, l'école maternelle, en raison de sa longue tradition de centration sur l'élève, a toujours su concilier apprentissage et développement en prenant en compte les possibilités spécifiques de chaque enfant. Elle peut donc jouer un rôle essentiel dans l'élaboration par les élèves de représentations sur le monde, dans l'appropriation de leurs savoirs et la construction d'outils intellectuels et donc participer pleinement à la réussite de tous. Repenser les notions, méthodes mathématiques comme étant simultanément des objets d'étude et des outils d'action, comme nous y invitent la partie *Découvrir le monde* des programmes d'enseignement de l'école primaire 2002, nous incite à redéfinir les modalités de mise en place de leur apprentissage.

L'ambition de cet ouvrage était de proposer des outils théoriques et pédagogiques permettant aux maîtres de concevoir des activités à dominante mathématique à l'école maternelle. Si les propositions faites concourent *à préparer tous les enfants à réussir leur entrée à l'école élémentaire,*[1] elles le font dans le respect de l'identité de l'école maternelle et dans le respect de l'âge des enfants. Il ne s'agit pas d'assimiler les situations proposées à celles mises en place à l'école élémentaire mais de favoriser, grâce à des jeux ou des projets centrés sur la résolution de problèmes, la construction et la mobilisation, par chaque élève à son rythme, de connaissances et de compétences ne donnant jamais lieu à un enseignement formalisé.

(1) Quatrième de couverture de *Qu'apprend-on à l'école maternelle ?* M.G.N.

Remerciements

Je remercie chaleureusement Hélène Gondrand, directrice de collection, pour sa confiance, Bernadette Margiela-Garcin et Nathalie Margiela pour leurs illustrations, Robert Neyret et Mireille Guillerault, formateurs en IUFM et membres de l'équipe ERMEL, pour leurs conseils sur les deux premières parties de l'ouvrage ainsi que Denise Iceta, PEMF, pour ses remarques sur la troisième partie.

La rédaction de cet ouvrage doit beaucoup aux enseignants avec qui j'ai pu travailler en formation initiale et en formation continue et, en particulier, aux professeurs d'école stagiaires qui ont expérimenté, dans le cadre de leur mémoire professionnel, de nombreuses situations présentées dans la troisième partie. Il s'agit de Sandrine Andreini, Sophie Bouchet, Gaëlle Chabert, Stéphane Colin, Anne-Valérie Debiol, Stéphanie Dorey, Sabine Douchin, Anne Frases, Frédéric Laurent, Christelle Frier, Sabine Fruleux, Sandra Genin, Barbara Génovèse, Antoine Gentil, Catherine Giraud de Vogue, Carole Horvath, Mireille Jourdan, Frédéric Laurent, Sandrine Lepoutre, Géraldine Reynaud, Linda Roux, Véronique Serpolet, Betty Tascher, Karine Vallin... Je prie ceux qui ne sont pas cités de pardonner cet oubli.

Bibliographie

• Textes officiels

MEN, *L'école Maternelle*. Collection horaires, objectifs, programmes, instructions, 1977

MEN, *L'école maternelle : son rôle, ses missions*, CNDP, 1986

MEN, *Les cycles à l'école primaire*. Hachette, 1991

MEN, *Programmes de l'école primaire*, CNDP, 1995

MEN, *Les langages, priorité à l'école maternelle*, Circulaire du 8 octobre 1999

MEN, *Horaires et programmes d'enseignement de l'école primaire*, B.O. hors-série 2002 n°1

MEN, *Aide à l'évaluation des élèves. Cycle des apprentissages premiers*, 1991

• Ouvrages généraux cités

AMIGUES (R.), ZORBATO-POUDOU (M.T.), *Comment l'enfant devient élève. Les apprentissages à l'école maternelle*, Retz, 2000

ASTOLFI (J.P.), *L'école pour apprendre*, ESF, 1992

BARTH (B-M.), *L'apprentissage de l'abstraction*, Retz, 1987

BRUNER (J. S.), *Savoir faire, savoir dire*, PUF, 1983

DEVELAY (M.), *Donner du sens à l'école*, ESF, 1996

FERREIRO (E.), *Les relations temporelles dans le langage de l'enfant*, Droz, 1971

KERGOMARD (P.), *L'éducation maternelle dans l'école*, Hachette, 1974 (1886 pour la première édition)

LUC (J.N.), *L'invention du jeune enfant au XIXe siècle. De la salle d'asile à l'école maternelle*, Belin, 1997

LURCAT (L.), *Espace vécu et espace connu à l'école maternelle*, ESF, 1982

PECHEUX (M.G.), *Le développement des rapports des enfants à l'espace*, Nathan, 1990

PIAGET (J.), *La construction du réel chez l'enfant*, Delachaux et Nieslé, 1937

PIAGET (J.), SZEMINSKA (A.), *La genèse du nombre chez l'enfant*, Delachaux et Niestlé, 1941

PIAGET (J.) et al., *La géométrie spontanée de l'enfant*, PUF, 1948

PIAGET (J.), *La représentation de l'espace chez l'enfant*, PUF, 1948

PIAGET (J.), *Le développement de la notion de temps*, PUF, 1946

REED (St. K.), « Les images mentales » *in Cognition, théorie et application*, De Bœck Université, 1999

VERGNAUD (G.), *Apprentissages et didactiques, où en est-on ?*, Hachette, 1995

- **Ouvrages pour l'enseignement des mathématiques**

BERTHELOT R., SALIN M.-H. *L'enseignement de l'espace et de la géométrie dans la scolarité obligatoire*, Thèse d'Etat, Université de Bordeaux, 1992

BIDEAUD (J.), MELJAC (Cl), FISCHER (J.P.), *Les chemins du nombre*, PUF, 1991

BOULE (F.), *Manipuler, organiser, représenter, prélude aux mathématiques*, Pratiques pédagogiques, Armand Colin, 1985

BOURNEAU (G), DANIAU (J), MIAILE (M), *Apprentissages mathématiques en grande section, L'Ecole*, 1992

CERQUETTI (F), BERDONNEAU (C), *Enseigner les mathématiques à l'école maternelle*, Hachette Education, 1994

CHAMPDAVOINE (L.), *Les mathématiques par les jeux, grande section*, Nathan, 1986

CHAMPDAVOINE (L.), *Les mathématiques par les jeux, petite et moyenne section*, Nathan, 1986

CHARNAY (R.), MANTE (M.), *Préparation à l'épreuve de mathématiques du concours de recrutement des professeurs d'école, tome 1 et tome 2*, Hatier, 1995

COLLECTIF, *Activités numériques à l'école maternelle*, CRDP de l'Aube, 1992

COLLECTIF, *Grand N Spécial maternelle, tome 1 et tome 2*, IREM de Grenoble, 1999

COLLECTIF, *Un, deux, trois, passionnément !, Rencontres pédagogiques*, INRP, 1988

ERMEL, *Apprentissages numériques, cycle des apprentissages, Grande Section de maternelle*, Hatier, 1990

FAYOL (M), *L'enfant et le nombre, du comptage à la résolution de problèmes*, Delachaux et Niestlé, 1990

LACHAUSSEE (D.), *Mesure et système métrique à l'école*, CRDP de l'académie d'Amiens, 1999

VAN NIEUWENHOVEN (C.), *Le comptage. Vers la construction du nombre*, De Bœck Université, 1999

• **Articles**

ARGAUD (H.-C.) et al., « Placer des jetons » et « Où placer le jeton ? » *in Grand N spécial maternelle, tome 2*, IREM de Grenoble, 1999

BOLON (J)., « Mathématiques à l'école maternelle. Des conceptions qui ont varié » *in Grand N Spécial maternelle, tome 1*, IREM de Grenoble, 1999

BRIAND (J.), LACAVE-LUCIANI (M.-J.), HARVOUËT (M.), « Enseigner l'énumération en moyenne section » in *Grand N spécial maternelle, tome 1*, IREM de Grenoble, 1999

BRISSIAUD (R), « Compter à l'école maternelle ? Oui, mais... », *in Grand N Spécial maternelle, tome 1*, IREM de Grenoble, 1999

CHARNAY (R.), VALENTIN (D), « Calcul ou comptage ? Calcul et comptage ! » *in Grand N Spécial maternelle, tome 1*, IREM de Grenoble, 1999

DEHAENE (S.), « Qu'est-ce qu'un nombre ? » in *La recherche, Spécial mathématiques*, n°346, 2001

GARCIN-VAUTOR (L.), « Les conditions d'entrée dans le contrat didactiqueà l'école maternelle », *Grand N*, n°66, 1999-2000

GELMAN (R.), « Les bébés et le calcul » in *La recherche* n°149, 1983

LACROIX (D.), « Boîtes à trous et jeux de formes » in *Grand N spécial maternelle, tome 2,* 2000

LOUBET M., SALIN (M.H.), « Elaboration et lecture de liste » *in Grand N spécial maternelle, tome 1*, IREM de Grenoble, 1999

NEYRET (R.), « Partages en deux » in *Grand N Spécial maternelle, tome 1*, IREM de Grenoble, 1999

PIERRARD (A.), « Un peu d'ordre dans les mots » in *Lire-écrire à l'école* n°4, CRDP de Grenoble, 1998

VALENTIN (D.), GANEM (M.), PLAMOND (I.), VERGNE (C.), « Deux oiseaux dans chaque nid » *in Grand N spécial maternelle, tome 1*, IREM de Grenoble, 1999

scérén
CRDP
ACADÉMIE DE GRENOBLE

CRDP de l'académie de Grenoble
11, avenue Général Champon
38031 Grenoble cedex

Imprimé en France en 2003
par l'imprimerie Louis Jean – N° 326 – Mai 2003

Dépôt légal n° 947 - Code 380 ECO 004